做自己的皇后

徐皇后《内训》讲记

马益玲 著

中国华侨出版社

图书在版编目(CIP)数据

做自己的皇后：徐皇后《内训》讲记 / 马益玲著.
— 北京：中国华侨出版社，2016.7
ISBN 978-7-5113-6172-1

Ⅰ.①做… Ⅱ.①马… Ⅲ.①封建道德②《内训》—研究 Ⅳ.①B82

中国版本图书馆CIP数据核字(2016)第174897号

● **做自己的皇后：徐皇后《内训》讲记**

著　　者 / 马益玲
出 版 人 / 方　鸣
责任编辑 / 紫　夜
责任校对 / 孙　丽
经　　销 / 新华书店
开　　本 / 787毫米×1092毫米　1/16　印张 / 17　字数 / 240千字
印　　刷 / 三河市祥达印刷包装有限公司
版　　次 / 2016年11月第1版　2016年11月第1次印刷
书　　号 / ISBN 978-7-5113-6172-1
定　　价 / 36.00元

中国华侨出版社　北京市朝阳区静安里26号通成达大厦3层　邮编：100028
法律顾问：陈鹰律师事务所
发行部：(010) 64443051　　传　真：(010) 64439708
网　址：www.oveaschin.com
E-mail：oveaschin@sina.com

如发现印装质量问题，影响阅读，请与印刷厂联系调换。

序 言

《内训》为女四书之一，全文共二十篇，作者为仁孝文皇后徐氏，中山武宁王徐达之女，明成祖文皇帝朱棣嫡后。徐氏幼年时便贞洁娴静，喜欢读书，堪称女中儒生。

自几千年前，老祖宗就一直在推崇女德教育，生命的原点在于父母，而原点的重点在母亲。古代女子皆是"大门不出，二门不迈""送兄弟不逾于阈"，很多人觉得是一种禁锢，也不似现代女性可以出门"施展抱负"，其实则不然。《大学》云："君子不出家，而成教于国。"这是说虽然没有走出家庭，只是在家庭中做分内的事情，可是自己无形中以自己的身教，就把伦理、道德的教育普及到全国。

《内训》云："妇人之德，莫大于端己。"如何端己？把自己做好，就是端己、正己。想要把自己做好就要时时警惕自己，所以古人说的"战战兢兢，如临深渊，如履薄冰"，不是一句警戒别人的话，是警戒我们时时刻刻要修养自己的身心。

一个家里最重要的就是家长，家长自己要先做到修身养性，先用身教，然后言教才可服人。如果自己没做到却想要教导别人，那是很难的。儿女是父母教出来的，我们与其抱怨儿女不孝，不如好好反过头来，自己先去修身、学习女德教育，这样教化的力量才会慢慢波及。所以当我们看到一个女子因为贤德，她们的夫君、儿子、孙子才更有建树时，也就会更加信服老祖宗的话。

再者，天施地生，滋养万物，这是自然规律。男女之间，男子属阳，主动，以刚强为美；女子属阴，主静，以柔弱为美。男子要顶天立地，为国家、为人民效力，还要撑起一个家；女子注重谦卑的品德，在家相夫教子。这种刚柔相济的结合才是最完美的。所以"男主外，女主内"是天性使然，是一体的两面，显示的是分工不同。那么，由此可见，当然柔的顺从刚的、静的从于动的就比较容易，否则刚的要强迫自己，可能一下就折断了。

可以说顺从是一种智慧，这种智慧要高于被顺从的。因为如果没有智慧，肯定会执着，执着是烦恼，一执着就不能够从、不能够顺了。所以，女子比男子更有智慧，因为她们懂得顺时、顺势、随缘，与周围的人事物相处得很好。《道德经》里讲，弱能胜强，柔能胜刚。这是有道理的。所以随圆就方，其实是需要智慧的，也只有这样才能使得一个家庭和谐美满。

《内训》云："夫享福禄之报者，由积善之庆，妇人内助于国家，岂可以不积善哉。"是说人享受福禄，全是由积善而成。一个女子要治理好家政内政，才能真正地辅佐自己的夫君，所以怎么敢不积德行善？何谓积德行善？是不是一定是指我们今天捐了多少钱、多少衣服？守好本分、整理家务是不是积德行善？以善道教子从而成为对社会、国家有用的人才是不是积德行善？孝顺父母之身、心、志又是不是行善呢？古语也曾说"过而能改，善莫大焉"，可见改过也是一种积德行善。所以积善不拘泥于某种形式，重点是我们端身正己，以善心带出善言、善行……长此以久，此善心必可格天。从而会使我们的公婆、夫君、孩子也都越来越好，正可谓"积善之家，必有余庆"是也。

追根溯源，社会中如果都是善良贤淑的女性，那这个社会一定是贤才蔚起，也一定是祥和太平的，所以女德教育是人类幸福的源泉、安定的关键、和谐的根本。

《内训》是徐皇后为教育宫中妇女，采辑"古圣先贤"关于女子品德的教诲，于永乐二年（1404年）所编著。流传至今的版本共有德性、修身、慎言、

序 言

谨行、勤励、节俭、警戒、积善、迁善、崇圣训、景贤范、事父母、事君、事舅姑、奉祭祀、母仪、睦亲、慈幼、逮下、待外戚20章。

此部经典在马益玲老师深入浅出、旁征博引生动的宣讲下，帮助我们把每一句经典都结合到点滴的生活中来。这本24万字的讲记犹如一盏明灯，十几年或几十年的幽谷，经此灯一照，几近幽暗俱除。马老师的言语间所传递出的古圣先贤的智慧，也确实让我们对圣贤风范升起真实的向往之心。

而马益玲老师无一日不是奔波在各地，言传身教，让传统的女德教育在现代社会女性的心中生根、发芽，让经典一遍又一遍地洗涤我们的心灵。

诚愿有缘得到本书的仁者，深刻体会到作者撰书之良苦用心，体会到宣讲者的慈悲愿心，从而效法书中贤德之女。至诚鞠躬，无限感恩！

目 录

001 女子是世界的源头
　　——学习女德的意义

027 大明皇后的人生心得
　　——为什么这本书叫作《内训》

033 大明皇后的20条人生经典法则
　　——御制序

043 做一个有德行的女子
　　——德性章 第一

061 做一个有修养的女子
　　——修身章 第二

079 做一个会说话的女子
　　——慎言章 第三

089 做一个会办事的女子
　　——谨行章 第四

099 做一个懂勤劳的女子
　　——勤励章 第五

105 做一个会节俭的女子
　　——节俭章 第六

115 做一个心端正的女子
　　——警戒章 第七

127 做一个旺家族的女子

　　——积善章 第八

137 做一个勇改过的女子

　　——迁善章 第九

145 做一个传家风的女子

　　——崇圣训章 第十

157 做一个学圣贤的女子

　　——景贤范章 第十一

167 做一个孝父母的女子

　　——事父母章 第十二

179 做一个助丈夫的女子

　　——事君章 第十三

193 做一个敬公婆的女子

　　——事舅姑章 第十四

199 做一个懂祭祀的女子

　　——奉祭祀章 第十五

209 做一个有母仪的女子

　　——母仪章 第十六

223 做一个和亲族的女子

　　——睦亲章 第十七

233 做一个爱晚辈的女子

　　——慈幼章 第十八

241 做一个有恩慈的女子

　　——逮下章 第十九

249 做一个懂保全的女子

　　——待外戚章 第二十

女子是世界的源头
——学习女德的意义

非常欢喜，能够和大家一起学习"女四书"之一的女《内训》，开篇要跟大家分享的是——学习中华女德母教的意义。

《礼记·学记》说："建国君民，教学为先。"一个国家、民族的兴旺靠教育，而一个民族的根基在于女子，女子是齐家之本、清国之源，王凤仪老先生说过："女子是世界的源头。"歌德在著名长诗《浮士德》里说："永恒的女性引导我们上升。"什么是"永恒的女性"？是指正心正念，能够对自己的人生、对家庭的未来负责任，对国家社会有担当的女子。

《中庸》说"好学近乎智"，能够学习中华先祖五千年的智慧、经验，都是我们祖上有德。为什么要学习古人？因为古人用高尚的心境、言语和行为，创造了幸福的人生、家庭，有的甚至开创了八百年的家国基业。所以要想永恒不断地进步、提升，就需要永恒不断地学习，而这种好学的心、好学的行，会促使我们不断地开显智慧、明达本性。

周朝是中国历史上最长的朝代，都知道文武周公，可是很多人不知道周朝有"三太"，"三太"分别是周文王的祖母、母亲和妻子，"三太"德耀古今，母仪天下，她们的女德母教不仅成就了自己、成就了家庭、孩子，也成就了八百年的基业，被天下的女子所效法，所谓"法"者，为万世生灵之眼目，就是万世以来的民众，都可以把她们当作榜样来学习。

女德母教是让家国天下平稳幸福、永续发展的一个根本点，任何人来到这个世界，通常都要经过胎教，出生后在妈妈的怀抱里吃母乳，幼年、童年时期也是在妈妈身边多一些，哭了闹了，一般是妈妈抱起来，甚至有两三岁的小孩子喝水，爸爸给倒了，他还会坚持："我要妈妈倒水给我喝。"因为母子间有一种天然的亲爱之情，这是非常自然的。

甚至少年在十几岁以前，也是待在母亲身边的日子最多，所以从古至今，有识之士都在号召女性学习女德母教，因为女子长养德行，就可以带给父母、公公婆婆以安慰，尤其在他们上了年纪以后，能够让他们老有所依，敬老的同时助夫成德，再把孩子培养成为对国家、民族、全社会有益的栋梁。现代的一些教育专家也说，三代才能培养起真正的精英，就是说有了三代的共同努力来奠定基础，才能把利益千秋万代的圣贤培养出来，所以一个好女子旺三代，旺父母公婆、丈夫，也帮助孩子有所建树。

在中国历史上，孔老夫子的母亲，孟老夫子的母亲，以及欧阳修、范仲淹、寇准的母亲，都是圣贤之母。还有一些，比如诸葛亮的妻子，头发稀黄、面皮粗黑，但是才德非常出众。诸葛亮是三国时期的一代名臣、忠臣，也是数一数二的美男子，可是他选妻子，没有看长相，而是注重内在的才学、智慧和德行，他的丰功伟业得益于他妻子的支持与帮助，俗话说"妻贤夫祸少"，假如丈夫比较贤德，又娶了一位贤明的太太，那么事业就如虎添翼。

《内训》的作者是徐达的女儿、明成祖朱棣的徐皇后，她也是一位非常贤德的女子，在中国历史上具有很高的地位，她的女德风范至今仍熠熠生辉。

在人类文明史，尤其是中国文化史上，女性的作用和贡献是不可替代的，近代著名大德印光大师说："治国平天下之权，女人家操得一大

女子是世界的源头

半。"他还说"教子为治平之本,而教女更为切要,盖以世少贤人,是因为世少贤母,有贤女则有贤妻贤母矣,有贤妻贤母,而其夫与子之不为贤人者,盖亦鲜矣,其有欲挽世道而正人心者,当致力于此焉",这段话是说,世间没有贤德的人,是因为缺少了贤德的母亲,有了贤德的母亲,孩子就容易成圣成贤。

在父母面前是贤德的女儿,结了婚就容易成为贤德的妻子,生养了孩子,就容易做贤德的母亲。有贤妻和贤母在,丈夫和孩子不贤德就很少见了,所以要挽救世道人心,应该致力于女子的教育。结婚前就受教育,未来的日子幸福得就更深、更长远;已经结婚的,不仅可以提升自己,还可以引导女儿、儿媳妇。

近代著名学者辜鸿铭先生在《中国人的精神》中,专门写到"中国妇女":"一个民族的女性正是该民族的文明之花,是该文明国家的国家之花。"继往才能开来,纵观中国教育的历史,这些圣贤的母亲们,从上一代人手中把传统的德教承接下来,又一代一代地演绎在家庭中,正所谓"为往圣继绝学,为万世开太平",所以继承先志不是挂在嘴巴上,而是要学而时习之,把它做出来。

钟茂森博士讲了"女四书"中的《女论语》,影响了海内外很多爱好中国传统文化的朋友,尤其是一些女性。钟博士这样一位利益天下的志士也是母亲教养出来的。钟博士的母亲赵良玉女士自幼承传母教,传统的伦理道德植根于灵魂的深处,而赵老师的母亲,也极具女德风范,老人家和钟博士的外公结婚六十多年,一直恪守妇道,按照传统的家风照顾先生,把四个孩子都培养成了社会的有用之才,三代人的努力,才培养出了钟茂森博士这么一位精英。

生命的原点起于父母,而原点之重在于母亲,几千年前,老祖宗就一直在推崇女德教育,当我们看到女子贤德,她们的夫君、儿子、孙子才更有建树时,就会更深信老祖宗的话。

而假如不能深入学习文言文，就常常会曲解圣贤老祖宗的意思，孔夫子曾说："唯女子与小人为难养也，近之，则不逊；远之，则怨。"不逊是不能谦逊，与他们太亲近了，他们就会丧失恭敬心；如果疏远他们，又会招来怨恨。

之所以说这两种人难养，并非歧视，是因为他们没有学习道德仁义礼，心量不够大，比较重感情，做事往往会没有礼度，容易感情用事，不够理智，常常会有情绪波动。

什么是道德仁义礼？由上往下，道是最高的，道是无心，不起心、不动念，所行没有任何习气、过失，依道而行的是圣人；失去了道，就要修德，修德是为了证道，依德而修的是贤人；失去了德，就要行仁，君子以仁为己任；失去了仁，就要行义，义是处处都讲道理，合情、合理、合法，行义的也是君子；失去了义，至少要讲礼，有礼度、有规矩总还是一个正常人，假如不学，就不知"道"、不知义，不明事理，倘若不甘心成为这种难养的小人和女子，就要学习。

礼的下面是法，这个法和古人讲的法不同，古人讲的礼法，它说的是礼节的方式方法，我们这里说的礼下面的"法"，指的是法律法规。"法"是礼崩乐坏的产物。法制越完备，说明违法的人越多，违法的层面越细。这也就是所谓的"法令滋彰，盗贼多有"（《老子》）。

孔夫子也是母亲生的，他也有妻女和儿媳，他对女子的定位一直都是"妻也者，亲之主也，敢不敬欤"？女子是传续家族后代香火的宗主，怎么敢瞧不起、不尊敬她们呢？

再来分享一下"三从"，听到三从四德，可能有人会认为这是禁锢女子的封建礼教，我们先不要起逆反心理，把这个道理分析一下。

早在《周礼》中就对三从四德有了记述，周朝有八百年的历史，至今已三千年，这么久都没有人质疑，为什么现在开始质疑了？

《仪礼·丧服》中记载："妇人有三从之义，无专用之道，故未嫁从父，既嫁从夫，夫死从子。"

"父者，子之天也"，女子出嫁前是在父母家里的，当然要跟从父亲，不是自己过生活，所以听从父亲的安排。坤德如地是本分，也是以丈夫为自己的天，对父母尽孝，孝是老子一体，善事父母，这个不难理解。

"夫者，妻之天也"，女子出嫁后，孝顺公婆就如同孝顺自己的父母，出嫁从夫，就是跟丈夫一起孝敬父母，孝父母是天经地义的事，男女都一样。

另外在古代，男子比女子受教育的机会要多，因为男子肩负着为国为民的使命，"学而优则仕"，他们学得好，才能更好地为国家服务，为民效力，自然应该优先给他们教育的机会。当然也不是说女子就没有机会受教育。比如《女论语》的作者曹大家，她就出身名门，受到了教育。既然男子受了这些教育，特别是古圣先贤的教育，他的见识、思想肯定比较纯正，和没有接受圣贤教育的人相比较，要纯正。既然你受了良好的圣贤教育，立志做圣贤，我听从你的不就等于听从圣贤的一样吗？所以这样讲，确实是客观的因素。

再者，天施地生、滋养万物是自然规律。男女之间，男子属阳，主动，以刚强为美，"天行健，君子以自强不息"；女子属阴，主静，以柔弱为美，"地势坤，君子以厚德载物"。男子顶天立地，为国家、为人民效力，还要撑起一个家；女子注重谦卑的品德，在家相夫教子，古代推崇这种刚柔相济的结合才是最完美的，所以有"男主外，女主内"之说，其实也是天性使然，是一体的两面，显示的是分工不同。由此可见，柔的顺从刚的、静的从于动的就比较容易，否则刚的要强迫自己，可能一下就折断了。

从某种意义上讲，顺从要高于被顺从的，其中暗藏智慧，如果没有智慧，肯定会执着，一执着就不能够从顺了，所以去测试智商的话，估计女子应该比男子的智慧要高，因为她们懂得顺时顺势、随缘，与周围的人、事、物相处得很好。不过现在有些刚强的女子，就不一定了。《道德经》里讲，弱能胜强，柔能胜刚。这是有道理的，所以能够随圆就方，是需要智慧的，也只有这样才能使得一个家庭和谐美满。

"从"指成就，并不是盲从，如果失去道义，从了会陷对方于不义，就不能从。所以五伦十义中，"夫义妇听"，夫有义，妇就要顺从，丈夫要是不义，那就不能盲从，但又不能抛下他不管，所以就得用智慧和先生应对。

有一位非常有女德的长辈，未嫁时孝顺父母，出嫁以后孝顺公公婆婆，虽然婆婆嫌弃她，但是她对婆婆百依百顺，婆婆生病，只有她在床前照顾服侍，后来婆婆被感动了。先生有时做事不妥当，她不但能够很敏锐地观察出来，还能够帮助先生改过自新，在顺从的过程中施行"教化"，如果没有智慧怎么做得到？

如何能有智慧？一定是放下自我、放下执着，恒顺众生，随喜功德，有"我"就有私，有私就会有争，只要争，就离道远了，会把智慧挡住，德行也不能完备，而智慧是本有的，不是学来的，学来的是知识、才华，只要把障碍放下，智慧就能源源不断地流出来，所以圣人为而不争，一定是修谦卑、修恒顺。

什么叫女强人？不是河东的狮子、山里的老虎，而是在大是大非面前，如如不动地做定海神针，可现在的女强人常常是外强中干，假如输了家庭、丈夫、孩子，尤其是输了孩子的教育，赢了天下又如何呢？这种不圆满常常会让人心灵空虚。

身边这些成功女子的家庭都如何呢？在学女德教育之前，一些先生说："我的妻子是董事长，却很不懂事，总把在公司里的领导气息带到家里来，让全家都感觉到很有压力。"这都不是能够从夫的女子，真正从夫，在丈夫面前是好妻子，在孩子面前是好母亲，在公婆面前是好儿媳。

英国的维多利亚女王，在忙完了国事政事后回到家里，进门时说：

女子是世界的源头

"女王回来了。"结果没人理她,她马上提高愉悦度:"哎呀,亲爱的,维多利亚回来了。"她以为丈夫会迎出来,可是没有,要换成咱们,是不是一摔门就跑了,"还敢不理我,要跟我这个女王见面的人有多少啊",是吧?女强人要强大到不管什么样的境界,都能如如不动地给它转过来,人生就两种境界,一个是你被境界转,另外就是你把境界转过来。真正的女强人是公婆、丈夫或者孩子满脸的阴霾、阴云,你能用爱心和耐心,把他们阴云密布的脸给扭转得像春花一样灿烂。维多利亚女王继续调动自己的愉悦细胞说:"亲爱的,您的妻子回来了。"丈夫马上迎出来,给了她一个热情的拥抱,所以从夫不仅仅是顺从、成就丈夫,其实也是成就咱们自己。

"夫死从子",圣人的母亲都是很有智慧的,但并不一定都很有才华和学识,孔子、孟子的母亲,她们都没有读过书,可是她们都很有智慧,知道怎样顺从天性去教养儿女,造就出圣人,所以才华、知识跟智慧、德能是两码事。

一个女子要具足女德,才能够让整个家庭和谐、安乐、幸福,儿女都能成才,我们也见过不少这样的家庭,家里有好母亲、好太太,真正是一家的福相。

跟大家分享一下寇母教子的故事,在寇准科举中进士的那一年,母亲不幸重病缠身,临终时,寇母将亲手画的《寒窗课子图》交给身边的刘妈,并叮嘱说:"日后寇准做官有错时,再将此画交给他。"

寇准为官之初,尚能勤俭自律,后来渐渐也开始讲排场。一天上午,大宋都城汴京的宰相府大摆宴席,相府门前车水马龙,人头攒动,达官贵人纷纷带着厚礼前往寇准府上,为新任宰相庆贺生日。此时的寇准春风得意,喜气洋洋,早已有所耳闻的刘妈带着遗画也来到了相府,只见老态龙钟的刘妈颤巍巍地走到寇准面前,"扑通"一声跪下,双手捧出一个卷轴:"这是太夫人给老爷留下的一幅画。"寇准上前将刘妈扶起,接过卷轴:"既是太夫人遗物,为何今天才送来?""太夫人曾嘱咐,一定要等适当时机再交给老爷,老奴不敢违背。"

寇准闻言,默默打开画轴,立时打了个激灵,只见画中狂风怒号,大雪纷飞,画面正中有一间破茅草房,屋内油灯如豆,油灯旁的母亲边飞梭织布,边看着灯下专心致志读书的儿子,画的右上角是母亲题写的"寒窗课子图"五个大字,左下角是一首诗:"孤灯课读苦含辛,望尔修身为万民,勤俭家风慈母训,他年富贵莫忘贫。"画未看完,寇准早已泪流满面,因为想起了母子相依为命的艰苦,尤为母亲"遗画教子"的良苦用心而动容,遂下令撤去寿宴,退还寿礼,从此,寇准牢记母亲的教诲,勤俭持家,勤于政事,终成一代贤相。这是从子的一个典型案例,寇准父亲亡故,母亲成就儿子不仅生前尽力,还能预料数年的身后事,可见其教子之深远。

现在常听到有人用"窈窕淑女"来夸赞女子身材好,《说文解字》解释"窈"是深远,"窕"是深肆,指非常深,"窈窕",综合起来解释是幽深的样子。"窈窕"的原意是指宫室,宫廷里的房屋一层又一层,另外也指山水幽深,听过"山路十八弯"的歌吧?假如我们去旅游,走过了一个弯就没得看了,这个风景还有什么值得欣赏的?但假如走过了一个山包,又一个弯然后再来一坡,一直看下去,风景无限,这样才感觉不虚此行,所以一个女子,言行草率,就会让人感觉特别没内容、没内涵,这就不叫窈窕淑女了。

窈窕淑女是指有内涵、文化、内质的女子。《说文解字》解释"淑"为品行端正、美善,所以女子心灵的美叫"窈",女子仪表的美叫"窕",心灵和外表一样美才叫作窈窕淑女。

君子是指一个男子才德兼备,品德非常好,有修养,"君子好(hǎo)逑"的"逑"是指伴侣,一个内外兼美、德行深厚的女孩子是品行兼具的君子的好伴侣,这才是"窈窕淑女,君子好逑"的真正含义。

女子是世界的源头

古圣先贤十分重视女子的教育，为了提升女子的德行，给后人辑录了好几部经典，有吕新吾的《闺范》，有《女儿经》《小女儿经》《女孝经》，为什么要这么照顾女子？因为只有天下的好女子都成为好母亲，家庭、国家、天下才能出现好后代，所以古圣先贤还专门辑录了"女四书"，东汉班昭的《女诫》成书最早，然后是唐朝宋尚宫的《女论语》，还有明朝徐皇后的《内训》，以及王相的母亲刘氏所作的《女范捷录》。

真正有德行的女子，古人讲"无才便是德"，"无"是指本有而无之，是说作为女子，即使才华盖世、才明绝异，还能够虚心下问，守着谦卑的德行。

中国有句古语："不孝有三，无后为大。"我们可以思考一下，是不是生了儿子就算有后代了？上海有一个孩子，从小娇生惯养，在国内接受了十五年教育，又到日本留学五年，学习结束回到祖国，还没到自己的家，就因几句话不投机，对着母亲连捅了九刀。

网上跟帖说"这个孩子太没良心了，死一百次都不为过"，我当时眼圈就红了，独生子，死一百次，他母亲怎么办？这位浑身包扎的母亲接受采访时，对记者说："能不能请你跟法官说说，对我儿子从轻发落？"可怜天下父母心。

这只是儿子不懂事吗，跟妈妈没教好有没有关系？儿子刚出生时，都说生了个大胖小子有后代了，可是你把人家的独生子、独生孙子培养到了监狱里，做了杀人犯，还是杀自己母亲的杀人犯，你对公婆再好、再孝敬父母，大家想想这叫有德行吗？还算是有后吗？"夫孝，德之本也"，从胎教到幼儿的教育、少年的教育，包括中外大学的教育，都没给孩子扎德行的根，所以不是生个儿子就有后。《中庸》里说"夫孝，善继人之志，善述人之事"，最可贵、最难得的就是我们自己发愿做圣母，生女儿的家庭，假如把女儿培养成能利益千秋万代的圣贤女子，照样是有后，我们不要怀疑自己的能力和福报，《弟子规》说"圣与贤，可驯致"。

国家和社会以人才为本，而人以德为本，德以孝为本，所以自己不成才也是不孝。一个女子不把孩子培养成为对国家、社会有用的人才，最对不起自己，对不起双方的老人和全社会。

所以学习女德母教的意义非常深远，值得全社会关注，这样，社会才可能长长久久地永续发展下去。古大德一直说："闺阃乃圣贤所出之地，母教为天下太平之源。""闺阃"指女子居住的屋子，"闺"是门里的玉，即用来做门环的美玉。玉不好找，是石头中质地最好、各方面都最美的，闺的造字本义是王宫中有用玉做门环的高贵的居室，强调是王宫中的门，不是普通的门。

《说文解字》解释"闺"是特立之户，后来"闺"特指打造成上圆下方、像玉圭形状的门拱。很多大户人家女儿住的内院，都会造这样的门，所以"闺"后来也作未嫁处子（没出嫁的女孩子）的卧室讲，比如闺秀、闺女、春闺、深闺，还有一些诗，"人间不见因谁知，万家闺艳求此时"，白居易的《长恨歌》里也有"养在深闺人未识"，都指的是这个闺。

"阃"指门限，即门坎，在《仪礼·士冠》里也说："阃，限。"门里面不能够轻易越过的门坎、门限就是阃，主要是对外人而言的，"阃"特别指妇女居住的内室。一说闺范、阃德，就是特别指女子之德，《礼记》有"内言不出于阃"，是说女孩子在居室内说的话不要往外面传。"阃仪"专指女子的仪容；"阃正有风"是形容一个家族闺阃的正气。

想起古代那些书生的母亲做菜，切菜的方寸都是有定的，儿子被人诬告进了监狱，母亲去探望却不让见，于是就跟狱卒说："我给儿子带了几盘菜，请您转交给他吧。"儿子看到这饭菜大哭："我的母亲一定来过。""如何见得是你的母亲来了？""我母亲做事很有法度，她切的菜，都有一定的尺寸。"这狱卒就可怜他，"这么好的女子怎么会养出作奸犯科的孩子，我一定要好好查一查。"后来果然查出有冤情，这个读书

女子是世界的源头

人就被释放了，所以闺范、阃范它就有这么大的作用。

还有陶侃的母亲，虽身为女子，做的事却让陶侃的朋友非常感动。陶侃家里很贫穷，朋友来了，没有食物供养，陶母就剪掉了自己的长发，换来一顿招待客人的饭菜，又从邻居那儿借来把铡刀，把自己垫床用的草铡得细细的，把客人的马给喂饱。后来朋友听说这位母亲是以这样至诚的心来招待，非常感动。

"高处有险，低处有道"，大海之所以为百谷之王者，因其善下，所以说一个女子能够像水一样，适当的时候呈现适当的状态，这是何等的聪慧。

女子是世界的源头，家、国、天下本来就是一体，对家的这份责任和义务，是女子肩负家国天下太平根本的点、根本的源，不管在什么样的河道，宽的、窄的、弯的、直的，水都能够随顺，且不改方向，终归入海。

"攻坚强者，莫之能胜"，水还有一种柔韧的坚强，它能穿透石头，也能冲毁堤坝，真正是弱胜了强，柔克了刚，但这并非为了打败谁，最终还是要回到最低的地方去，所以女子的美德，是谦虚意下，能够忍辱如地，"地之秽者"，反而多生物。

再来说一下女子的"四德"，《女诫》云：

"妇德，不必才明绝异，幽娴贞静，守节整齐，行己有耻，动静有法；

"妇言，不必辩口利辞，择辞而说，不道恶语，时然后言，不厌于人；

"妇容，不必颜色美丽，盥浣尘秽，服饰鲜洁，沐浴以时，身不垢辱；

"妇功，不必功巧过人，专心纺绩，不好戏笑，洁齐酒食，以供宾客。"

"妇德"是幽娴贞静，"贞"是指人的心正、忠贞、心定、心诚和女子的节操，"娴"指女子的仪态美好，"守节整齐，行己有耻"，大家是否听过这么句俗话，"你看某某家的媳妇，从来不说三道四，不说婆婆不好、妯娌不好，自己做得也非常好，整整齐齐的让人挑不出来毛病"，好像是说家里卫生收拾得整齐、事务打理得整齐，实际上是说她做人很有规矩和章法，妇德虽然对行为有规范和要求，但重点是在德行，更在心境和心性，因为言语和行为都是心境的外化，所以德言容功，其实就是女子贞静、贞德的演绎。

"行己有耻，动静有法"，女子要知道怎么样的一行一动是给父母、公婆还有丈夫、孩子脸上增添荣光，什么样的言语行为是给家人脸上抹黑。比方说"三太"，周文王的母亲是三太之一，她在怀周文王的时候，"眼不视恶色，耳不听淫声，口不出傲言，割不正不食，席不正也不坐"，什么意思？假如说的话不好听，或者有人大声嚷嚷，她都不听；有不好的景象她也不看，她自己也不说不好听的话，睡觉保持吉祥卧。

孔老夫子所谓的"克己复礼"，"非礼勿视，非礼勿听，非礼勿言，非礼勿动"，视、听、言、动都要守礼，讲求胎教的意义就在于，孩子没有来到这个世界，就已经开始对他进行教育了，而文王母亲注重胎教的结果，就是周文王能够举一反三、闻一知十。

中国人为什么说虚岁？因为我们在妈妈肚子里还待了十个月，难道这一年不算吗？人家问你多大，你说十三虚，是代表从父精母卵生命孕育开始，已经存在一年、有一岁了，其实传统文化里面很多细节的东西，都反映出祖宗深远的智慧。

有一个女子，她出嫁后对夫家的经济条件不满意，家庭的氛围也和自己少女时代的想象不同。很多女子都希望找一个长相好，经济条件好，对我们呵护又很周到的伴侣，不妨思考一下，我们有多少被爱的价值？身为女子，与其一直要求爱、等待爱，不如借助多种多样的学习机会，提升德行和修养，增加被爱的价值，而不是爱慕虚荣，甚至是做一些邪僻之事，创造所谓的经济价值，那常常会身败名裂，甚至会家破人亡。这个女子生了两个儿子之后，在加油站找了一份工作，因为要寻找所谓的价值，她常常在一些好车面前晃来晃去，就是想看看司机是本人还是雇佣的人，如果是本人她就更加殷勤，很快她就跟几个比较有钱的男子的关系不太正常。

有天晚上，她跟婆婆和丈夫说"我今天要值夜班"，其实她是出去约会了，在海边两个人谈得也很高兴，但是不知道为什么这个车就翻到河沟里去了。大海旁边常有河沟，潮涨时水就漫到河沟这边，潮落时，连海滩都是干的。可能那天晚上水也不小，翻过去之后，这个女子当场就结束生命了，那个男子费尽周折从车里爬了出来。几天后，解决问题的时候，这个女子的丈夫、公婆都不出面，为什么？蒙羞！她以为跟有钱人在一起，家里经济会越来越好，还自以为在为家里做贡献，这是"人不学不知道"，"人不学不知义"。

《诗经》云："无念尔祖，聿修厥德。"要念着祖宗修养德行。父母是咱们最近的祖宗，要想着父母家亲眷属，想着不给祖宗丢脸，怎敢不修养德行？"聿修厥德"，就是一定要时时提升德行。

"幽娴贞静，守节整齐，行己有耻，动静有法，是为妇德"，假如行己无耻，动静无法，不守节、不整齐，心不定、不真、不正、不诚，最终失去了女子应有的节操，就会让自己家至少三代蒙羞，所以作为母亲，不可不慎。

四德第二是言语，"择辞而说，不道恶语"，不是说了最难听的话才叫恶语，所有让人听了不舒服的话都叫恶语。另有一种情况，比如有人明明在这儿等了四十分钟，对方气喘吁吁跑过来说："不好意思，让你等这么久。"仁慈的人，就说"哎呀，今天我正好有事，也晚来了半小时，其实我等你还不到十分钟"，这是用白色谎言让对方更心安。可是刚才这个人是用谎言去行邪僻之事，这是大恶语，因为他的心实在是偏颇了。

"时然后言，不厌于人"是讲话也要找好时机，比如有一个媳妇听了女德课，回去跟婆婆说："婆婆，你跟我公公吵了半辈子，我现在才知道是因为你缺了德，你要去修养女德。"话没错，但是这一听，婆婆的五官气得都挪位了。因为你是晚辈，对长辈说话不仅要语气得体，还要找好时机，这个事可以找个机会说："婆婆呀，有个会场管人吃饭，还有老师讲很多故事，环境可好了，要不我带你去坐坐？"等婆婆听完回来自己说："哎呀，好媳妇，要不是去了这个女德论坛，我还不知道，一辈子跟你爸磕磕绊绊、吵吵嚷嚷的，原来是我不懂怎么做妻子。"这话要婆婆说出来，做媳妇的还该怎么回应？"您做得已经很好了，为这个家吃了很多苦，我们看到的只是您的付出，如果您二老能相互多体谅，那就更好了。"

一个人要知道自己的职分，身为母亲，就应该教导儿女，母亲要跟女儿说："孩子，你要是不好好学女德，将来不太可能感召到好的另一半，咱家就你这么一个孩子，假如妈妈不把你带到学习女德的课堂或者现场，那我就对不起你们整个家族，咱娘俩一起把德行这一课好好补一补。"这话跟女儿说就没问题，跟长辈说就有点严重了，所以在不该说的时候说，是失人、失言，也对不起自己；在该说的时候不说，是失事、也失人，适当的时候说适当的话，这个是无上的智慧。

我们的言语是口吐利剑，还是口吐莲花？要口吐莲花得心中有莲花，假如口吐利剑，说明我们没智慧，从另一方面来说，就是比较刻薄。所以有爱才有智慧，以德行和仁爱的心作言语的后盾，就会让周围的人因为我们的存在而感到幸福。

有一个女士，很爱自己的丈夫，但她在学传统文化之前看婆婆尤其不顺眼，生了一儿一女之后，和婆婆的关系就僵化了，她很奇怪，说："我跟婆婆的关系不太好了，怎么先生也对我不咸不淡了呢？"我们总说爱自己的丈夫，是真爱还是假爱呢？人家父母一把屎一把尿把孩子给拉扯大，然后跟我们相依相伴共度一生，我们不仅没有感恩心，还对人家的父母那么刻薄，人都是有良心的，他看在你养育一双儿女很辛劳的分儿上，不愿意天天跟你打嘴仗，但是他开心吗？

　　一位老师谈到有一位学传统文化的女孩子，她的先生特别有原则，本来计划买了新房给他们俩结婚住，后来男孩子学了传统文化，说："不行，父亲不在了，我要跟母亲一起住，如果你不能接受就可以不跟我结婚。"这个女孩子就说："凭什么？原来怎么说的？"这位老师就跟她说："就凭人家是个孝子。你可以不爱他，去选择别人。"《中庸》里有句话"博厚配地，高明配天"，高明的男子像天一样引领着妻子，引领着大地，大地德行深厚，才堪配母仪这个称号，"母仪天下"，母仪家庭、母仪孩子。

　　如果跟婆婆、丈夫的关系不好，孩子就不好教，她的一个学传统文化的好朋友就跟她讲："你来学学女德，就可以把家庭里各种关系处理好。"她想："我哪有这个时间……"我们如果学了传统文化觉得好，但是什么叫传统文化讲不明白，什么叫女德也说不清楚，自己身上又没有女德风范，那就把亲友请过来，在这么一个磁场中，台上有人分享，下面有人呼应，祖宗的智慧就会浸润到她，后来她的女朋友就问："你孩子现在好教吗？"为什么从孩子入手，因为我们现在人都颠倒，不顾老，都顾小，枝叶花果很重视，却忽视树根。一说到为老人，没时间又没金钱，一说为孩子，割自己身上的肉也不疼，于是这位女子还是决定去，去之前说："孩子怎么办，谁给带？"朋友说："你爸妈不在，请婆婆帮忙带吧。"她说："我好久没到婆婆家了，也很长时间不管婆婆叫妈了，怎么好意思过去。""学习机会难得，你跟婆婆多说几句好话，能去还是尽量去。"到了婆婆家，这位女子纠结了半天，终于张口叫了一声妈，可就这一声"妈"，马上就把婆婆给融化了，帮她带孩子更不在话下。可婆婆身体不太好，带孩子很累，没过两天婆婆就坚持不住，决定跟儿媳妇商量商量，你不管学什么，等孩子大点吧，追着马驹一样的小孙子，累还是小事，但磕着碰着孩子，事就大了。

第一个周末婆婆没张开口，第二个周末还是没说出来，第三个周末婆婆下决心，无论如何得说了，这位儿媳妇也一样，第一周回来就想道歉，道不出来，第二周还想道歉，但是我们说难听的话习惯了，难听话一串一串的，跟利箭似的"嗖嗖嗖"就射出去了，说个好话就成了难事，所以这话还是没说出口。第三周，上完课回到家，一进门，看到婆婆系着小围裙，闻到屋里还有饭香味，她就特别惭愧，深深的一个躬就鞠下去了，她说"妈，您辛苦了"，这种真诚心婆婆马上就收到了，婆婆一看媳妇这么深情，本来想说"管你学金学银先停停，等孩子大点吧"，见媳妇一鞠躬，改口说"快进来歇会儿"。媳妇说"妈，您坐下休息一会儿，把围裙给我，让我来吧"，饭菜没上桌前，婆婆听着厨房里叮叮当当，就想，"这都多少年媳妇没下过厨房给我做饭了"，很感动，饭菜一端上来，儿媳妇就号召一儿一女第一筷子菜要夹给婆婆，饭还没吃，婆婆碗里三筷子菜就冒尖了，老人开不开心？心情很好，就着这三筷子菜把要说的话咽下去了，心想，等她一会儿走再说吧。

吃完饭，儿媳妇带着孩子们刷碗、拖地，收拾完准备走的时候，站在门口说："妈，这些年您辛苦了，把我丈夫养得这么好，还让我跟他共度一生，现在我学传统文化，您又帮我带孩子，来，让我们娘仨排排站，跟奶奶说再见，跟奶奶说辛苦了……"婆婆憋了好几次的话，终于说出口了："哟，这传统文化学得不错，下周再去吧！"

怎么样才能感召到好的言语？得做好人、好事，好话才能到咱耳边，言语行为和心境都没做那么好，还希望感召到好话，基本上不太可能。所以适当的时候说适当的话，说有德行的利益语，夏天一听就很凉爽，冬天听了就很温暖。

德行、言语、政事、文学是孔门四科，女子的四种德行，把言语也排在了第二，因为这个言语的过失太容易犯了，为什么把妇德放第一位？

假如具备妇德，内心有贞德、敬德、才德，肯定不会轻易说伤害别人的言语。

比如隔壁的媳妇常常对你讲："哎呦，等你儿子考上重点，咱们一起庆贺庆贺。"你家孩子好不容易考上大学了，但隔壁正在办丧事，你就只想着你家这一面，拿着通知书，"哎呦，谁谁谁，我儿子终于收到通知书了"，怎么就感觉整个氛围怪怪的？当街坊邻居有了让人悲痛流眼泪的丧事，我们要慈悲、要仁厚，像孔老夫子遇到这种事，他就一周不弹琴，为什么？人家有丧事我们还弹琴，弹得出来吗？隔壁媳妇是说过等考上了跟你庆贺，是人家错了吗？是我们没有找对时机，假如俩姐妹这么好，她家有这种让人悲痛的事，自己孩子的喜讯先不告诉她，其实善解人意是一种仁爱心。

"事事洞明皆学问，人情练达即文章"，其实学文，学的是什么？"不力行，但学文，长浮华，成何人"，怎么力行？要因时、因地、因人而异，把好话说出来，好人、好事做出来。

"盥浣尘秽，服饰鲜洁，沐浴以时，身不垢辱，是谓妇容"，很多人觉得妇容就是打扮整齐，"上循分，下称家"这层意思没错，"服饰鲜洁，沐浴以时"，古人讲"冶容诲淫"是说不要花枝招展，引惹是非。化妆有三个境界，最低的境界就是搞得红眉绿眼，浓妆艳抹；第二种化妆是比较清淡，合自己的身份、场合；最高明的化妆是化妆心灵，提高德行和修养，因为内在的学问会呈现在言语行为和姿态上，所谓"腹有诗书气自华"。

记得有一年四月份我们去学古礼，以前穿衣服常常把外套"刷"从头上就套过去了，古人说穿衣服不过头，非常文雅地穿上一个袖子，再穿上另一个袖子；还有扣子怎样搭；吃饭时端碗是龙含珠，筷子夹菜是凤点头。我们用一个下午专门训练筷子夹花生米和小小的绿豆，还学习礼拜圣贤，各种各样生活细节，包括如何扫地，女孩子怎么行半蹲礼，不学不知道，原来我们不会说话、不会吃饭、不会走路、不会睡觉，不知道一个人的威仪应该怎么样涵养、长养起来的，衣服的作用除了遮羞、保暖，在古代还代表了身份和地位，但现在很多人穿衣服不符合自己的身份，也不是为了遮羞御寒，而是为了招摇，所以祖宗说"冶容诲淫"是警戒我们。

南昌有一个法医说，夏天的案子会突然增多，而在有女当事人的案件中，他们赶到现场时，百分之九十的女当事人身上剩不了几条布丝了。穿得少，就会引人邪思，甚至引发邪行、伤风败俗、败德，搞不好还会出人命。"身不垢辱"不单单是说身上干净，引申一下是守好妇道，不要玷污身体和名节，如果一个女孩子不懂得爱惜身体和名节，不自尊、不自重、不自爱，在男朋友或丈夫心目中的形象一定会打折，不仅不能旺三代，还会让三代因我们而蒙羞，整个家族都因为我们而受连累，给整个社会风俗又加了一个败笔。如果每家女孩子都是圣贤女子，那社会还缺圣贤的子女、子孙吗？所以教女尤为切要。

最后讲的是妇功，古代的母亲们就靠着自己的德行，在家里教化孩子。我们也没听说孟母怎么样教孩子识字，孟母三迁大家耳熟能详，最初住在杀猪的旁边，孟子就学怎么叫卖猪肉；搬到了发丧的附近，孟子就学怎么样发丧；后来搬到学堂旁边，是不是马上孩子就爱学习了？古人说"从善如登"，像登山，"从恶如崩"，像山崩一样快。母亲是希望到学堂旁边，孟子能好好学习，但小孩子顽皮淘气，不但没有学得很快，而且还逃学，为了教育孩子，孟母当着孟子的面，拿起一把剪刀，把织布机上的布都剪断了，那个年代女子不能出来工作，母子俩全靠织布来维持生计，所以孟子很惶恐，跪在地上问母亲原因，孟母说："织布要由线连成寸，再连成尺，织成丈、匹，织完后才是有用的东西，学问也必须靠日积月累，不分昼夜勤求而来的，你如果偷懒，不好好读书，半途而废，像这被割断的布匹就成了没有用的东西。"孟子听了母亲的教诲，深感惭愧，从此以后专心读书，发愤用功，身体力行实践圣人的教诲，终于成为一代大儒，被后人称为"亚圣"。

还有一位儿子，本来说好"求学十年，学不成名誓不回还"，但在学习的中途，因为学习太苦，又想念母亲和家里的生活，就半夜跑回家了，母亲说："儿子你这么老远回来，待为娘给你做几道好吃的饭菜，来把灯烛点亮我们到厨房去吧。"儿子点着灯，跟随母亲到了厨房，然后母亲说："我儿把灯烛熄灭吧。"儿子正纳闷母亲因何如此，母亲说："为娘我想让儿子你看看我的功夫。"他就听着母亲摸黑在那儿洗菜切菜，一会儿几道菜端上来，儿子拿起筷子要吃，母亲说："且慢，为娘让你见识了妇功，我儿也应当让为娘看看你跟老师求学数年来的学业，我们到书房去吧。"母亲点着灯烛引儿子到了书房，亲自研磨墨后，儿子拿起毛笔铺好了纸张，母亲就说："儿呀，为娘我是把灯烛熄灭让你勘验了功夫的，现在我儿也应当把灯烛吹灭，让为娘看看你学的道德文章。"不等儿子回应，就把灯烛吹灭了，儿子知道自己的功夫不够，勉强写了几行，拨亮灯烛后，他羞赧地低头说："母亲，儿子知错了，让我快马加鞭赶快回到学堂，跟我的老师去学习吧。"做母亲要有慈悲的智慧，儿子赶了这么老远的路，饭还没吃一口，严格教育孩子没错，尽量不要伤了恩慈。所以母亲说："儿呀，你把母亲为你亲手做的饭菜吃下去，再走不迟。"我们想想，儿子吃着母亲做的饭菜会是什么味道，他会记多久？这个孩子从此埋头苦学直到成名。

妇功重不重要？女子把"四德"任何一个德行真正地做好、做完美了，不仅是自己做到了本分，更重要的是"其身正，不令而行；其身不正，虽令不从"。把孩子潜移默化就给领正了，因为孩子是看着父母的背影长大的，父母是孩子的第一任老师。

"治天下首正人伦，正人伦首正夫妇，正夫妇首正女德"。《诗经》共有三百零五首诗歌，第一首就是《关雎》，《关雎》讲的就是夫妻关系，《中庸》里也有一句话叫"君子之道，造端乎夫妇"。

古人说："人无伦外之人，学无伦外之学。"先有夫妻，然后生养孩子，就有了父子关系，生俩孩子或两个以上，就有了兄弟姐妹、妯娌连襟的关系，推演到社会上就有了君臣关系、朋友关系，所以"人伦之始，造端乎夫妇"。

假如一个女子"三从四德"皆备，不仅是旺三代，还可能旺千秋万代，但假如找了一个没有德行的媳妇，以现在的状况不是败三代，很可能是一败到底、一败涂地，甚至家破人亡，古代有多少这样的女子？比如烽火戏诸侯中的褒姒，周朝为什么亡国？当年只为博美人一笑，周幽王戏耍了各诸侯国的国君。

再想想唐玄宗，曾批注过《孝经》，励精图治，开创了开元盛世的局面，后来遇到杨玉环，杨玉环是从儿媳妇到了道姑，然后做了贵妃。一个女子，要认清自己，昨天还是儿媳妇，不管通过什么样的渠道做了贵妃，也应该体会一下要怎么做人，她没有学过，也不知道在帝王的身边责任更加地重大，她进宫后君王从此不早朝，"在天愿作比翼鸟，在地愿为连理枝"，他们俩在这种小私小我的情意、情欲上下功夫，国家怎么办？所以国运的衰弱，原因重点在玄宗，也有杨玉环的原因，因为杨玉环的缘故，她的父亲和哥哥权倾朝野。安史之乱爆发，唐玄宗带着群臣逃亡也没忘了带上美人，结果到了马嵬坡群臣逼宫，你是要美人还是要江山？当年的誓言今犹在，可是最后唐玄宗选择了江山，赐给杨玉环三尺白绫。

后人在诗句中描写"华清池水马嵬土，埋香洗玉总一人"，当年杨玉环在临潼华清池温泉沐浴，放的什么花瓣什么香料，全国都知道，人一招摇、张扬就消损福报，而且还做了穷奢极欲的坏榜样。

"一骑红尘妃子笑，无人知是荔枝来"。驿站上的马匹是用来运送重要文书的，但为了送荔枝，把马都累得出汗了，虽然大家不知道是给贵妃送荔枝的，可是天地良心都清楚，想想究竟有多大的福报，她的父兄，也是大厦一倾，覆巢之下无完卵。

女子是世界的源头

长孙无忌是长孙皇后的哥哥,当年跟着唐太宗南征北战,唐太宗对这些跟随的重臣一封再封,封别人长孙皇后没意见,可是一封到她的哥哥,长孙皇后就跪下说:"不能再封了,一个皇亲国戚的名号就够我们全家承载了。"她深明大义,懂得要厚德载物,后来她哥哥都不想参与朝中的事了,说:"别人家有一个女子在宫内,别说做皇后,做个贵妃都不得了,我们家反而因此不能够升官封爵,我怎么这么不幸?"后来长孙皇后英年早逝,唐太宗是何等的思念,重臣也在怀念,假如没有长孙皇后,魏徵都不知道死了多少次了,那时她的父兄和家亲眷属,位置也已经很高了,却都能够平安自保,大家想想是烜赫显耀一时、几年,还是几代平平安安的好?

"万类相感,以诚以忠",每一块地上面有一片天,每一片天底下对应一块地,两个人配得是刚刚好,三生石上两个人的因缘早就定了,这都是感召来的,也就是德业相当,方为夫妇。所以要想有好的另一半,一定是自己有好的德行,不提升道德学问,就很难有如意的另一半。

有的人说我德才兼备,怎么另一半就不是我想象的那个样子,老师是不是说错了?古人说先认命,再说改命的事,怎么样认命?找了高大的就有高大的威武,找了矮小的就有瘦小的精神,找了大眼睛的就有的大眼睛的明眸善睐,找了小眼睛的就有小眼睛的聚光,一定要想明白,眼前人当怜惜。

今年春天我在太原见到一个女子,她说这些传统女德,小的时候母亲都教过她,"我妈就是听我姥爷的话嫁给了泥腿子的爸爸",泥腿子就是农民,不名一文,很穷。"爸爸身上有奶奶那股劲。"什么劲?古人说:"天行健,君子以自强不息,地势坤,君子以厚德载物。"自强不息,说的是男子之德,而她姥爷这一看新分来的年轻人这股内劲,就有中国人的骨气和志气,说这个孩子将来一定会有出息:"长相漂亮的这个女儿嫁给谁我都不放心,嫁给这么一个人,我可能临终还能够安心地闭上眼睛。"

这位爸爸，长相一般，家在农村里也是很穷困，又是刚刚上班，没有职务，但是妈妈就信姥爷。这位女士四十几岁了，她就说："最佩服的就是从我记事起，我妈没在我爸之前端起过饭碗，从来都是我爸端起来，甚至我们都已经端上饭了，妈妈才上来，她愣把一个泥腿子（农民）给培养成了省厅级的干部。"她父亲功成名就之后，就回顾自己的一生为什么会这么顺利，才明白岳父岳母给他教育了一个好太太。

什么叫圣贤？所谓圣者，上通天文，下达地理，中间又明白人伦以及各伦之间道理的人，这样的人，明天地人伦之理，天理、地理、人理和物理，什么叫物理？这东西我"啪"摔一下，给它砸一下，本来该用五年，一年就坏了，这就是物理。你很爱惜，它为你服务时间就长点，这就是你爱人人，人人爱你；你若爱物，物尽其用。

天无私覆，地无私载，不管什么样的人，都被天覆盖，地承载，一个圣贤人他深明天理、地理、人理和物理，什么都通达，自己受益还能使他人受益，德行和学问都堪配天地。

吴道子画的孔老夫子"先师行教图"，旁边有四行字叫"德侔天地，道贯古今，删述六经，垂宪万世"，是说他的德行和天地等同，德侔的侔是指相伴等同，夫子的儒学之道，古今一以贯之，他是为往圣继了几千年的绝学，为后世几千年的子孙开了太平的人，这叫圣人。

什么叫贤人？德行和才能都在君子之上，圣人之下，所以一说贤内助，那就和圣人只差一个台阶了。汉代以后，王公大臣称妻子为夫人，唐宋明清对高官的母亲和妻子，皇帝还特别加封诰命夫人，如果现在有丈夫称妻子为太太，我们应该欢欢喜喜地答应，因为这是说您是家里的太平之本，也是社会太平的根。

有的年代，女子也称丈夫为良人，这是期待自己的丈夫是个好人，现在的电影电视里，有男子要下毒手时就会恶狠狠地说："无毒不丈夫。"是不是毒品的毒？这句话的出处是《增广贤文》，原文是"量小非君子，

女子是世界的源头

无度不丈夫"，是说假如一个男人，气量小、没有气度，就不够资格当一个大丈夫，男子汉要高明配天。大家想想，世界是由男人和女人构成的，假如我们的父亲、儿子、女婿不狠毒就不做男人了，我们女子还活着有什么意义？

静心思量就是我们误解了圣贤，"娘"，女良为娘，是说一个善良、贤良的女子才堪当孩子的母亲，所以妻子都称娘子，子是对对方的敬称。

到了宋朝，丈夫被称为官人，后又被称为官家，还有人称外人、外子、相公，这是丈夫名称的一个演变。到民国时期，开始称丈夫为先生了，以往教书的男子称为先生，有女子知书识礼被称为女先生，可以引领太太和家庭的男子被称为"先生"，尊称夫君为老师，我们越尊敬他，他就越有责任感。

现在的孩子不好教，多动甚至逆反，和做母亲的不懂胎教、忤逆公婆，甚至忤逆父母有直接的关系，而孩子在十二岁之前身体上的病痛，都和母亲有直接的关系。如果爱孩子，却对公婆不好，这种爱失了根本，因为公婆是孩子生命之树的树根，我们浇树不浇树根，净浇枝叶花果，用叶面肥，那孩子说不定会因为肥料过度而影响正常的生长。

有什么样的德就配什么样的人，在眼前境界的基础上踏实肯干，天可怜见，守得云开，很快就会等来日出。但假如不认命，怨天尤人、自甘堕落，境界只会越来越差，所以境缘无好坏，要想找一个好的对象，有幸福的家庭，只有好好涵养德行。

有一个十七岁的独生女，她妈妈跟我说："你看，说一句顶九句、顶十句，再说就把门关上了，免谈，再不行了就离家出走几天，同学家住几天，这把我给折腾的，快盼着三年五年之后，找个好人家快让她嫁了，我就安心了。"这是不负责任啊，我们体会一下，产品如果不合格出厂太早会怎么样？退货，或者返厂大修！现在为什么这么多家庭不和谐，离婚率也高？跟女孩子失教有直接关系。

所以教好女子是家有女孩的父母的重要工作，男孩子如果没有修养德行，娶个女孩子也不容易把日子过幸福。假如我们家的姑娘嫁出去什么都不懂，到公婆那会不会碰钉子？年轻人憧憬未来，结婚之前还海誓山盟，电视电影里白马王子和白雪公主结婚了，美丽的画面、音乐、场景，都只是婚姻的前奏，真正婚姻内的女子，是要上得厅堂，下得厨房。经过柴米油盐酱醋茶、公公婆婆、丈夫、叔伯妯娌、大姑小姑、街坊邻里，和自己怀胎十月带到这个世界的孩子的磨炼后，不仅没有焦头烂额，还都能气定神闲，泰泰和和，这才是婚姻中成功的太太。

这也是我们今天学习女德最重要的实际意义，女子提升德能修养，家庭和社会里的每一个人都将拥有平稳幸福的人生，如果全社会都把女子的教育当成重中之重，那么，女德教育一定会发扬光大，社会安定，天下太平指日可待。

学习徐皇后女《内训》的重点之一，是希望女孩子们都要重德不重色，不断地提升自己。很多的女子长相漂亮一点就自视很高，家世富贵一点就恃宠而骄，这是德能不足的表现。

娶妇重在贤淑。有一位女领导，她的外甥找了一个长发飘飘、特别美丽的女孩子，初带回家外甥就殷勤地给女朋友剥坚果，还拿着遥控器帮女孩子选频道。女孩子到了男朋友家里，要知道自己的位置，单独相处时，偶尔恃宠而骄，还可以将就，但在各位长辈面前还是这样，就有些失礼了。这位女领导想：外甥平常有好吃的都是先给长辈，这个女孩儿一来，怎么就看不见长辈了？后来她去厨房做饭，心里就有点儿不舒服，于是从厨房探出头，拉长音喊了一嗓子："我做饭了——！"中国古人讲"听思聪，视思明"，闻弦歌而应知雅意，很显然这是长辈想请两个年轻人帮个忙，可是他们两个忘乎所以，只剩"我的眼里只有你"了。

饭好了，桌上有四位老人，第一道菜端上来的时候，这个外甥就站起来，赶紧给女朋友夹菜。第二道菜一上来，女孩子就撅着嘴说："这道菜不好吃，我不吃。"女领导心里很不是滋味，从去厨房的半路又折回来，强作笑脸问："孩子这道菜怎么不好吃？"这女孩子真以为在问她这道菜怎么不好吃，就娇嗔地回答："这道菜人家本来很喜欢吃，都是因为放了香菜，人家不爱吃香菜。"女领导无奈地说："你不爱吃香菜，可是奶奶爱吃，我把香菜给奶奶单放个碗里。"女孩子高兴地说："好。"作为晚辈，要懂点餐桌礼仪，懂得尊重长辈，才不会失了礼敬，而被人轻忽。其实我们常常觉得自己特别重要的时候，反而会失重，这都是因为没人教的缘故。

　　用餐后，两个年轻人也不知道帮忙洗碗，继续吃水果聊天，稍懂礼数的人都知道，长辈们忙得不亦乐乎，晚辈们怎么能袖手旁观？有位亿万富翁，她结婚那天站了很久，终于回到家可以喘口气了，赶紧把自己扔到婚床上，这时候新郎跟进来："快起来吧，你穿高跟鞋累，这我也知道，要是咱们俩怎么都行，咱妈现在还在厨房忙着呢，先忍忍……"

　　这夫妻两个日子越过越兴旺，是因为什么呢？夫义妇德，知道自己在家庭中如何定位尽到本分，今天我们的重点是讲女德，在这里也给男子几句忠告：其实真正的照顾，是引导新人尽快融入家庭，否则爱之不以道适足以害之。本来想让她进门，或者进了门，想让她做个好太太，结果因为我们照顾不得当，反而弄巧成拙，这个领导的外甥就是如此。他带女朋友在姨妈家又吃又住，只管照顾女朋友。第二天早晨，女领导居然做了三顿饭，第一顿丈夫吃了去上班，第二顿做给老人，第三顿做给两个年轻人，因为他们起得最晚，领导伺候完三班人马，去单位上班。不一会儿，外甥电话打过来："姨妈，我女朋友够漂亮吗？"女领导终于有了说话的机会："我的儿，你是想找个祖宗，还是想找个媳妇过日子？你这么护着她，放到嘴里怕化了，捧到手心怕摔着，你能坚持多久？她还是个孩子，将来能带孩子吗？现在的年轻人结了婚又离婚，很多是因为女孩子'娇骄'二气。"男孩子听完半天没说话，女领导语重心长地说："你要是把姨妈当长辈，我建议你们不要往下进行了，这样的女孩进不了咱家的门，勉强进来，日子也过不好。你是个懂事的孩子，要慎重考虑。"男孩子答应观察看看。最后的结局是，男孩娶了一个知书识礼的女孩子。这位领导后来学习了传统文化，她很惭愧，觉得自己挺罪过："原来以为拯救了外甥，很有功德，现在感觉这是自私自利，很忏悔，没有告诉这个女孩子个中原因，错在哪了，就给拆散了，如果是现在，我一定坦荡地跟女孩子谈谈，教她一些做人的道理。"

所以有身份、有地位、有智慧的男孩家庭，是不容易接纳一个没有德行的女孩子的。现在全社会有多少的女孩子没有学过女德，这些女孩子将来做了人家的儿媳妇、妻子、母亲，如果做不好本分，从小的方面说，个人和家庭的幸福堪忧，从大的方面讲，直接影响天下的太平。

中国历史上有几次繁盛时期，我们的国家是强而不霸，大汉大唐大明在当时都堪称帝国，出现了很多德范天下的皇太后、皇后，例如汉朝的窦太后，唐朝的长孙皇后，明朝的马皇后和徐皇后。皇帝在朝堂上正位于外，太后、皇后们在宫廷内正位于内，母仪天下。一个国家真正的强盛，一定是文化繁盛的时代，一定是重视教育的时代，也一定是女子综合素质最高的时代。几千年来，女德母教是社会教育的重中之重，在当今之世，母亲的综合素质，更是国与国之间综合实力比拼的根源。例如明朝郑和下西洋，把我们最先进的文化、农耕，传播到了世界各地，虽然说是大汉、大唐、大明帝国，但是我们没有欺辱过其他的国家，也因为我们的强大，其他的国家更没有侮辱过我们。

女德母教如果提到民族复兴的高度上来，就会成就更多的淑女，也将造就更多的君子，因为女德母教是个人幸福，家庭和乐，社会稳定，天下太平的根本！

大明皇后的人生心得——
为什么这本书叫作《内训》

我们正式开始学习仁孝文徐皇后的《内训》。

"内"指宫门或闺门以内的人和事；在古代泛称妻妾。

"训"指教诲、教导；尊则；顺从、遵循。

仁孝文皇后徐氏，中山武宁王徐达之女，明成祖文皇帝原配也，**博学好文，著《内训》二十篇，以教宫壶。**

仁孝文皇后是明成祖朱棣的原配夫人，也是明朝开国功臣中山王徐达的嫡长女，徐皇后博文好学，仁孝温和，是当年明太祖朱元璋亲自到徐家提亲迎娶的燕王妃，深得太祖和马皇后的赞许。永乐元年明成祖朱棣登基后，徐皇后主理内宫、母仪天下，她对女子的教育非常重视，结合历代女教著作和马皇后的言传身教，于永乐二年著成《内训》一书，作为当时教导后宫嫔妃以至于仪范天下女子的教材。

《内训》共二十篇，提出女子德性内在要"贞静幽闲，端庄诚一"，外在要"孝敬仁明，慈和柔顺"；女子的修身要从"目不视恶色，耳不听淫声，口不出傲言"做起；女德的规范是谨言慎行、勤俭节约、反躬自省、积德迁善等。

徐皇后还非常强调女子要敦伦尽分，尽到侍奉父母、公婆、夫君的责任和敬奉祭祀祖先的义务，并在家庭中做好母亲的表率，和睦宗亲、慈爱晚辈、善待婢妾、约束娘家亲属等，《内训》一书结构非常清晰，内容完备，是女德教育教材中的经典之作。

成祖仁孝皇后徐氏，中山王达长女也，幼贞静，好读书，称女诸生，太祖闻后贤淑，召达谓曰："朕与卿，布衣交也，古君臣相契者，率为婚姻，卿有令女，其以朕子棣配焉。"达顿首谢，待人处事，体贴谨慎，深受太祖及马后赞许，永乐元年，被册封为皇后，为成祖治国安邦献计献策。（详见《明史》第二部卷一百传第一）

这一段是对徐皇后一个简单的介绍，成祖仁孝文皇后徐氏，是中山王徐达的长女，她幼年时便贞洁娴静，喜欢读书，堪称女中儒生。朱元璋闻知徐氏贤淑，便将徐达召来说道："朕与你是布衣之交，自古以来君臣相互投合的，一般都成了姻亲，你有这么好的女儿，朕想将儿子朱棣与她相配。"徐达马上叩头拜谢。

洪武九年（1376年），徐氏被册封为燕王妃，马皇后对她十分疼爱，徐氏跟随燕王朱棣就藩，为孝慈高皇后守丧三年，她按照礼制素食淡饭，马皇后遗言中可以诵读的部分，徐氏都能将其一一列举不遗，因为她从少年长成青年的岁月里，满眼里看的都是她婆婆的圣贤风范，佩服得不得了。

靖难兵起后，朱棣率大军袭击大宁，李景隆乘机进围北平，当时朱高炽以世子的身份留守北平，但凡是部署防御之事，全是徐氏在定夺。李景隆猛烈攻城，按常理以他的实力一定会把空虚的北平城轻易拿下，结果他万万没有想到，城内旌旗十万、喊杀震天，顿时士气大挫，北京城久攻不下。

原来，虽然城中兵力缺乏，但徐氏激励将校、士兵、百姓的妻子，发给她们铠甲，让她们都登城据守，在这种全民皆兵上下一心的努力下，北平城这才得以保全，这为朱棣日后登上帝位奠定了坚实的基础。

有天子之气的人，他中间再受怎么样的磨难，最终还是会柳暗花明。

所以学中国文化也要确定一点，如果老祖宗、上天让我们做这件事，所有的困难也就都是磨砺而已，周围什么样的因缘也不会伤害到我们。

学中国文化要相信下一餐饭没得吃，也能安然欢喜接受。所以徐达的女儿不愧是名将之女，死守北平城，坚决与城共存亡，最后终于等到朱棣带着大军回来，反把北平城给救了下来。

所以遇到事情不要担忧，我们尽心竭力了，忠心便苍天可鉴。没能力、没兵，甚至连兵器都没有，但就愣是把北平城给保住了，这是偶然吗？这实在是感天地、泣鬼神了！人一辈子得做点让人感动的事，但如果连自己都感动不了，怎么能感动别人？徐皇后的一片赤诚得感动多少人？她激励将校，为什么将校就能够一往无前？如果是我们，有没有那个号召力？假如没有，原因在哪里？我们就没有那个正气，正气不足。

建文四年（1402年）七月，朱棣登基为帝，十一月封王妃徐氏为皇后，徐皇后对朱棣说："每年南北征战不止，兵民都已疲惫不堪，现在应当让他们休养生息。"又说："当今贤才都是高皇帝所留，陛下不应当以新疏旧。"还说："尧帝施行仁治是从自己的亲人开始的。"朱棣对她的进言总是给予嘉奖并且采纳，她很明白这些老臣是真正的贤才，这是几经考验和洗礼的。朱棣身边也有一些近臣，这会不自觉地产生亲疏远近，所以皇后就提醒他："陛下，千万不可以亲新疏旧。"她的意思是应将身边跟了几年的这些人和父皇留下来的老臣，一视同仁、实行仁政。

当初，徐皇后的弟弟徐增寿常常将国家的情报送到燕地，因此被朱允炆所杀。现在朱棣想追赠爵位给他，徐皇后极力表示不能这样做，朱棣不听，还是封徐增寿为定国公，命其子徐景昌继承爵位，然后才告诉徐皇后，徐皇后说："这并非臣妾的意愿啊。"终归她也没有表示感谢。

徐皇后曾说，汉、赵二王品性不良，应当选择廷臣（朝内大臣）兼任其官属僚臣。有一天，徐皇后问道："陛下与什么人一起治理国家？"朱棣回答说:"六卿管理政务,翰林的职责是研究问题、草拟文告。"

徐皇后因此请求召见所有这些官员的夫人,她说:"您跟这些大臣一起治理国家大事,假如这些夫人能够理解她们的丈夫是在为国事操劳,那么后院太平了,这些官员跟您治理国家的劲头就会更足。"

见面后徐皇后赏赐给她们冠服及钱币,并对她们说:"妻子侍奉丈夫,哪里只是为他准备饭菜、衣服而已,应该还有别的帮助,朋友的话,可以依从,也可以违背,而夫妇之间的话,委婉顺耳,容易听进去,我朝夕侍奉皇上,唯以百姓生计为念,你们也要鼓励你们的丈夫。"朝廷对这些大臣的命妇们有赏、有封,徐皇后还温文尔雅地和她们讲述夫妻的恩爱之道,那谁不爱听呢?

皇后还摘录《女宪》《女诫》,写成《内训》二十篇,又类编古人的嘉言善行,写成《劝善书》,颁行天下。

永乐五年(1407年)七月,徐皇后病重,朱棣实在是依依不舍,因为在他身边已陪伴三十一年,这三十多年间,夫妻相濡以沫,同甘苦共患难。

就在徐皇后临终之际,仍不忘劝告朱棣要爱惜百姓,广求贤才,对宗室要以恩礼相待,不要骄养外戚,又告诫皇太子朱高炽说:"以往北平将校之妻为我负戈守城,我很遗憾没有机会随皇帝北巡,去对她们一一加以慰劳。"儿子流着眼泪听着母亲这样的话,在随后的一年中就替母亲完成了这个遗愿。

当月初四,徐皇后去世,年仅四十六岁,朱棣十分悲痛,在灵谷、天禧二寺为她举行大斋,接受群臣的祭祀,由光禄寺准备祭奠物品,十月十四日,朱棣封其谥号为仁孝文皇后。

徐皇后去世以后,朱棣再也没有立过皇后,他的父亲也是这样,朱元璋的马皇后去世后,高皇帝为了表示对自己皇后的感念以及追思就再也没有立过皇后了。

永乐七年(1409年),朱棣北巡,回到了盛满往事的北平,并着手迁都事宜，于是命礼部尚书赵羾（音供）和江西术士廖钧卿等前往北京一带卜选陵址，随即选得吉地于昌平县天寿山，得到朱棣的认可后，即降旨圈地80里，作为陵区禁地，并指示建成后将仁孝文皇后安葬于此。同年即动工营建。

永乐十一年（1413年）二月，长陵地下玄宫落成，朱棣将仁孝文皇后的梓宫从南京迁至北京葬于长陵，自永乐五年皇后去世时至永乐十一年下葬，这期间徐氏的棺椁一直被置于南京皇宫内未葬，徐皇后也是入葬明十三陵的第一人。

十五年后，即永乐二十二年（1424年）七月十八日，壮志未酬的朱棣病逝于征讨漠北的途中，享年六十五岁，同年十二月，朱棣与徐皇后合葬长陵。

永乐二十二年（1424年）九月仁宗上尊仁孝皇后谥号曰"仁孝慈懿诚明庄献配天齐圣文皇后"，附祭于太庙。

历史对其评价寥寥，《二十五史》里说"幼贞静，好读书，称女诸生"。《明太宗实录》说"徐氏，中山武宁王徐达之女，为朕正妃，内助藩国二十余年"，藩国，因为燕王朱棣的封地在北平。"朕躬行天讨，无内顾之忧，济朕艰难，同勤开国"（济是助、帮助的意思），我在最艰难的时候，帮助我一同勤理，勤勉开国；"今寰宇肃清朕登大宝，允赖相成宜正位号"，我今天能够登上帝位，仰赖我的王妃辅佐，所以我地位于外，她应该宜正位号，她就应该正位于中宫；"今特遣使奉金册金宝，立尔为皇后，以奉神灵之统，母仪天下"，我今天做了皇帝就是因为你跟我一起勤勉开国，今天这个地位仰赖你的辅佐，所以特别立你为皇后，我是奉神灵之统（也是他们要我这么做的），让您母仪天下。

从整个历史大局来看，明成祖朱棣在位时是明朝最鼎盛的时期，发扬光大了他父亲创下的基业，《永乐大典》的编撰也标志着文化兴盛时期的到来。

大明皇后的20条人生经典法则
——御制序

此篇序言讲述了徐皇后三十多年来遵照婆婆马皇后教诲，谨慎侍奉皇上。徐皇后担任后宫之主后，希望找到一本女德教材教育后宫嫔妃，但苦于前人著作要么简略、要么失传，没有合适的善本，因此徐皇后谦称将从马皇后那里传承下来的教诲，汇集成《内训》一书，并将此书二十章的内容做了简要说明。

【吾幼承父母之教。诵《诗》。《书》之典。职谨女事。蒙先人积善余庆。夙备掖庭之选。】

"承"是继承、接续。"职"是职务、职分、任职。"谨"指谨慎、恭敬。"女事"指女子所做的纺织、缝纫、刺绣等事。"夙"是指早年。"备"指储备、充当。"掖庭"是宫中房舍、嫔妃住的地方，原指宫中侧门周围的居室，是供地位不高的陪嫁婢妾居住的地方。徐皇后非常谦虚，她是皇帝亲自求婚的女子，她的身份，哪能是普普通通做个宫人。

简单翻译这一段：我自幼接受父母的教诲，诵读《诗经》《尚书》此类的经典，谨慎地做好女子分内的事，承蒙祖辈积德行善留下吉庆，我很早就被选入后宫。

【事我孝慈高皇后。朝夕侍朝。高皇后教诸子妇。礼法唯谨。吾恭奉

仪范。日聆教言。祗敬佩服。不敢有违。肃事今皇帝三十余年。】

"朝（音招）"指早晨。"侍"是陪从或伺候尊长、主人。"朝（音潮）"指处理政务；臣下朝见君王，诸侯定期朝见天子，报告封国情况，"子妇"指儿媳妇。"礼法"是礼仪法度。"唯谨"是指唯有谨慎。"仪范"是典范表率、仪容风范，"仪"指容止仪表，"范"是效法、取法的意思。"日聆教言"指听受教诲的话。"祗敬"是恭敬。"肃"是恭敬、庄重。

（徐皇后）早晚都在朝堂上侍奉（马皇后），孝慈高皇后（马皇后）教导各位儿媳要严谨恪守礼仪规范，我敬慎地把高皇后举止奉为典范，每天聆听她的教诲，内心恭敬佩服，不敢有违礼之处，我这样小心地侍奉当今皇帝已经有三十多年了。

"孝慈高皇后"是明太祖孝慈高皇后马氏（1332—1382年），安徽宿州人，父马公，母郑媪，皆早卒，马公遂以女托郭子兴，后以此女嫁朱元璋，史载，马氏仁慈、聪明、有见识，朱元璋称帝前后，给予很多帮助，洪武十五年（1382年）八月卒，年五十一岁，太祖很悲恸，遂不再立后，是年九月葬孝陵，谥号为孝慈皇后。

高皇后怎样教导她的儿媳妇、孙媳妇们？"礼法唯谨"，那她是怎么样做儿媳妇的？"吾恭奉仪范，日聆教言，祗敬佩服，不敢有违，肃事今皇帝三十余年"。婆婆做出来了榜样，我就只有恭恭敬敬的，内心佩服，事上不敢有违，用这种恭敬的态度侍奉成祖三十余年。

【一遵先志。以行政教。】

"一"是抱元守一、专注。"遵"是指顺着、沿着。"政教"指政治与教化。

（我）专心一意地遵循先人的意愿，并在内宫推行高皇后的教导。

徐皇后非常专心地尊崇着高皇后的志愿，把她的志愿在皇宫内院真正地推广下来，推广的目的是教化好后宫，再往下延伸，以顺天下，也就是说，把皇宫后院给安定了，皇上在朝堂上对整个国家的治理就更加地专心，也就达到了辅佐皇上的目的。

【吾思备位中宫。愧德弗似。歉于率下。无以佐皇上内治之美。以忝高皇后之训。】

"备位"是居官的自谦之词，谓愧居其位，不过聊以充数。"中宫"指皇后。"歉"是惭愧，对不住人的一种心情。"率下"作下属的表率。"佐"是辅助、帮助。"内治"指对妇女进行的教育。"忝"是羞辱、有愧于。

徐皇后想到自己愧居皇后的位置，德不配位，不足以作属下众人的表率，没有才德辅佐皇帝治理好后宫，辱没了高皇后的教诲。

徐皇后这么出色还说自己有愧，她不是故意谦虚给我们看，她是真觉得在这件事情中，有很多地方可以完备，她可以做得更好，其实古代的孝子们，明明孝敬父母已经做得非常完善了，他们却常常感觉还有努力的空间，这才是学圣希贤的步骤，别人觉得我们很圆满了，我们跟更好的、更圆满的圣人们比，总能找到还可以努力的地方。

【常观史传求古贤妇贞女。虽称德行之懿。亦未有不由于教而成者。】

"常"是往常、日常。"观"指借鉴。"史传"指史册、历史。"求"是谋求、追求。"贤妇"指贤妻。"贞女"指贞洁的妇女。"懿"指美、美德。"教"指教育。

（徐皇后）曾经阅读史书传记，探求古代的贤妇贞女，那些有美好德行被称颂的，没有一个不是通过教育而成就的。

"建国君民，教学为先"，一个国家要想治理好，要通过教育来实现，所以说无论男女老幼，都是要通过受教育、教化而把自己的内质德行，和外在的行为逐渐地完善起来。什么叫道？人受正教而变化叫道，常说道德学问,都是把道德放到学问之前。因为德是本,德是根,德是人的道。而道即方向,有句话说得好,努力一定有结果,但不一定有好结果。所以方向很重要,重要的东西理应放在最重要的位置——开头。也即《大学》所讲:"有德此有人,有人此有土,有土此有财,有财此有用。德者,本也;财者,末也。"

【古者教必有方。男子八岁而入小学。女子十年而听姆教。】

"古者"就是指古人。"方"本意是并行的两船,泛指并列、并排;也当办法、做法讲。"小学"指对儿童、少年实施初等教育的学校,我国西周即有小学,此前则名曰下庠、西序、左学等,其后亦名称不一,官学如四门小学、内小学,私学如书馆、乡塾,近代小学始于19世纪末。"姆教"是指女师的教诲;女师传授妇道于女子。"女子十年不出,姆教婉娩听从",女子十岁之前是在家里由自己的母亲教导洒扫应对、有度进退。

古人的教育有很好的方法,男子八岁入小学学习,女子十岁开始由女师负责教育。

【小学之书无传。晦庵朱子爱编辑成书。为小学之教者。始有所入。】

古时的小学课本没有流传下来,朱熹夫子就编辑了《小学》一书作为教材。

《小学》是由朱熹编纂,旨在教导儿童道德伦理,对中国传统启蒙教育产生了深远的影响。全书共6卷,分内外篇,内篇分《立教》《明伦》《敬身》《稽古》。外篇分为《嘉言》《善行》。"晦庵"是朱熹夫子的号,符晦是他的字。朱夫子是南宋著名的理学家、思想家、哲学家、教育家、诗人,闽学派的代表人物,世称朱子,是孔子、孟子以来最杰出的弘扬儒学的大师。"爱"有"于是"的意思。

朱熹夫子在他52岁时,将《大学章句》《中庸章句》《论语集注》《孟子集注》合刊,经学史上的"四书"之名才第一次出现。"四书"被朱熹视为士子一生的修行准则，即使在临终前一天，朱夫子仍在修改《四书集注》。

【独女教未有全书。世惟取范晔《后汉书》。曹大家《女诫》为训。恒病其略。有所谓《女宪》。《女则》。皆徒有其名耳。】

唯独女教没有一个完整的教材，世人常用范晔《后汉书》中记载班昭的《女诫》来教育女子，但常常苦于太过简略，还听说有《女宪》《女则》，但都已失传。

《后汉书》是南朝宋时期的历史学家范晔编纂的纪传体史书，记载了从光武帝刘秀到汉献帝一百九十年的东汉历史。这本《女诫》是东汉班昭，史称曹大家作的一部教导女子的书，包括卑弱、夫妇、敬顺、妇行、专心、曲从、和叔妹七篇，班昭的才学和身份也是史上罕见的，她十四岁嫁给丈夫曹世叔，一辈子几乎没有过失，她和皇太后一起临朝称制，东西而坐，隔个帘子，实际上她是替皇太后处理国政。

对班昭来讲，国家大事和家里的事都处理得很好，可是几个女儿出嫁之后，跟婆婆、妯娌的关系不是那么融洽，她就想这几十年来，在曹家谨谨慎慎，怕父母因为自己蒙羞，进而想到自己的女儿和天下的女孩子也应该有幸福、稳定的生活，所以她总结了自己和圣贤女子们幸福生活的原因，留下了指导她们生活教训的道理和经验。

【近世始有。女教之书盛行。大要撮曲礼内则之言。与周南召南诗之小序。及传记而为之者。】

"撮"是指摘取、摄取。"内则"指的是《礼记·内则》，主要内容是记载男女居室侍奉父母、公婆之法，即指家庭主要遵循的礼则。"周南召南诗"指《诗经》中的《周南》《召南》。

近代才开始兴起女教方面的书，但大都是由《礼记·内则》和《诗经》当中摘取的文字，以及根据古代列女传记编辑而成的。

【仰惟我高皇后教训之言。卓越往昔。足以垂法万世。吾耳熟而心藏

之。乃于永乐二年冬。用述高皇后之教以广之。为《内训》二十篇。以教宫壸。】

"仰"是指敬慕、依赖、依靠,"卓越"是高超出众。"垂法"指垂示法则,流传法则以示后人,"耳熟"指听来熟悉。"述"是遵循、继承、叙述、阐述前人成就;泛指著述之作。"宫壸"指帝王的后宫,亦指后妃;"壸"通"阃",是古时宫中道路,引申指内宫,亦泛指妇女居住的内室。

这一段是说,依赖高皇后的教诲训诫,较之前的女教更为详尽,足以流传给后人作为法则。我(徐皇后)耳熟能详且铭记在心,于是在永乐二年冬天,重述高皇后的教诲,扩写成《内训》二十篇,以此来教导后宫众人。

徐皇后觉得高皇后的女教高明卓越于《礼记·内则》,还有《诗经》《女诫》。其实因为历史对前圣先贤没有那么详尽的记载,而高皇后在生活的点点滴滴之中,真正地以身教化到了徐皇后。对徐皇后来说,没有人能高明卓越过她贤德的婆婆。正是因为这种恭敬心,使徐皇后对婆婆的教诲和行仪耳熟能详,并且铭记在心。而这也恰恰成就了**徐皇后自己**。

【夫人之所以克圣者。莫严于养其德性。以修其身。故首之以德性。次之以修身。】

"克圣"指克念作圣,就是克制妄念成为圣人的意思。"严"是甚、极的意思。"德性"指人的自然至诚之性。

这段讲述人之所以能克制妄念成为圣人,没有比涵养德性,继而修正身心更重要的了,所以把"德性章"列为第一,之后是"修身章"。

能够成为圣人的,就是克制妄念。比如"这个人说话怎么这么难听",这个念头就是妄念,怎么能克服?对面来的都是跟我有缘的,命里该有的,我先认命,再看看怎么能让这个说话难听的人,先不对我说难听的话了,再对周围所有的人都不说难听的话了。这就是你感化、影响他的几个境界。

但想感化、影响别人，自己的德行和学问都要高明，才能让人心服口服，光有才没有德，人家不服，就影响不到别人，也教不到别人。所以克制妄念成为圣人，不是那么简单的一句话。

我们要先内圣，把自己的念头给服住后，才有可能影响到身边的有缘人。《书经》说"克念作圣"。印光祖师在给《了凡四训》作序时也说过："人欲克念作圣，必须要格物致知。""格物"是格除私欲、私念，包括名闻利养等这些物欲的诱惑，达致良知的状态，这个要跟自己的思想先做斗争，有时行为上还能做出来，但念头上不一样，念头很隐微，不易被觉察，也容易被行为掩盖，所以要很谨慎自己的念头，人修学就是要检点自己的内心，从细节检点自己，从念头上收住自己。

德性是人的自然至诚之性。《礼记·中庸》里说："故君子尊德性而道问学。"大儒郑玄是经学的集大成者，郑玄说"德性，谓性至诚者也"。"德者，得也"，之所以我们求之不得是因为德行不够，之所以我们想要的那么多，是因为妄念太多。

若真想得到，一定要提升自己的德性，否则只是妄念空想而已。可能祖上有德，我们得到了一些东西，但如果德不配位就会很快失去，而且还会升多高摔多痛。像古代有一些人福报不够，刚被封了贵妃，在去做贵妃的途中就暴病而亡，没人给她喂毒药自己就不行了；有的人在升迁上任的途中就和这个世界再见了。这种事太多太多了，敢不修德？"性"是人之阳气，性善者也，是正能量、善的东西。《说文解字》指"性"的本义是人类萌生于心本能的欲望、想法。所以德性是自然的至诚之性。

【修身莫切于谨言行。故次之以慎言谨行。】

"切"是重要、要领。

慎言、谨行是修身的基础。

修身，没有比言行谨慎更重要的了，所以紧接着就是"慎言章"和

"谨行章"。

【推而至于勤励节俭。而又次之以警戒。】

"勤励"是指勤劳、奋勉。"警戒"指警惕防备。

之后是"勤励章"和"节俭章",再之后是"警戒章"。

【人之所以获久长之庆者。莫加于积善。所以无过者。莫加于迁善。】

"加"是超过的意思。"迁善"指去恶为善、改过向善。

人之所以能得到长久的福庆,都是源于积德行善;人之所以能少犯过失,都是源于改过迁善(所以之后是"积善章"和"迁善章")。

【数者皆修身之要。而所以取法者。则必守我高皇后之教也。故继之以崇圣训。】

"数者"是这几件事。"要"指纲要、要点。"纲"就是网的意思,"纲"造字本义指的是网要有一个主绳。"取法"取之以法则,效法。

这几件事都是修身的关键,我们所奉行的法则就是一定要谨守高皇后的教诲,徐皇后作《内训》的意思,就是把婆婆高皇后的行仪记录下来,并且谨守奉行,所以接着后面就是崇圣训章,一环一环紧紧相扣。

【远而取法于古。故次之以景贤范。】

"景"是指仰慕,"贤范"指才德兼备的榜样,再扩展来看,还要向古代的贤女学习,所以之后是"景贤范章"。

【上而至于事父母。事君。事舅姑。奉祭祀。又推而至于母仪。睦亲。慈幼。逮下。而终之以待外戚。】

"舅姑"是丈夫的父母,即公婆。"逮下"是恩惠及于下人的意思。"外戚"指帝王的母族、妻族。

对上而言,就有了"事父母章""事君章""事舅姑章""奉祭祀章",再扩展开就是"母仪章""睦亲章""慈幼章""逮下章",最后是"待外戚章"。

一个女子，不能够让自己的家族和先人蒙羞，所以前面是事父母、事君、事舅姑、奉祭祀。后妃之家尤当裁之以礼，这个礼是让后妃的家人懂得礼法，否则女子在后宫做得再好，外面的父兄不懂得谨慎恭肃，在朝堂上把自己身为皇亲国戚的骄慢演绎出来的话，会招来戚乱之祸危及社会稳定。

　　尤其在很多朝代，外戚没有南征北战，仅因为自己家族的女子做了皇后或者做了贵妃，就受加封，比那些在枪林弹雨中出生入死、跟随皇帝的人官职还高，这样就不足以服众，也有的皇帝的哥哥位置太高，就坚决请辞，不敢当，因为他知道自己都是享着福，没有真正地为国家做什么贡献。这是明白礼法的外戚，可是有几个人能在金钱权力面前守得住？

　　【顾以言辞浅陋。不足以发扬深旨。而其条目亦粗备矣。观者于此。不必泥于言。而但取于意。其于治内之道。或有裨于万一云。永乐三年正月望日序。】

　　"发扬"指阐发，把意思或道理充分表达出来。"深旨"是深刻的意旨。"粗"是略微的意思。"泥"是拘执、不变通。"取"指采取、收受、得到。"裨"是增加、增补。"永乐"（1403—1424年）为中国明朝第三位皇帝明成祖的年号，历时二十二年。永乐年间，明朝政治经济文化都持续发展，以至于国势强盛，史称"永乐盛世"，郑和下西洋、编修中国古代类书之冠的《永乐大典》等重大历史事件都发生在这一时期，永乐二十二年八月明仁宗即位沿用，"望日"指月亮最圆的这一天。

　　这一段主要是谦虚之言，我们读古文真的要透过文字去体会古圣先贤的心意，闻一知十。徐皇后说，以我贫乏的言辞，不足以宣扬高皇后深刻的教意，但条目还算完备，读者看此书不要局限于文字，只需领会它的意思，对于女子教育或许能有所帮助。永乐三年正月十五作此序。

　　这一篇训诲告诉我们要睦亲，那么我们要不要睦宗、睦族、睦其他国家？一定是举一反三，闻一知十。我们不能够学几个字就这几个字，要深远地超越文字才不辜负孝慈高皇后，不辜负徐皇后。如果局限文字，这实在是自己的境界还需要提升。

这本书是女子教育最好的素材，即使我们只领会了这二十章的表面意思，得到的受用也会有益于我们的人生。

就让我们带着崇敬、感恩，并且志愿效法她们的心，来学习徐皇后女《内训》的二十篇。在新的时代，把中华的美德演绎在我们家庭中，在每一个角色和人伦关系中，都能够把圣贤女德们的风范，真正做出来，哪怕只有万分之一，也应是此世的楷模了！

做一个有德行的女子
——德性章 第一

女子内在要具备：坚贞沉静、幽寂闲雅、端正庄重、诚实纯一的品格；外在要具备：孝亲敬养、仁爱明察、慈淑和睦、温柔恭顺的行为，这样德性就完备了。女子只有努力修身养德，不积小过，广修众善，才能配得上有德行、有地位的人，才能保有尊贵福禄，因为外在的言语和行为是和内质相配的。

"德"是指看清道路的方向，没有困惑，在四通大道上坦然直行，"德"下面的心是突出心胸坦荡的含义，《说文解字》里解释："德，升也。"往上走的意思。"道"是自然规律，而"德"是围绕着"道"做出的言语、行为、姿态等外在的表现，所以一般"德"和"行"相连，说德行。

"性"的造字本义是强调与生俱来的、萌生于心的本能，就好像"人之初，性本善"，《说文解字》说："人之阳气，性善者也。"人的阳气可以理解为正气，浩然正气从纯净纯善的心里发出来，儒家觉得自性就是本善的天性，与生俱来的。

所以德性是指人的自然至诚之性，意思是按照本善本真的自然规律去做，正因为如此，就把德性放在第一章了。

【贞静幽闲。端庄诚一。女子之德性也。孝敬仁明。慈和柔顺。德性备矣。】

"贞"有四个意思，女子的心定、心正、心诚、节操，所以"贞"就是操守坚定不移、精诚的意思；"静"是指内心安定没有杂念；"贞静"指一个女子坚贞、沉静，因为心定、心正，就容易保持安静的状态，不会轻举妄动。"闲"同"娴"，娴雅、娴静、娴淑，有女子的姿态美好的意思，"幽闲"指幽深娴雅。"端"是正，不偏斜，直而不弯曲；"庄"是严正、恭敬、庄重之意；"端庄"严肃、庄重。"诚一"真实无妄，一念不生之谓"诚"。

坚贞沉静，幽寂娴雅，端正庄重，诚实纯一，这些是女子内在的德性；孝亲敬养，仁爱明察，慈淑和睦，温柔恭顺（这些是女子外在的德性表现），做到了这些，女子的德性就齐备了。

我们的行为做足了，就会把自己内质的德性体现出来，也更加完备了内质的沉静娴雅、端庄纯一，"孝敬仁明"，孝是孝顺，敬指恭敬，什么叫孝？善事父母者为孝，《曲礼》曰："毋不敬。"对人、事、物都要用恭敬的心。孝顺、恭敬是内心明理、仁爱的表现，察是明察。

"慈和柔顺"，对孩子就要慈，但慈爱如果掌握得不够好就会变成溺爱，"和"是对家庭里每一个成员，包括对自己都要和。有时做错了一件事，有的人就会使劲儿打自己几个嘴巴子，如果通过痛打自己一顿，能够让自己记住，以后彻底改正，也不失为一种办法；如果仅仅是发泄，倒不如在平和的状态下忏悔、改过，重点在于身心要和、要悦，在什么情况下我们会很欢喜？能够知过、改过，身心之处就会有法乐、法喜，因此，东汉许慎在《说文解字》里解释"和"是要跟心相应。

"爱人者，人恒爱之"，包括爱孩子，什么叫柔？"柔"是在心平气和、内心慈和的状态下，语气自然柔和、行为自然柔顺，如果情绪起来，都生气了，怎么可能会柔软、卑顺？

那不柔、不顺会是什么结局？舌头跟牙齿哪个消失得早？"攻坚强者，莫之能胜，是言水"，水是最善柔的，不仅如此，水还善下，把自己放得最低，放在杯子里水就是杯子的形状，放到水瓶里，水又呈现出瓶子的形状，这就是随方就圆。所以说上善若水，何谓上善？柔和谦卑，随顺得以至于无我，所以水柔和到没有自己。

它真的没有自己吗？水滴穿石，水也有自己的本质和质量，液态、固态、气态，它在相应的时节因缘下，就展现出最适合的状态，所以女子应该像水一样，生生不息地滋润着身边的每一个人。

假如女子有内质，又有外在行为与之相应，就是内外一如，德行就完备了。

【夫德性原于所禀。而化成于习。匪由外至。实本于身。】

"匪"同非，有不、不是的意思。"本"是指起源、肇始。

人的德性源于先天的禀赋，后天的变化形成于习气，不是从外部来的，实际都来自于自身。

"德性"是与生而来的，但慢慢会被习气熏染，如果不修身养性，任由习气生发，习气就会慢慢地不断扩大、增加，继而放任自流、自甘堕落。

假如在刚刚犯过失时，就能警醒，或者身边有人约束，可能就不会由小过发展成大过，但究其本源还是自己没有把自己管严，每一个人在犯过失时，自己都是有感觉的，但总是明明有感觉，却任性而为，管不住自己。

父母对我们的爱无私、无怨、无悔、无求，所以我们就敢对父母颐指气使、予取予求。人就颠倒到这个样子，一说给父母花钱，怎么也没有，给孩子花钱，卖血都愿意。抚养孩子成才是大孝祖宗，爱孩子也是孝祖宗，但"爱之不以道，适足以害之"，如果用溺爱，那是害了孩子，是最不孝祖宗的，也是最对不起咱们的孩子。

笺注说"父母教之以善，则日就于贤明"，假如我们不教孩子善的、好的东西，那他就会被恶习所改变、迁移，而孩子的恶习来自电视、电脑和周围环境的熏染，最重要的是父母亲语言、行为的熏染，"言教则讼，身教则从"，所以要想让孩子吸收善的东西，而不被恶习改变，父母也要提升德行，不断地和自己的坏习气做"格斗"。

都听说过俞敏洪，他是新东方的总裁，有一次他听女儿说，哪个同学不够意思，挺虚伪，哪个同学如此这般，他就觉得怎么听起来这么怪，一个少年对同学评头论足，说的话像一个很有城府的成年人。

后来他就教育女儿说："孩子，你这样不对，你怎么能这样评价同学，这样你还怎么跟他们相处？"孩子瞪大了眼睛说："爸爸，这样真的不对吗？""不对。""可是你跟妈妈常常说哪个阿姨不够意思，哪个叔叔不够义气，哪个又怎么样。"他们夫妻两个就吓坏了，就说再也不能当着孩子说这些了，再说什么要背着孩子。

其实背着孩子，也还差了一个境界，这样的心念还是会传递出去。当然俞敏洪的品格在现代社会已经算很高了，如果他能够深入地熏习圣贤老祖宗的智慧，他就知道眼前所有的境界都是来提醒自己的，一是提醒自己有没有这个过失，二来提醒社会进步还需要我们继续努力。

所以学圣贤文化，要用这种心境去修学，做父母、做老师又做长辈，要时时检点自己的言语、行为、心境会传递给孩子什么，会影响到晚辈和学生什么；如果开公司，就要考虑对员工会有什么样的影响；与朋友相处时，也要考虑对朋友的影响。

好人是教出来的，当我们内心不够正，就要努力探究，找到自己需要提升的内质，因为思想决定行为，行为决定习惯，习惯决定性格，性格决定命运。所以改变命运并不复杂，正确理念指导下选对方法很重要。

【古之贞女。理情性。治心术。崇道德。故能配君子以成其教。是故仁以居之。义以行之。智以烛之。信以守之。礼以体之。匪礼勿履。匪义

勿由。动必由道。言必由信。】

"理"指治理、修整完善。"崇"指高、贵，实际上这是以道德为高，以道德为贵的意思。"治"指修养。"烛"指明察、洞悉。"履"是践的意思。"由"指奉行、遵从。

古代贞淑女子能够调摄性情、修养内心、尊崇道德，所以能与君子的品行相配，成就女子的教育。因此女子应该以仁爱主宰内心，以道义指导行为，以智慧洞悉事理，以诚信固守承诺，以礼法约束行为，非礼勿行，非义勿经，行动一定要遵从道，说话必须奉守诚信。

这一段说的理性情、治心术、崇道德，都是让我们的心性越来越如理如法，做一个守礼如法的有坤德母仪的女子。"理"的原意是物质本身的纹路、层次，客观事物本身的次序，有时还专门指事物的规律、是非得失、事物的标准。用"理"来修饰、限制咱们的性情，让我们的性格、习惯、行为爱好要理智。

还有的时候，我们披着美丽的爱的外衣，控制、占有。"因为我爱你，不要去陪你妈，今天晚上陪我吧"。人家爸爸都住院了，还说"因为我心疼你，今天晚上不要去伺候你爸，在家吧，宁可我照顾你"，其实是自己不愿意守空房。仔细体味，不难发现，这种爱是一种自私自利，没能站在对方的角度上去考虑问题。

身为一个女子，我们有多少时候言不由衷，有多少时候是自欺欺人而不自知。批评孩子有时就会说，"我是你妈妈，你都是我生的"，还说，"因为我爱你"。孩子考九十八分、一百分爱得慈眉善目，考五十九分，爱得暴风骤雨，所以要看爱得是否一如。为什么考了九十八分、一百分就慈眉善目？分数不是一个永恒的东西。孩子考一百分，看看下次能不能保住这一百分，考了五十九分，是哪一个环节出了问题？我们要陪伴着我们的亲人一起成圣成贤、了脱凡尘。而不是觉得失了面子，什么爱、责任、使命、义务全都忘记了。这都不是真的，真则不变，变就不真了。考一百分、九十八分是我们的好孩子，每年赚几百万是我们的好丈夫，赔几百万，考不及格，他仍然是我们最亲的人。他有鲜花掌声的时候，你在他的身旁，可能还不是那么重要，当他人生遇到困难挫折，甚至受世间人冷落的时候，站在他的身边用真诚的心、真实利益他的行为去支持他，这才是最难能的，因为难能，所以可贵，这叫"贞"。因此要过理智的人生，就要把自己的性情调理好。

做事的心境是为道，很多人都说学一些才能、德艺觉得很累，可如果不多学一些才能，德行都是不圆满的，司马光在《才德论》里说"德者，才之帅也；才者，德之资也"。我们如果没有实现孝德的资本，啥也不会，爸爸妈妈躺那儿了，连怎么样能让她更舒服都不知道，所以我们要学。

"道"是内在的德性，而"德"是外在的言语行为的状态，假如道德是一棵树，地面以下的树根部分是"道"，地面以上看得见的部分就是"德"。

学了圣贤文化，我们自己做了件事，假如用心不纯可以严格要求自己，但当别人做了件事，只要是对大家有益，哪怕只是"微长可取，小善可录"，我们就不要追究他的存心如何，我们愿意相信这个人心挺好的，即使事情做砸了，我们也宁愿认为他原本是想做好的，所以一定是严于律己，宽以待人。

理性情，让自己越来越符合道义；治心术，让自己越来越合法度，最后才能成为一个崇道德的人，心中有道，行为有德，一个以道德为贵的女子，就"能配君子以成其教"，和夫君相应，成就他的事业。

比如丈夫开公司，在外开疆拓土，我们就要在家把"城"守好，先生的思想内涵是什么，他公司的文化、灵魂是什么，我们都要给他表现出来，靠理性情、治心术、崇道德，方方面面、点点滴滴，从我心和真实的言语细节做起，让大家看到、感受到丈夫所要求的和倡导的。

做一个有德行的女子

著名教育专家王金战，他带的学生不是去留学了，就是上全国重点学校了，他说："夫妻比较和睦恩爱的，孩子就特别好教。"一个父亲假如看不起孩子的母亲，这个孩子到学校就会不尊重女生；一个母亲当着自己女儿的面总是数落丈夫，孩子就会瞧不起男同学。这直接给他们未来的婚姻生活，埋下了不幸福的伏笔。

"妻也者，亲之主也，敢不敬欤？"妻子是为了家族传续后嗣的，怎么能不尊重妻子呢？如果夫妻之间没有敬、没有尊重，不能够相敬如宾，这个家怎么能好？孩子的教育怎么能够如期、如道地完成？

"是故仁以居之，义以行之，智以烛之，信以守之，礼以体之"，仁、义、礼、智、信为中国儒家文化里的"五常"，能做到"五常"才算一个实实在在的人。

"是故"是说因此，"仁以居之"，"仁"是单人旁加一个二，就是天地中间加上人，"三才"的一个综合。"仁"的造字本义是人人在天地间生存是平等的，所以大家要互爱、互谅、互相包容，慢慢延伸后就是宽容、博爱。《说文解字》里解释："仁，亲也。""居"的造字本义是土著、土人，有自古以来就在本地的意思。"居"同"踞"，指盘踞，意思就是在某地定着不动。所以"居于仁"，就是说安住在仁道之上不动，仁以居之，实际上是以仁居。

"义以行之"，"义"原指扬善惩恶的天意，后引申为公认的道德、真理，公认的文字内涵，强调的是普遍性和客观性。"义"，表示割、杀，上边加个点，表示杀得有理，所以古人杀人都不是随便杀的，在《说文解字》里"义"解释为"己之威仪也"，因为一个有道义的人，有公理的人会"果仁者，人多畏"，他就自然而然地有威仪，不怒自有一种威严在，"义，宜也，裁制事物，使各宜也"，符合道义、善道的都是义，"义（義）"字上面是一个"羊"下面是一个"我"，祭祀时会把羊牺牲掉，做祭祀的用品。所以一个有义气的人，总能牺牲自己，比如今天去看病号,拿了点水果,陪病号聊了两个小时,牺牲了时间、金钱和精力,这就叫义气。学中国文化,小而言之为自己,大而言之为国家民族,家庭经营好了,就是为国家社会的安定太平做贡献,所以学了就是有义气,不仅对国家民族,对家庭有义气,对自己也有义气。

"行"的造字本义是纵横畅通的十字路口,《说文解字》说:"行,人之步趋也。"是说我们要一步步地走,要学一分,做一分。不积跬步,无以至千里,我们要把"义"给做出来。

"智以烛之","智"的造字本义是谈论作战的谋略,后引申到精通作战,《说文解字》里说:"智,知也,无所不知也。"极言(竭力陈说)这个人,通达人、事、物的义理。古人称精通行军作战为"智";称清心净虑、洞察真相为"慧";称醒来感知清晰为"觉";称明心见性、发现自我为"悟";称简单无我、自然率性为"禅"。

"烛"是照亮,用智慧照亮,什么叫智慧?"是非之心,智之端也",什么意思?比如两个孩子吵架了,我们总会说你错了七分,他错了三分,拐来拐去跟他们俩分析,谁对了多少,谁错了多少,这是纯粹的不懂得止是非,而是把是是非非搅得越来越乱。一个真正懂得把是非停息的人,会开导双方,提起彼此的恩德,帮助双方生起惭愧心,唤醒他们内心的道义。

一个老师看到孩子们在闹别扭,不要各打多少板。杭州有位老师就很有智慧,两个学生吵架,她把学生叫来,拿了一杯水,放了一勺盐在杯子里,带头喝了一点,给两个孩子也一人喝了一口,她问:"什么感觉?""咸。"她说:"跟我走。"把两个学生带到西湖边,舀了满满的一勺盐,倒到西湖里,她用小勺舀起来一点水哑巴哑巴,跟这俩孩子说:"来,你俩也尝一下,还咸吗?""不咸了。"老师说:"君子量大,小人气大,假如你们的心量像湖一样,有一点盐,有一点不痛快、矛盾,也不会受影响,就跟没有一样。你们的心量小得跟杯子似的,一点点盐就咸得受不了了，愿意做君子愿意做小人，你们两个自选吧。"老师说完背着手就走了。

所以我们就知道"智"是一个人的道德修养和学问。如果没道德、没修养、没学问就没办法做教育，也不会有这么精彩的演绎。"智以烛之"这是人生最幸福的一个状态，我们为什么劝不了自己的丈夫？因为没智慧，女子要有高深的德行和修养，才能潜移默化引领丈夫和家庭。就像一篇记叙文里有明线有暗线，"暗线"能把这个家真正地托起来。

"信以守之"。"信"的造字本义是许诺、发誓。《说文解字》里的解释是"诚也"，人要思想诚信、行为诚信，这是人应具备的基本而重要的人格品质，言己所思为"诚"；践己所诺为"信"。

"守"是保卫、保持，指在事业、学业、道业方面能够保持先人留下来的成就。

"礼以体之"。《说文解字》解释："礼，履也。"是说礼是用来做的。礼的造字本义是击鼓奏乐，并用美玉美酒敬拜祖先和神灵，用来祈福。所以我们就明白，有礼的人是最有福的人，有礼貌的人到现在仍然是有福的。

"体"的原意是人或者动物的全身，是说一行一动或者某个姿态都要符合礼。

"匪礼勿履，匪义勿由"。没有道义的事情，就不要去做，实际上是让我们"非礼勿言，非礼勿视，非礼勿听，非礼勿动"。我们要举一反三、闻一知十、触类旁通，不符合道义的事情，绝对不顺着去做；举动一定尊崇道义，说话必须奉守诚信。

"动必由道"是说行动一定要遵循道，"道"是日用事物当行之理，就是我们要遵循事物发展的自然规律。《中庸》里有句话说"君子动而世为天下道，行而世为天下法，言而世为天下则"。一个君子只要一动就符合道，只要一行就如法，只要一说话就可以让大家拿来做法则，可以效法。

别人读书都读了一小时了，就我一个人没起床，那有什么，反正他们都起来了。圣人做事不论一时，而论久远；不论一身，而论天下；不论现行，而论流弊。如果今天你起来晚了，我们不批评，没有惩戒的办法，那流弊太大，明天张三李四都这样，后天这个班就不行了。我们每一个人在做事时，要都是如此的想法、如此的念头，那我们就离圣贤越来越远了。不是说你一个人怎么样，是大家都像我们一样，行不行？这是君子入圣贤之域的一个法门。

以仁爱主宰内心，以道义指导行为，以智慧洞悉身边各种人、事、物的道理，真正有智慧的人是明白了装糊涂，这都是老祖宗传下来的传统。有句古话说得好："愧之则小人可使为君子，激之则君子可使为小人。"你一激怒他，君子就变小人了；你让他生惭愧心，本来是个小人慢慢就成为君子了。

【匪言而言。则厉阶成焉。匪礼而动。则邪僻形焉。阃（音玉）以限言。玉以节动。礼以制心。道以制欲。养其德性。所以饬（音赤）身。可不慎欤。】

"阶"是阶梯，"厉阶"指祸端。"邪僻"是偏离正道。"形"是形成、产生；流露、显示。"阃"是女子居住的内室。"饬"指谨慎、慎言。

作为女子一定要慎言、谨行，说了不该说的话，就会引起祸端；做了不合礼法的事，就会形成恶行，所以深居简出是为了限制女子言语过多，让我们少在那么多的场合出现，少发言，少跟着参与讨论，佩戴玉器是为了节制行动，实际上就是行动要有度，没事不要老往外跑，要收心，有事情往外走，也要保持自己的心境平和、祥和、泰和，用礼法约束心念，用道义限制欲望，涵养她的德性，谨严修正身心，不可以不慎重啊！

"阃以限言"，"阃"是指女子所居内室，《礼记》说，闺房中的话不外传，外面的言论不传到内室，是说女子最好守好自己的闺范，尽量没事不在外面多走动，另外还有一层意思是女子说话内外要有界限。

在曲阜的孔府，外面的人要通过一个槽盒给里面的人送水，槽里有一个洞，水要从这个石槽洞拐着弯地从这边流到那边，送水和接水的这两个人互相看不见，所以真是佩服古人，断缘断得这么彻底，孔府的内宅重地，成年男子不能随便进入，否则会乱棍打死，格杀勿论。

不守礼就是这样的结局，确实也感受到老祖宗的心，细微之至。到出了事情再去解决，未若防患于未然，所以古人内外有界限，预防得非常彻底。

"玉以节动"。女子佩玉是为了防止走得太快而失礼，要行动可缓，从容可观，也是为了提醒把自己的心静下来——安心。

玉的品质很温润，它不是又硬又凉，而是又温又润，它具有仁义礼智信五常的特质。所以要想把一块玉真正地戴住、戴好，我们的内质就要慢慢地跟它一样，彼此相互影响。古代"玉"和"王"是同一个意思，说明它是石中之王。

原来以为戴玉的东西很美，学了古礼才知道，只要走路有声音传出来，就说明我们的内心是不安静的、躁动的。比如我们办个什么活动，要接待贵宾，越是想着千万千万不要出错，然后就会一不小心一杯水就给弄洒了。有没有这种时候？怎么越担心、恐惧，就越出问题？《大学》里说"有所恐惧，则不得其正；有所忧患，则不得其正"，这种不安的、不平静的心，很容易呈现于外在的行为上。

戴一块玉不是那么简单，古语讲，"守身如玉"，守身好像很好守，但是守内质、思想、心念，这个很不容易，尽管如此，我们还是要守好念头，所以看这些，我们都要超越文字去体会。

"礼以制心"。制的是什么心？我们在做礼仪动作时，弯下腰去治我们的傲慢心。去捡最脏的垃圾，头低下去，性德就长养起来了，也是在治傲慢心。为什么要礼拜圣贤，我们要在圣贤面前找回诚挚本善的心。

"道以制欲"。用道义、礼法约束自己的心念，控制各种各样的习气和欲望，尽量地涵养自己的心性和性德。

所以不该说的话不说，不守礼法的事不做，假如一旦造作成为事实，我们还可以通过不让它成型来挽救。因此，最好能用礼来制约我们的心，用道义来控制各种欲望，每制一回心、制一次欲，就养一次性德，不断地制心制欲，慢慢良知就能显现了。修身在正心，正心要诚意。格物、致知、诚意、正心，以至于修身、齐家、治国、平天下。

《诗经》说："妇有长舌，为厉之阶。""阶"是阶梯，灾害的阶梯很可怕，所以我们不要口吐利剑。

有时候缘分很近，我们明明知道什么是最好的，却给不到、也帮不上自己的亲人，所以我们要真学真干，让自己性德的中的智慧早日显现。

【无损于性者。乃可以养德。无累于德者。乃可以成性。】

"累"指连累，受害。"性"是我们原来的本性、德性，人生就两个境界，一个是保持并拓展本善，另外一个就是迷失了本善。

无损于善良的本性，就可以涵养德性，德行上没有过失，就可以成就本性。

幼儿也会表达，比如张三和李四两位小朋友在一起，张三一摔倒，李四"哇"就哭了，他会说："妈妈张三多疼啊。"这是"人饥己饥，人溺己溺"，人家掉河里就跟我掉河里一样难受，人家饥饿就跟我饿着一样，这是圣人的心境。所谓"大人者，不失其赤子之心也"。"大"就是圆满的意思。这个小孩就没有失去赤子之心，你摔了跟我摔了一样。结果妈妈过来了说："你怎么这么笨，他摔了他疼你哭什么。"小孩擦擦眼泪想想：嗯，好像我是没疼，下一次王五再摔倒了，王五说："哎呀人家好疼，你看皮都破了。"他就会说："你破了跟我有什么关系，你疼我又不疼。"这个就是孩子原来的本善，被不懂得向善向道的大人给一点点地泯灭了。

如果当初没有给孩子养德，没拓展他的本善，我们把他的本善缩小了，就等于累了他的德行，没有守护住他的本性，更别说成性了。

"人之初，性本善"是人最原始的初态，没有受到一点点染污。所以假如无损于性德，就可以把德性养起来，无损于内质，就会每天警惕，做事情之前，也会考虑这样做是否对得起自己的性德。

父亲和母亲存在着差异，所以养出的孩子也会有所不一样。就好像土地有时候不太相同，长出来的苗就会参差不齐。但是初苗从大地上一冒芽，我们就给它一样的肥料，天地给予的呵护也是平等的，这种情况下它们就很容易长势一样了。

我们守心守彻底了可以成圣成贤，守自己的言语和行为，守彻底了慢慢地也能成圣成贤。有时候念头不对，但还没从行为上形成事实，慢慢地就会由外而内变得知行合一了。道理明白，但在做时，时不时地会出差错，不过，知道错了之后，通过反省，能够避免下一次犯同样的过错，这样一点一点就把德性养起来了。

用德性涵养本性，用本性促成德性，这完全可以理解为涵养言语和行为，促使内质的本善更加圆满，内在的性德之光可以照耀着我们的言语行为，让我们的言语行为永远是正的、合乎礼和道的。心和行相辅相成，达到内外一如，自性的光辉时时地照耀自己和他人。

【积过由小。害德为大。故大厦倾颓。基址弗固也。己身不饬。德性有亏也。】

"害"指伤害、损害。"倾颓"是指倾覆、崩溃、衰败。"基址"是建筑物的地基、基础，比喻事业的根基、根本。"不饬"指整顿、修整。

积累小过失，就会严重地损害德性。就像大厦倾覆，是因为地基不稳固，不谨慎修身，德性就有亏失了。

有句古话叫"勿以善小而不为，勿以恶小而为之"，还有一句话叫"善不积不足以成名，恶不积不足以灭身"。所以，由量变到质变，恶积到一定程度就会灭身了。反之，点滴的积累善心善行到一定程度，就离成圣成贤不远了。所以假如不好好改过，不在意小的细节，一直积累，那么不矜细行，终累大德，终究难以成就圆满的德行。

【美玉无瑕。可为至宝。贞女纯德。可配京室。检身制度。足为母仪。勤俭不妒。足法闺阃。】

"瑕"是疵的意思，指玉上的斑点或裂痕。"至"是大、深的意思，多形容事物的尽善尽美，即最好的、最正确的、最诚挚的。"配"是匹的意思。"京室"是京师之室，"京"是大、盛的意思。"检身"指检点自身。"制度"指制定法规、规定。"勤俭"是勤劳、节俭。"妒"指女子相互忌妒，泛指忌妒他人的长处。"闺阃"指宫院或后宫、内室，还指女子居住的地方。

没有瑕疵的美玉，是最珍贵的宝物；有醇美德性的女子，可以许配名门望族；检点约束自身，整顿昭明制度，可以做人母的仪范；勤劳节俭，不怀忌妒，足以成为女人的楷模。

这说到女子白璧无瑕，贞德可为至宝。曾经有位知名的女明星，因为拍了一些不太好的片子，导致对方的父母坚决不同意自己的儿子和她结婚，这对有情人最终也只好分道扬镳。脱掉的衣服可以一件件都穿回来，但是节操是穿不回来的。

有一个跨国集团的总裁，娶了一位名媛，什么叫名媛？家室富贵，人的长相在上流社会中很说得过去，富贵身价很高的女子，一般她们也是有一定的文化修养的，他没想到娶进家门她还是一个贞洁的女孩子，他当时就掉下眼泪，没有想到这么多的男孩子拜倒在她的石榴裙下，她的家庭还能把她保护得这么好，他感恩这个家族，也感恩他妻子。妻子带给他最最宝贵的礼物就是她的贞洁，这位男士还说，会用一生去呵护这个女子，以对得起她的整个家族。

到后来他的公司越做越大，能带妻子的地方他一定会带着她，只要有机会，他就跟大家讲他为什么这么尊重自己的太太，因为他看到天下的这些女子们都太可怜了，为了追求荣华富贵不惜出卖自己，甚至有些身在富贵中的女孩子，也不懂得尊重自己。一个真正的仁人志士，一定要呵护天下的妻子和母亲，她们是我们生命的本源和根。

【若夫骄盈嫉忌。肆意适情。以病其德性。斯亦无所取矣。古语云。处身造宅。黼（音辅）身建德。诗云。俾（音笔）尔弥尔性。纯嘏（音古）尔常矣。】

"盈"是满。"嫉"是害贤。"忌"指憎恶。"肆意"指纵情任意、不受拘束，贬意，不顾一切，由着自己的性子。"适情"是指顺应性情。"处身"是指立身处世。"黼"指礼服上绣的华美花纹，此处指尊贵的身份。"建德"指建立德行或功业。"俾"是使的意思，"弥"指久远、终极。"嘏"是福的意思。

如果骄傲自满，嫉贤妒能，恣意放纵，为所欲为，损害了自己的德性，即使有才华也毫无用处。古语说："安身立命要建宅第，安享尊贵要修德行。"《诗经》说："使君长命百年寿，天赐洪福永享受。"

"骄盈嫉忌"，傲慢、自满、害贤、忌妒，这四者是女之丑德，"骄"是自夸，自以为自己很好。"骄"的原意是马匹非常地高大，《说文解字》里是解释野马不好管、不守规矩。我们想象一下，高大的马趾高气扬的样子，它本就是奔跑的动物，一个女子假如这样，是不是不够美好？

"盈"是指溢出来，造字本义是人进了浴缸，缸里的水就往外流出来了，一个人不要太满。比如坐椅子不要满坐，只坐三分之一，要有威仪。做事的时候，即使有十二分的把握，但假如能够含蓄，也不失为一种德行，什么都不要太满。言行举止假如呈现出骄慢之态，说明内心自满、自溢,所以要保持言语行为和姿态都不能够有"盈"的状态,太满了就流出来,越空越虚越有德。竹子"未出土时先有节,待到凌空仍虚心"。竹子用了四年的时间,仅仅长了三厘米,从第五年开始,以每天三十厘米的速度疯狂地生长,仅仅用六周的时间就可以长到十五米。其实,在前面的四年,竹子将根扎在土壤里,延伸了数百平米。"博观而约取,厚积而薄发"。虽然满了,也一定还能够虚己尊人,这才是真正有女德。

"嫉"是病症的意思,一个女子怨恨别人的成功叫忌妒。《说文解字》里"嫉"解释为毒,另一个解释是说女子心有病了,现代人解释"嫉"为害贤,就是障碍有贤德的人,妨碍、伤害人家。

"忌"的造字本义是想法受约束不能随心所欲,《说文解字》解释为憎恶。就是见不得人家好,有时候啥也不因为,就是看见她就一肚子气。这可能是因为过去,你们两个有过什么过节,才有如此因缘。

赠人玫瑰,手有余香,如果憎恨别人,别人还没怎样,自己的心先染脏了,谁说害人不害己,害人必然害己,如果人家知道了,就躲着你,境界不太高的人或许又会反过来害你,得不偿失。未若我爱人人,虽然不可能一下子人人都爱我,但是相信最终的结局是人人爱我,要坚信这一天会到来,这才生活得有礼有节有法,爱到最后,我们就生活在爱的海洋中了。

《诗》云:"俾尔弥尔性,纯嘏尔常矣。""诗"指《诗经》,说的是当年召康公跟随周成王到卷阿之上,就有赞颂周成王的诗说:"大王有贤德,使百姓信服,您是平易近人的君子,这样大王定会长寿百年,天赐福禄享用不尽。"是说这个人的德行和他的位置相配,民心所向,德之所在。

"道之所在,天下归之;德之所在,天下贵之;仁之所在,天下爱之;义之所在,天下畏之。"民心归服,大王心情能不好吗?心情一好,能不长寿吗?相辅相成。寿命也是我们内在德行的一个显现,也可以说感召,"天赐福禄,享用不尽",天怎么会赐人福禄,天地良心在人心。众人是天,众人爱你、敬你的心,才是真正的天心。所以有德的天子,大家祝福他长寿百年,实际上也是对他的一个勉励,勉励大王继续善修文德让子民安乐。

召康公和成王的典故在《诗经》里有记录,召康公是文王的儿子、武王的弟弟。曾和周公共同辅政,他和成王一起到了卷阿这个辖区,受到了非常热烈的欢迎。周朝开始有了"采邑",就是领主的封地,封出去让别人管理。那里的人民唱出来的歌,有歌功颂德,也有勉励,史称"自侯伯至庶人,各得其所,无失职者"。所以他们到了辖区,备受周境内百姓的爱戴,当时他们还在一棵树下办公、询问百姓的生活。那棵树当地的百姓一直都舍不得砍伐,极言周成王是一位受人民爱戴的天子。

"成康之治"是说周成王和他的儿子周康王,他们两个在位的四十年内,因为治理得好,恪守职分,各得其所,监狱里没有一个犯人,上刑的铁链子全部都生锈了。当然,成康之治也是得力于姜子牙的辅佐和文武周公这些前人的铺垫。

我们总想让别人信服,可是没有德行,谁服?"凡为男女具有其德,福禄亦如是矣"。《了凡四训》说:"即如生子,有百世之德者,定有百世的子孙保之;有十世之德者,定有十世子孙保之;有三世二世之德者,就有三世二世的子孙保之;其斩焉无后者,德至薄矣。"所以这就是让大家共同修养德行。

有才无德是危险品,危险品谁用?像有些人因为恃才傲物的,一身的才华得不到舒展,德才兼备是优等品,有德无才可以培养使用,那么既无德又无才,就成了废品。所以要修养自己的德行,不然空有一身才华,却无用武之地。

徐皇后在《内训》里告诉我们,一个女子涵养好德行、调理好性情、治心术,再崇道德,能跟自己的夫君相配,把德教在家庭里演绎出来,福禄寿就都有了，福禄寿不是求来的，而是德行够了，这些自自然然地就被感召来了。所以一个女子修养自己的德行不可不慎，最后我们的光荣常在，因为立德就容易厚德载物，福禄常享，所以要立志做世间的模范。

做一个有修养的女子
——修身章 第二

女子重视自身的修养对于子孙后代有着重要的意义，此章以太任为例，告诫女子不要重视华美的外表，只有注重修身立德，才具备治家的基础。最后点明女子的修身养德关系到家族血脉传承，甚至关乎家庭盛衰和国家兴废，一定要慎重。

说起修身，可能会想到修身养性，怎么样修身养性？博学于文。而学知识、经典是为了约之以礼，以礼约束自己的行为。学了还要做，在又学又做的过程中，时时勘验自己的功夫。有时习气会反复，所以修身不是一蹴而就的，它有一定的次第：格物、致知、诚意、正心，然后修身、齐家、治国、平天下。

当达到一定的境界时，做一件事就可以同时达成好几个德行的点，比如一个女子在家里做饭，这是妇功，再系上个小围裙，妇容也有了。那做饭和治国平天下有关系吗？有啊。我们家吃饭的有丈夫、孩子，丈夫在为国家工作，孩子是国家未来的栋梁。所以别觉得做饭不是在治国平天下。

从另外一个角度看，如果吃饭用正心正念去吃，都是在修身养性，假如吃饱饭，是为了更好地学习和工作、为国家民族服务，吃这顿饭就吃出来了价值。睡觉也是一样，抓紧休息几个小时，第二天起来，还可以更好地工作，往床上躺的几个小时，就睡得很有意义。

所以幸福在一念之间，修福、修慧、修功德也在我们一念之间，这就叫修为，每一时每一刻都在修身，重点在于通过修身来养性，所以本章实际上是讲修身养性，在不断地格除私欲的过程中，陶冶情操，让自己心量越来越大，慷慨自己，坚强意志力，不断地提升责任感、使命感，这都是在修身。

在古代，班昭的修身功夫是众所周知的，她的父亲班彪和哥哥班固都是历史学家，父亲在补足司马迁《史记》剩余十几卷的过程中，直接影响了长子班固，后来班固一心著《汉书》，一直做到死的那一天，在这样书卷、学术味道浓郁的家庭氛围中，把班昭和她弟弟的志趣给养起来了。

班昭身为女子，通过知史，就能够治国平天下了，她们家另一个男孩子班超下定决心要投笔从戎。一个文人的家庭之所以会养出这样浩然正气的男孩子，就是因为书中各种各样的历史人物，精神意志的正能量传递给他了。班超后来到了战场上，守西域，为丝绸之路的再一次开通也是立下了汗马功劳，所以身修好了不仅仅影响自己的家庭，还会影响后世不知道多少代子孙。

"古之学者为己"，是说古代的人学习都是每天检验自己，犯了过失就揪住自己不放，与习气格斗，从根上断除。

假如不用这种方式修养身心，不约束自己的行为，不按照古代的礼仪规范去要求自己，学得越多却都落在口头上时，可能别人还很赞叹我们，那就真是长了浮华，败了德行。

所以要使自己身心真正受益，选择善道很重要，然后就是要力行善道，"好学近乎知，力行近乎仁"，因为我们知道自己不足，就要"知耻近乎勇"，修身的本质就是格除物欲，物欲就是对一切事物的贪恋、向往，比如喜欢吃樱桃，一吃就停不下来也是一种贪欲，少吃几颗就是在格除私欲。

做一个有修养的女子

现在大家都讲究养生，养生很重要，但是，如果把心养好了，胜过单纯地养身体，因为心是身的主宰，修身是为了养性，如果为了养身而伤了性德，实在是得不偿失，有的人本来很累，却越干精神越好，因为众人是天，大家的好念头给了他最好的营养。用真诚的心、有德行的言语，仁爱谦卑的情操，彻底格除自己内心对名闻利养的贪爱贪恋，用德养自己，用德养家亲眷属，德行滋养是真正地修身修心。

有时我们贪顺境，什么是顺境？这里的人都很欢迎我，感觉一讲课很顺利。假如没有一个人听，面对桌椅板凳讲不讲得下去？这就勘验功夫。古代有德行的人能够讲得顽石都会点头，我们不去考究是否属实，至少说明祖师大德真的把眼前的物视有若无，有也像没有一样，虚若实，实若虚，这是一如，这叫功夫。

在修养身心的过程中，把大的脾气慢慢变小，再把小脾气逐渐变没有，这是表现在外的，再往后就要收念头了。可能第一念错了，但是因为学了一些道理，要能够有意识地把第二念调整过来，只要坚持不懈，一定会练到不起恶念，进而一动念就能利人，乃至于可以一念不生了。

"六十而耳顺，七十而从心所欲不逾矩"。"耳顺"就是听见什么看见什么都不动心了。"从心所欲不逾矩"是想做什么就可以做什么，而又不会超越规矩。我们在这个社会中生存，就免不了要受约束，但约束也是帮助我们获得真正的自在。所以一定要慢慢地把德行、修养给涵养起来，就从对治自己的浮躁、傲慢先做起。

把所有邪僻的外因、内因，全部尽力地断掉，慢慢地走向自身的完善，虽然选择了善，但善道也不是那么好走的，所以要有善友为依，"亲附善友，如雾露中行，虽不湿衣，而时时有润"，亲近善良、有德行的人，和他们交朋友，就像在雾水中行走一样，虽然打湿不了你的衣服，但因时时蒙受他德风的滋润，不知不觉地受到了熏陶，自己也成为一个有德行的人。

慕贤当慕其心，古圣先贤的心境我们要学到，《弟子规》说"冬则温，夏则凊"，假如现在我们冬天还用身体去暖被窝，婆婆可能一晚上都睡不着，"这怎么好意思，儿媳妇用身体来给我暖被窝"。所以你可以把电热毯开开，把被窝暖暖和了，等老人要睡觉时，为了安全，再把电热毯关掉，也可以用其他的取暖工具，比如电热宝、暖水袋、空调。同样的道理，夏天不是让我们非要拿个大蒲葵扇给她扇，这样学古人就学呆了，我们可以先用空调，把室内温度降下来，在屋里放一个电扇，帮助室内空气流通，别让电扇的风冲着老人，可以对着墙给老人一个回流风，他就会睡得很安适。如果你的孝心再深一点，睡到半夜可以起来再去看看老人，把空调的风扇往上再吹上个半小时，然后记着关掉，这都是完全可能的。

我妈妈很怕热，我是很怕冷，所以我当时想，先把温度给她降下来，我妈说这挺好，就睡了，睡到后半夜把她老人家给热醒了。因为我自己认为，上了闹表，后半夜一两点应该能醒一回，结果到四点才醒。所以很惭愧，因为没有孝敬父母的习惯，如果长期这样做，到那个点自然就醒了。幼儿没有办法自理之前，我们做父母的晚上会醒个三次到四次，哪里说从晚上一直睡到天亮过？

"自天子以至于庶人，壹是皆以修身为本"。修身从哪做起？上自天子，下至平民百姓，都要从孝顺父母做起，以孝顺父母作为勘验我们有没有修身功夫的基本点。

没有爱就没有教育，因为没有爱就不会生发真智慧。有爱才有教育，真正的智慧是教化，否则就很可能成了谋术。修善要先断恶，我们要在不断地修身、格物致知的过程中，通过迁善改过，累积我们的人生境界，生命的善果，才能真正地逐渐成熟。但我们有时候只注重形式而不注重实质，才会只开花不结果，这也是为什么我们有时做事不成功的原因所在。所以真正的修身要修彻底，要从心底上下功夫，修到实质上去。

【或曰。太任目不视恶色。耳不听淫声。口不出傲言。若是者。修身之道乎。曰。然。古之道也。夫目视恶色。则中眩焉。耳听淫声。则内褫（音耻）焉。口出傲言。则骄心侈焉。是皆身之害也。故妇人居必以正。所以防慝（音特）也。行必无陂（音必）。所以成德也。】

"眩"指迷惑、迷乱。"淫声"非礼之声。"褫"是夺的意思。"傲言"是非礼之言。"侈"指安宁。"慝"指差失。

有人问："太任（在怀着文王时）眼睛不看邪恶的事物，耳朵不听不合礼义的声音，口不说傲慢的言语，像这样，就是修身的方法吗？"回答："是的，这是自古圣人的修身之道。"眼睛看了邪恶的事物，内心就会迷乱。耳朵听到不合礼的声音，平和的本性就被夺去了。口中说了傲慢的话，内心就会骄纵任性。这些都是修身的大害。所以女人居心要正，才能谨防邪念；行为要正，才能涵养德性。

商朝西伯侯王季的正妃，周文王姬昌之母，是典型的圣贤女子。太姜做得好，娶了个儿媳妇太任像婆婆。因为太任在少女时就发愿"有一天我结了婚，做人家的媳妇和妻子，要像太姜一样"，结果两人感应到一家做媳妇去了。

婆婆太姜和儿媳太任都是女圣人，因为这两代母亲做得非常好，所以孩子一生下来就有圣人之相。再加上周文王的正妃太姒，这三位女子就是"周室三太"。

后世以"太太"称呼已婚的女性，也是对三太贤德的一种尊崇。太任在怀文王的时候，眼不视恶色，耳不听淫声，割不正不食。在这里徐皇后也给我们解释说，这就是古代的修身之道。假如眼睛老看恶色，恶色包括很多，打架的、骂人的、污秽的场面都是其中的一种，看了这些，心很容易就乱了。那些淫词滥调听了以后，会让人沉迷其中不能自拔而荒废了正业。"淫"不单单指的是邪淫，所有过度的都叫淫。

耳朵是用来听的，你听什么？眼睛是用来看的，你看什么？嘴巴是用来讲话的，你讲什么？很重要。通过字面的意思我们要反省到这些。靡靡之音一直听，或者是心猿意马，或者是会很难过。如果是狂躁的声音，就会听得坐都坐不稳，恨不得跟着它蹦两下，说的就是守不住自己的心。

要是口出傲言，骄傲的心就放任起来了。其实说到这儿，我们都有体会，自己有没有说过大话、傲慢的话、过头的话，很惭愧吧？所以学到哪我们就改到哪。

《礼记》上说，太任怀文王时，眼睛不看邪恶事物，耳朵不听不合礼的声音，口内不讲傲慢之语，座位放得不正她都不坐，这就是正确的胎教。你给他听打麻将的声音，他就学会了说两万；你给他听《弟子规》，《弟子规》声音一响起来他就不闹了；给他读《孝经》他生出来就"兄弟睦，孝在中"，疼爸爸疼妈妈。他之所以懂这些孝德敬德，就因为在肚子里接受了这个教育，虽然他还不能表达得那么完整，但是已经在给他传输了。

用现代的话来讲，一个人的言行举止、行住坐卧都要有礼貌，别以为孩子在妈妈的肚子里什么都看不见听不见，实际上四个多月时他就能听、能看了。古人说"隔墙有耳"，其实隔着肚皮也有耳朵有眼睛。几个月的小孩子在妈妈肚子里打、玩，闹腾得可厉害了，别以为他啥也不知道，其实他可清楚了。

美国有一位医师，是妇产科做流产手术的，他以为给孕妇打了引产针，就没事了，结果有一次他协助一位妇女引产的时候，婴儿的小手先伸出来了，紧紧地抓住了医师的一根指头。那一刻他才明白原来这个孩子是有生命的，以前他没把他们当一条人命去看，还协助这些父母亲手杀死自己的孩子，所以他做了很多天的噩梦，然后他开始大声地疾呼要珍爱生命、反对堕胎。

所以言行举止、行住坐卧都要有礼貌，不可以随随便便，孔老夫子所谓的四勿："非礼勿视，非礼勿听，非礼勿言，非礼勿动。"就是要从"身口意"三个方面保持准妈妈的清净，因为准妈妈的"视听言动"对胎儿，尤其胎儿的性情影响特别大。

有些孕妇怀孕的时候身体不适，吃东西就没节制，不能够定时定量来吃，这样不好。太任割不正不食，不是时候不吃。不能想吃什么就吃什么，是需要吃什么再吃什么。我们常常很想吃某一种东西，它反倒可能是对身体有害的。

所以要防止胎儿在各种各样不良的环境下成长，一个母亲不仅要有德行还要有才学。

【是故五彩盛服。不足以为身华。贞顺率道。乃可以进妇德。不修其身。以爽厥德。斯为邪矣。谚有之曰。治秽养苗。无使莠（音有）骄。划（音产）荆（音经）剪棘（音及）。无使涂塞。是以修身。所以成其德也。】

"华"是光华。"率"是循的意思。"爽"是差。"厥"是代词，其的意思。"秽"是田中的杂草。"莠"是田间常见的杂草。"骄"是盛貌。"划"是铲除、消灭。"棘"指木丛的刺。"涂"是路的意思。

因此五彩华服不足以增添光彩，专一婉顺、循道而行才可以增进妇德，不修养身心，而使德行有所差失，这就是邪恶了。有句谚语说："清除杂草才能长养禾苗，不要使杂草滋长；铲除荆棘，不要使道路堵塞。"这就是修正身心、长养德性的过程。

我们都见过那些特别高大的大树，树冠下面如果有小草也都是长得弱弱的，围着大树冠，所以只要心中的苗长得很壮，那些杂草就长不起来，内心中正的东西长起来，那些各种各样的杂草，即使有它也是弱弱的。"凡为邪所侵者，皆正不足也"，所以如果被邪干扰了，都是说明我们正气不足。

禅宗六祖惠能大师，有一次正好从一个地方过，听到两个和尚在争论，一位说是风来了，吹得帆在动；另一位就说"我是明明看着帆在动"，最后六祖说了一句，"非风动，非帆动，是仁者心在动"。同样的道理，这个故事如果你彻底地明白了，绝不会和丈夫再吵架，我们怎么能上那个当？什么样的原因，我们都不忍心气坏父母给的身体，这是其一；什么样的理由，我们也不忍心跟和咱们相濡以沫、一生牵手的那个人生气，公婆把丈夫养那么大，是希望我们好好照顾，之子于归是为了宜其家人，我们却连和自己一个屋檐下生活的丈夫都照顾不好，有时候我们一生气三天不吃饭也不给丈夫做饭，很多人都这么干过。所以我们就体会一下，心里这棵德行的树如果能够参天，那些各种各样的杂草（烦恼），就在我们心中生不起来，这是比喻我们修身要这么修。

五彩的华服是不能够给我们增添光彩的，假如我们的房间脏乱地堵着门，碗碟都在水池子里，却把自己打扮得很光鲜，出去以为别人不知道，实际上瞒得过吗？

有一位女士，丈夫要跟她离婚，因为一年就几万块的薪水，她在家里带孩子，到年底准备给双方父母每一家包上几千块钱好过年，然后她说："钱都没了。"问她干什么用了，她指着自己的脸说："这给你美容了。"指着自己的身体说："这不是给你长面子，买衣服了吗？"后来她丈夫一想这日子真没法过了。

所以华服带来的虚荣过后，很可能会影响我们真实、正常的生活，有的女孩子为了穿，勒紧裤腰带，用一个月甚至攒了几个月的工资来买套衣服。还有的人，好不容易几千块钱买了件上衣，又攒了几个月工资配了条裙子，还觉得需要配上鞋子和包，这一年过得累不累？

所以有时候外在的华美不仅不能添光彩，还会让人家指指点点，说我们不能够"上循分，下称家"，一个女子的妆容如果不合身份，再漂亮也不能说得体，如果说在这个环境里大家都穿个T恤，你一定要穿个市面上很时髦的名牌，就不合时宜了，所以说此一时彼一时也，不同的时间不同的地点，角色扮演的不同，服饰妆容也要有所不同，这需要学识和智慧。别看这是一个细节，细节常常会决定人家对我们的评价，也直接影响到留给对方的印象。

专一、婉顺，循道而行才可以增进妇德，专一婉顺，一是专注，从头至尾这种坚持也可以说成是一，婉顺，循道而行，我们若跟着先生出门，言语要婉，行为要顺。

明白自己的"本分"才会言行举止婉约专一。婉约柔顺的"柔"，不单单是我们想象的软，还有韧的意思。循道而行，守着妇道才可以增进妇德，不修养身心而使德行有所差池，偏着偏着就会慢慢地走向偏颇甚至邪恶。有句谚语说："清除杂草才能长养禾苗。"如果杂草滋长了，禾苗就吸收不到土地的营养了。

铲除荆棘，道路就不会堵塞，常常说开路很难，披荆斩棘，这是修正身心、长养德行的一个过程。我们一定要想办法，把杂草铲除，清理杂草是为了给禾苗创造好的生长环境，修养德行也是要给自己打造良好的生长环境。电视里一会儿打一会儿杀，孩子学到的都是这些不良的东西，我们感觉自己好像还有点抵抗力，但是同样的时间内，听点好的，输点正的能量和用身上本来不足的正能量平衡负能量相比，你说哪个更划算？

尤其是孩子，他们就像一盆清水，我们想保护好不让脏的东西污染它，但是，如果一不留神，谁甩了一下钢笔，一滴墨汁滴进去，一盆清水马上就不清澈了，滴的时候可能一秒钟，清除出来要好久，还不敢保证是否能够清除干净，所以我们要保护孩子生活的道德环境，给孩子打造纯净的道德的天空。

但教儿教女要先教自己，我们要善于自我修复，为修养身心疏通道路，先把自己的心端正、清净过来，就能够把我们内在的德性逐渐给真正长养起来。

【夫身不修。则德不立。德不立。而能成化于家者。盖寡矣。而况于天下乎。】

不修身，就不能立德，不能立德而能教化一家人的，实在很少见，何况是教化天下呢？

徐皇后带着儿子，在北平城决一死战，穿上铠甲，以置之死地而后生的气概，带着老弱病残用砖头瓦块把战役"打"胜了。你说这个母亲再教孩子的时候好不好教？她在北平城再发号施令，人们会不会遵从？

一想她的所作所为，几百年后我们学习她的德行，都是非常地钦佩。所以一个人不管是男子还是女子，只有在修身上功夫足了、够了，该担当的时候，气概自然就出来了。如果没修够，没把自己涵养足，就是有能力，在当时那种情况下，很可能也会丢盔弃甲。

所以德行、厚德到了，老天都给她智慧、意志力和气概。她先把将士鼓舞一番，然后又指挥，让城里能披上铠甲的女子们，挨个都穿上铠甲。因为城下的人看不出来城上是男是女，最起码他们一看，这么多穿盔甲的，在声势上对他们也是一种震慑。

所以一个人要想"立身行道，扬名于后世，以显父母"，立德、立言、立功，"凡为女子先学立身"，首先我们得把身给立住。夫妻之义如果够厚，滋养到孩子，孩子就很好教，如果家庭很和谐，我们就容易影响教化到和我们有缘的家庭、亲眷和朋友。

"君子不出家而成教于国"就是我们的家庭好，慢慢地跟我们有缘的都受到了影响。德行越广越深的时候，影响面也越广越深。像大舜帝，他住的地方一年就成为了一个集镇，两三年之后就是都城了。都是因为他的德行厚，所以人家都循着他的德行来了，愿意跟他在一起，小德川流，大德敦化，无德就不化。古语云"天下无不可化之人"，只因自己德未修，感未至，所以我们要赶紧提升自己。

"夫身不修，则德不立；德不立，而能化于家者，盖寡矣，而况于天下乎"。不修身立德，而能治家者，鲜矣，况天下乎。什么叫"天下"？不是我们真的当了皇帝，而是指我们的影响力、影响面扩大到了天下人。比如电视里播放的全国女道德模范，她们就是在成教于国并且风化了天下。

学习这些都要想想，别说风化天下了，妯娌跟咱学行不行？身边的朋友、家庭跟咱们学行吗？学习这些圣贤女子的风范，就要发愿成教于家，然后化天下，"圣与贤，可驯致"。

【是故妇人者。从人者也。夫妇之道。刚柔之义也。昔者明王之所以谨婚姻之始者。重似续之道也。家之隆替。国之兴废。于斯系焉。呜呼。闺门之内。修身之教。其勖（音序）慎之哉。】

妇人是跟随的人，夫妻之道遵循阳刚阴柔的规律。古代英明的君主之所以对婚姻很谨慎，是因为重视宗室血脉的传承。家族的盛衰和国家的兴废，都与婚姻有关系，闺门女子的修身教育，是多么需要努力谨慎的事啊！

"妇人者，从人者也"，好不好理解？嫁人的"嫁"是一个女加一个家字，表示女子到了男子的家庭里，"夫妇之道，刚柔之义也"，阳刚，主男子的气息、气概，那么阴柔主女子的气息，假如一个男子在你面前做小鸟依人状，就会让人觉得很奇怪。

还是早些年前，有一次我刚输完液坐起来，我四五岁的侄子就说："你坐好，我看着你。"他的意思就是我保护你，我听很多的母亲说，四五岁的小孩就跟妈妈讲"走路你要靠里边，我要在外面，因为我要保护你"，男孩子这个样我们觉得比较正常，但假如一个小女孩说这样的话，我们就会觉得有点硬。

所以一个女子要是像水一样，男人就把你掬一捧在手心里；要是硬得像石头，人家踢你一脚都不愿意，还嫌脚疼。

假如我们从小待字闺中，终于三媒六证，将要嫁到一个男孩子家去，一定是男孩子在黄昏的时候，去女孩子家迎娶。在西双版纳和福建靠南的地区，吃喜酒、拜天地完全是在晚上，因为月亮晚上才爬上来。那么女子嫁到男子的家族，就像一朵花"嘎噔"剪下来，稼接到男孩子家里，这朵花的根自然就在这个男子的家族里了。按现在的科技把这个枝绑上，三年不要挂果，因为这个枝还没有跟这棵树接通气脉，所以要和根的气好好连一连，挂的果才结实。现在人一不留神就怀孕，奉子成婚了，多少气脉都没接通，所以才会不顺。

由此可以体会，中国古人为什么非常讲究礼仪？为什么要让我们明白女子是"从人"，而且从的不光是丈夫这个人，还有丈夫的家族。因为你这枝"花"已经剪下来接这儿了，根就在夫族这儿，回不去了，如果还使劲地往娘家那儿扭扭扭，就是不要命了。姑娘顾家为什么会两头不发？根在这边老往那边使劲，不但害了自己，也让娘家跟着蒙羞。

"从"是成就的意思，所以我们不是来锦上添花的，而是来成就丈夫和丈夫的家族的，一个女子有真正的德行，还是要在敬夫中养起来，在"助夫成德"的过程中孝敬公婆、帮助丈夫打理好周围的一切，同时把孩子培养好。当然，在现代社会，不是让女子都回到家里去，该工作还是要工作，可以有自己的空间，学中国文化要老树发新芽，慕贤当慕其心，把古圣先贤的心境学到。

女子既然嫁到夫家，就要跟夫族同根同气，让我们德行的光辉照耀到我们的娘家，而不是硬把婆婆家的东西搬到娘家去。有一个婆婆很伤心说："我怎么这么倒霉，儿媳妇有什么好吃的都搬到她娘家去，幸亏我那二女儿昨天晚上把她婆婆给的好吃的送过来了。"我们有时候容易积非成是，如果天下的媳妇都不把根找到，不把自己在婆婆家的根连上的话，这个家就很难太平。

公公婆婆是我们家族这棵树的树根，我们爱孩子，如果还对公婆不好，就是在使劲刨孩子生命之树的树根。其实不光是刨孩子的，也是在刨自己的，孩子这棵生命之树没根了，等我们老了，更没根，没人管。

"孝"是老与子不分，儿子托着父亲的意思，儿子如果没有德行，拿什么托您？如果他没德行，出国留个学，十六年可能连个硕士证都拿不下来。一年土二年洋，三年忘了爹和娘，四年坚决不愿回家乡。什么爹娘、亲戚朋友也都不管。为什么这样？因为他没有感恩心。你没教他知恩，他又怎么能感恩报恩？连公公婆婆甚至父母都不懂得孝敬，你拿什么教孩子孝？再教也是言语之教，没有身教。

尤其在古代，男子赚了钱要养家。男人在外面遇到的艰难困苦常常是咬碎了牙，也要自己撑着，身为一个女子要懂得疼惜天下的好父亲、好儿子、好女婿，懂得疼惜天下的好男人。这些男士他们忙事业，就没有办法对家人过多地呵护，如果天天腻在一起，就没有家业、事业，更不可能有道业，那不是真正的夫妻之爱。

爱的心地是无私的，爱的言语是正直的，爱的行为是成全的，爱的感觉是温暖的。如果只为了爱你，就你们俩感觉挺温暖，婆婆公公很难过，叔伯妯娌也受不了，这样的婚姻不可能稳固，除非你俩一直这么好。因为一旦有风吹草动，婆婆会给你减分，叔伯大爷妯娌全部会给你减分，都是减分的，婚姻就不容易稳定，所以一定要知道爱的感觉是让周围的人都温暖，虽然一下子做不到，但是得尽力。

"夫妇之道，刚柔之义也"，这指的是男刚女柔，柔是指柔韧，临大节、大事前要有自己的定功、定力，"泰山崩于前而面不改色，猝然临之而不惊，无故加之而不怒"，女子在家里要做到这个样子。

"昔者明王之所以谨婚姻之始者"，"婚姻者，人生之大事，五伦之基本也"。女子的传统美德主要是在家庭中来体现。习近平同志说要注重发挥妇女在弘扬中华民族家庭美德、树立良好家风方面的独特作用，这关系到家风方面、家庭和睦、社会和谐以及下一代的健康成长。

"人伦之始，造端乎夫妇"。自有生民、生命就有婚姻。"唯婚姻有礼，乃近文明"，是说婚姻如果有礼才接近文明。在没有礼仪之前，我们住山洞，都不怎么穿衣服，甚至在把野猪圈养起来之前，都是人吃人的。一个部落和一个部落，谁打败了谁，就把失败部落的老弱病残吃掉了。始祖伏羲特别不舍得自己的父母、亲人被人家抢走，就发明了畜牧业，把野猪给圈起来，然后告诉大家也要这么做，这才不再人吃人了。

为什么家庭的"家"上面是宝盖儿，底下是个豕（音始，猪的意思）字？因为人是先圈养了猪才有的家，要是没有畜牧业，没的吃，就还是人吃人，当有了畜牧业，把猪给养起来了，人们的生活和家庭才开始逐渐稳固。

走过了那个蛮荒的年代，人类一步一步地进入了文明，"礼者，理也"，礼要符合道义、自然规律和道德的标准，经过文明不断地演变，不同的社会有了不同的标准，但是礼的本质不变，《礼记·曲礼》开篇就说："毋不敬。"礼之本在恭敬、互相尊重、互相恭敬，有钱，婚礼可以办得很隆重，经济条件不太好，可以简，但是要热烈，简而热烈地昭告亲朋祖宗、昭告天地，这个事我们要因地制宜，但是心不能变，非礼之婚姻，乃不合理，合理则人种延绵不绝。

周公制礼作乐，没有周公就没有儒家文化，孔老夫子是把在他以前的圣人所做的行仪集结成了经典，为往圣继承绝学，为几千年后的子孙开了太平，假如没有人把这些圣贤行仪演绎出来或者记录下来，我们就不会有这样的机会和可以借鉴的资料能够学习。

如果一个人真的将学问领纳于心了，用文字、文化化育了自己，气质也一定会随之改变，孟子说"学问之道无他，求其放心而已矣"，放什么心？放控制、占有的心，放我们不好的习气，提起对周围所有人的一片仁爱的慈心，那么无论谁从你身边走过、跟你说个话，都会感觉非常祥和，如沐春风，说明学问真的会改变气质。

文化日盛，文明才真正地能够化育自身和周围的人，乃至千秋万代，钱学森临终前握着温总理的手说："总理，我们的教育出问题了。"已经多少年没有大师了，因为没有大师的爸妈了，没有培养大师的老师了，所以今天我们责任深远。

"仁以为己任，不亦重乎，死而后已，不亦远乎"，所谓任重而道远。假如婚姻不合礼，就会人种衰弱，文化低落。全世界每年堕胎的数量是五千万例，中国就占一千三百万例，算下来每天有大约3.61万孩子被父母和医生一起杀死。当我们明白了这些之后，哪能不生惭愧、畏惧的心？

婚姻如何方为合礼？《易》曰："重父母之命。"为什么叫父母之命、媒妁之言？它有深刻的道理，古代重视婚姻，婚姻之目的在于延续生命，而非男女两性之取乐也，"婚姻者，上以事宗庙，下以继后世，将合两姓之好"。延续为真，取乐为美。美好的美，上面一个羊底下一个大，是牺牲自我的意思，在夫妻的生活中牺牲自我，大哉，大到圆满，才叫夫妻之乐，才叫美。

"乐"在牺牲，而且牺牲之大无以言表。夫妻的乐要让人感觉有美感，不是私欲的乐。那不叫乐，叫满足一时欲望的外在刺激而已。真正的长久之乐要乐在色身之外，有超出色身之外的快乐、法喜。夫妻之间才有相悦之乐，互相看一眼不用说话，知道对方想要什么，这叫琴瑟和鸣。据于真，化为善，成于美。真、善、美婚姻里头都得有。

"故婚姻之义为延续生命，推进文明，上以继父母之血统，下以开后代之文化，故需有父母之命，其观念始正"。《礼记》里规定：第一，有父母之命的婚姻才观念正，因为我们是父母在这个世界上生命的延续。第二，必须经媒妁之言，媒妁之言是婚姻固属男女两性结合之事，由媒妁先给你们牵引，然后再选择，始为合礼。媒妁者证明双方坦诚、纯洁而得好合，才是正当婚姻。倘若没有媒介而自动追求，则易发生始乱终弃等罪恶。第三点，要公证宣誓，结婚必须有公证人，公证人或者是官署的法官，或者是由内政部来确认。假如没有这些，就少了很多婚姻幸福的保障。

学习中国的女德母教，用心体会古圣先贤爱女子的存心。古时候老师在课堂后面放上两个教鞭，它不是为了惩罚孩子，而是为了震慑孩子，假如不好好学习，戒尺伺候，教鞭伺候。所以在《礼记·学记》里面有"夏

（音甲）楚二物，收其威也"，夏、楚是两种教鞭，一软一硬，用这种教具来威慑孩子。如果我们知道老师的戒尺和教鞭是为了让学生好好学习的，就应该理解古代的休妻制度，是为了天下的女孩子结婚后能过上安定幸福的日子而提出的一种保障。哪有天下的圣人愿意女儿、儿媳妇不好好过日子，找个借口就休了，那天下还能安定吗？

我们只听说过古时候有休妻的说法，却不知古代还规定了三不休，即符合以下三种情况是不可以休妻的：一个女子和丈夫一起给公公婆婆二老之一养老送终的，即便犯了七出之罪，也不可以休妻。第二是"执子之手，与子偕老"，都宣誓了，岳父已经把女儿的手交到我们做丈夫的手里了，就意味着我们接过去了责任和使命，人家女孩一辈子终身托付给你，要休妻的时候岳父不在了，就违反国家法律规定。也有例外可以不算犯罪，比方说你的大舅哥、小舅子一看，这么看不上我的姐姐（妹妹），那么我们把她接回来，养她一辈子算了，这个手有人接了，离婚休妻就不算违法。因为那个年代，女子在家里大门不出二门不迈，只能靠织布生活。第三点，一个女子和一个男子是由穷到富白手起家的，假如男子欲要休妻，糟糠之妻要下堂了，法律不允许。

我们的老祖宗很仁慈、仁厚，他们重的是似续之道。"似续"是继续、继承，"似"通后嗣的"嗣"。

古代英明的君主之所以对婚姻很谨慎、很重视，因为婚姻是宗族血脉的传承。当年周文王迎娶太姒时，整个一条河，专门用船连成桥梁，以示他对太姒的重视，家族的盛衰和国家的兴废都与婚姻有直接关系，因为家庭是社会的细胞。

而孝顺母亲是一种传统，如果母亲善学，走善道、正道，孩子自然就不会偏颇。家族的盛衰和国家的兴废都与婚姻，尤其是女子有关系，可见闺门女子的修身教育是多么应该谨慎的，所以要勉励天下的女子谨慎行事，谨慎修身。

做一个有修养的女子

一个女子一定要阴柔、贤德。在大是大非、大节大义面前要能掌握自己的本分。我女儿喜欢的名人说过一句话,自己选择的路,即使跪着也要把它走完。其实有成就的人,都是有超越常人的骨气和志气。

所以修身包括言语、行为,孝悌忠信、仁爱和平、礼义廉耻,全部都是帮我们勘验修身功夫的。生活给我们什么样的考验和考试,我们都要守着内心已经选定的善道,坚定不移地走下去,以成就我们与生俱来的本善,甚至再拓展、长养咱们的本善,这是修身功夫真正到家了,德行也真正地圆满了!

做一个会说话的女子
——慎言章 第三

妇言是女子四德之一，作者引述了几部典籍中有关女子少言慎言的经句，并说明这符合女子坤静的本性，在这一章还列举了南宫适谨言和无盐女善言的事例。

【妇教有四。言居其一。心应万事。匪言曷（音和）宣。言而中节。可以免悔。言不当理。祸必从之。谚曰。誾誾（音银）謇謇（音简）。匪石可转。訾訾（音紫）谖谖（音宣）。烈火燎原。又曰。口如扃（音炯）。言有恒。口如注。言无据。甚矣。言之不可不慎也。】

"曷"是"怎么"的意思。"宣"是宣泄、抒发。"中节"是合乎礼义法度。"悔"就是遗憾、后悔。"当理"指合理。"誾誾"指说话和悦而又能辩明。"謇謇"是指正直之言。"訾訾"是毁谤。"谖谖"指多言。"烈火"是形容猛烈。"燎"是防火。"恒"指常常。"据"指依照。

妇女的教育有四种，妇言是其中之一。内心对外界万事万物的响应，都是通过言语来表达的。说话合乎礼节，可以避免后悔。言语不合理，一定会带来灾祸。谚语说："如果说话和颜悦色、正直在理，即使坚定执着的人也会被感化；如果出言不逊、刻薄伤人，灾祸会如烈火燎原一般难以收拾。"又说："谨慎开口的人会谨守原则，信口开河的人会出言无据。"说话不能不谨慎，这点太重要了！

女子的四德是：德、言、容、功。"幽闲贞静，守节整齐，行己有耻，动静有法，是谓妇德；择辞而说，不道恶语，时然后言，不厌于人，是谓妇言；盥浣尘秽，服饰鲜洁，沐浴以时，身不垢辱，是谓妇容；专心纺绩，不好戏笑，洁齐酒食，以供宾客，是谓妇功。"

孔老夫子教弟子也有四科：德行、言语、政事、文学，为什么"孔门四科"和"四德"之中言语放在很重要的位置？因为要想修身，第一个就是要谨慎言语。

古人说："轻听发言，安知非人之谮诉？当忍耐三思；因事相争，焉知非我之不是？需平心静想。"意思是说轻信别人的话，怎么知道不是别人乱说的呢？应该忍耐多加考虑；为一件事发生争执，怎么知道不是自己的错呢？还是该静下心来想想。所以我们不能够轻易地听，更不能轻易地说，因为不知道"轻易"的一句话会惹出多少的祸端。

在古代，女子是不可以未婚先育的，如果被发现，双方一般都不会有什么好结果。有一个女子没结婚，就生下了一个孩子，后来在父亲和村民的逼问下，她为了保护那个男子，便说孩子是山上一位修行人的。

她的父亲本来很敬仰修行人，但是听女儿说了之后，惊讶之余很快被愤怒冲昏了头脑，便带着很多村民上山去找修行人讨个说法，到了之后怒气冲冲地说："我的女儿被你侮辱了，现在生了一个孩子。"修行人非常平静地说："是吗，是我的吗？那你放这儿吧。"父亲还想说什么，可是修行人并没有给他说话的机会，他把孩子留下后，悻悻然就走了。

孩子的母亲忍受着诬陷的煎熬和内心的折磨，而孩子真正的父亲因怕受到牵连，逃到别的地方去了，连一封信都没再有，两个人的誓言，此时也随着男子不知飘落在何方。

一转眼十五年过去了，孩子在寺院里长成了一个少年，而这位母亲此时再也无法忍受内心的煎熬，跪在她父亲面前说："父亲，我十五年前做下了错事，以为自己爱的男子将来还会来找我，生怕您去派人追他，我就诬陷了这位修行人。"

这位父亲知道了真相后，捶胸顿足，赶紧就跑到修行人居住的地方，真诚地向修行人忏悔说："我错了，对您进行这样的毁谤。"但这位修行人仍然如如不动，非常和悦地说："那你是愿意让这个孩子继续跟我在寺院里，还是你们领走？"他想了想说："领走吧。"修行人仍没有二话，说："那你就把这个孩子领回去吧。"这件事就这样过去了。

天地无言，却有那么深厚、深远的德行。所以一个人真正有德，不在嘴巴上说多少，而在以身表法"演"出来多少。古人说"为人演说"，"演"字在前，这个"演"不是演戏，而是指演绎、做出来。

人的内心对万物的反应，没有言语是无法表达的。《论语》说："多闻阙疑，慎言其余，则寡尤；多见阙殆，慎行其余，则寡悔，言寡尤，行寡悔，禄在其中矣。"意思是多听，有疑问的地方先予以保留，对其余无疑问之处，说的时候应当谨慎，就能减少过失；多看，有疑问的地方先予以保留，对其余无疑问之处要慎重实行，这就能减少悔恨。言语上减少过失，行为上减少悔恨，官职俸禄就都在里边了。

所以，如果说了不该说的话，做了不该做的事，灾害甚至侮辱一定会随之而来，而且常常是覆水难收，后悔也没有办法。所以"见未真，勿轻言；知未的，勿轻传"，不能够根据自己的猜测、推断，误会人甚至在背后议论人，言之无据就容易被人厌弃，如果当事人听到这种议论，误会也可能很难解开。"面谀之词，有识者未必悦心；背后之议，受憾者常若刻骨"，是说你讲这些谄媚的话，有见识的人未必会高兴，他还会看出你很肤浅。所以真正君子之交，不需要这些东西，言语正直、真诚很重要。在背后议论他人长短，大家也会对他产生成见，当事人一旦了解到这个情况，他会非常难受，在人前抬不起头来，难免对你产生怨恨，所以一定要慎言。

【况妇人德性幽闲。言非所尚。多言多失。不如寡言。故《书》斥牝（音聘）鸡之晨。《诗》有厉阶之刺。礼严出梱之戒。善于自持者。必于此而加慎焉。庶乎其可也。】

"尚"是尊崇、重视。"寡"是少。"书"指书经，《尚书》。"牝鸡"指母鸡。"厉阶"是指祸端。"梱"指门限。"庶乎"是近似、差不多。

这一段是说妇人的德性是幽寂娴雅，不该多言的，多言必致多失，不如言之少也，所以《尚书》中斥责女子掌权，《诗经》中有对多言引祸的讽刺。《礼记》中规定了说话内外有别，善于约束自己的人，一定对说话多加谨慎，这样做就可以了。《书经·牧誓篇》说，"牝之晨，惟家之索。"一个女子，即使再有才华，也要"无才便是德"，像个没有才华的普通女子一样，一定要明白自己的位置，有没有人会想到一代皇后大玉儿、徐皇后、长孙皇后，她们算不算"母鸡打鸣"？母鸡打鸣指的是不该叫的时候叫，假如正好需要配合两下，该说的时候也得说，说完了要记得归位，不是占着那个位置，否则是家之不祥、国之灾殃。

所以妇人要想修正身心，对于言语不能不谨慎。

【然则慎之有道乎。曰。有。学南宫绦（音涛）可也。】

那么要做到言语谨慎有什么方法可循吗？回答：有，学习南宫适就可以了。

南宫绦，也叫南宫适（音括），字子容，是孔子的弟子。《论语》里有"南容三复白圭，孔子以其兄之子妻之"，是说南宫适每天读三遍这首诗，后来孔子就把自己的侄女嫁给了他。这首诗出自《诗经·大雅·抑》："质尔人民，谨尔侯度，用戒不虞；慎尔出话，敬尔威仪，无不柔嘉，白圭之玷，尚可磨也；斯言之玷，不可为也。"意思是说应当谨言慎行，白玉有瑕疵还可以磨掉，言语有疏失，常无可挽回。

"白圭之玷"这句诗原本是卫武公写给天子诸侯看的。是说君主如果能够慎言,就不失为负责任的君主。南宫适本人特别谨言慎行,常以《诗经》的话为戒,所以孔老夫子特别嘉许他这一点,觉得他是一个极为难得的君子,就把自己的侄女嫁给了他。

有的人会问,孔老夫子是不是太轻率了,他每天读个诗就把侄女嫁给他?孔圣人是能够窥一斑而见全豹的,而南宫适一直诵读这个诗,实际上也是以诗言志,表达自己的心。心应的是世间的万物,总得要宣志、表达,这首诗是他在提醒自己修身从点点滴滴做起。

《论语》推崇"君子欲讷于言而敏于行"。为什么言语要慢,行动要快?这是针对世间人时常嘴上说得多,行动配合不上而言的。我们不能做语言的巨人,行动的矮子。

《论语·为政》里有"先行其言而后从之",把要说的话先实行之后再跟人家说,"其言之不怍,则为之也难",不做就实现不了。假如一个人说大话,那么他将来的实践一定会很困难。"君子耻其言过其行",君子对于说得太多、做得太少的行为,是感到非常羞耻的。强调的是言行一定要相顾,甚至要"先行后言",这才是君子的准则。所以孔老夫子特别看重实际的行动。

【夫缄(音间)口内修。重诺无尤。宁其心。定其志。和其气。守之以仁厚。持之以庄敬。质之以信义。一语一默。从容中道。以合于坤静之体。则逸慝(音特)不作。而家道雍穆矣。】

"缄"是闭口不言。"诺"是应。"尤"指过失、罪责。"宁"是安的意思。"质"是素质、禀性。"中道"是指合乎道义。"逸慝"是邪恶奸佞。"雍穆"指和睦融洽。"守之以仁厚"是恪守仁爱敦厚的意思,敦也有加厚的意思。

少言寡语就注重内涵,不轻意承诺就没有过失。宁静内心,坚定志向,平和心气。恪守仁爱敦厚,保持庄重恭敬,坚守诚信道义,无论说话还是沉默，都从容合乎道义。这样做符合女性坤静的本性，就不会招来闲言碎语，家庭就和睦融洽了。

什么叫敦伦尽分？今天同事不舒服了，该他做值日，但是你说："你休息一下，我替你做值日吧。"这样就加厚了你们俩之间的关系，而你只是尽了本分，就自然地敦伦了。

古人说"吉人之辞寡"，吉祥的人言语少，不吉祥的人躁。想想我们自己人生中哪一个阶段过得焦头烂额，肯定是心很躁。心躁、言语躁，行为不可能是文静、娴静的。少说话，一个人的内涵就体现出来了，越有内涵的人，越不是急着表达的人。

慎重承诺，做到言出必行，就不容易有过失了，志向坚定、说话和气、仁爱恭敬，一定是以诚信道义为本。说话或者保持沉默，都合乎礼法尺度、中庸之道。女子要像大地一样包容、安静、厚德载物，这样就把女子的道义演绎出来了。一个女子要懂得进退，静也好、默也好，动也好，思索也好，无论哪一个状态都要符合坤德守静的本性。

【故女不矜色。其行在德。无盐虽陋。言用于齐而国以安。孔子曰。有德者必有言。有言者不必有德。】

"矜"指骄矜，就是骄傲自负。"无盐"姓钟离，名春，相传为齐国无盐邑（今山东东平）人，世称无盐女，容貌丑陋，四十岁还未嫁，她关心政事，曾当面指责齐宣王奢淫腐败，宣王为之感动，并择吉日，立无盐为后。

这一段是说，女人不应当夸耀自己的美色，而应该注重德行的培养，无盐女虽然容貌丑陋，但她给齐宣王的谏言却使国家安定，孔子说："有德行的人一定有善言，有善言的人却不一定有德行。"

记得看过一个故事，一位中国学者到欧洲做学术交流。周末，她到当地的一位教授家做客。一进门，她就看到了教授5岁的小女儿，小女孩满头金发，漂亮的蓝眼睛让人觉得特别清新，她不禁内心称赞小女孩长得漂亮。

当她把从中国带去的礼物送给小女孩时，小女孩微笑着向她道谢。这时，她禁不住夸赞道："你长得这么漂亮，真是可爱极了！"这种夸奖是中国父母最喜欢的，但是，那位教授却并不领情。在小女孩离开后，教授的脸色不悦，对这位学者说："你伤害了我的女儿，你要向她道歉。"学者非常惊奇，说："我只是夸奖了你女儿，并没有伤害她呀？"教授坚决地摇了摇头说："你是因为她的漂亮而夸奖她，但漂亮这件事，不是她的功劳，这取决于我和她父亲的遗传基因，与她个人基本上没有关系，但孩子还很小，不会分辨，你的夸奖就会让她认为这是她的本领，而且她一旦认为天生的漂亮是值得骄傲的资本，就会看不起长相平平甚至丑陋的孩子，这会使她产生误会，其实，你可以夸奖她的微笑和有礼貌，这是她自己努力的结果。"所以教授耸耸肩说："请你为你刚才的夸奖道歉。"

中国的学者听后深有感触，并且很正式地向小女孩道了歉，同时赞扬了她的微笑和礼貌。

孔老夫子说"有德者必有言，有言者不必有德"。意思是有德行、修养的人，一定善言；善言的人，不一定有德行，所以女子不应该以自己的容貌而自傲，而应该注重德行的培养。

这一段提到的无盐女，是战国时期齐宣王之妻，名钟无盐，又名钟离春，是中国古代四大丑女之一，但很有才华，年纪已经到了四十，但仍未出嫁。她丑到什么程度？据记载，她的额头、双眼都下凹，显得黯淡发干，上下比例失调，而且骨架很大，非常壮，像男人一样，鼻子朝天，脖子很肥粗，有喉结，额头像臼，就是中间下陷的，又没有几根头发，皮肤黑得像漆。钟离春也不像一般女子一样能歌善舞，一心只问政治。

时值齐宣王执政，但政治腐败，国事昏暗，而且齐宣王性情暴躁，喜欢吹捧，钟离春冒死自请见齐宣王。当这个丑陋的女子自不量力地站到齐宣王面前时，你想想齐宣王是什么样的感受？可是她镇定自若地对着齐宣王连说了几句："哎呀，危险！危险！"齐宣王就说："你说危险是什么意思？愿闻其详（我想听听你到底想表达什么）。"无盐慢调斯理地侃侃道来。

她说："秦国和楚国环伺齐国，虎视眈眈，而齐国内政不修、忠奸不辨，太子不立，众子不教，大王您专心声色犬马，这是非常值得忧虑、让人担心的事情。"接下来又说："新筑建台，高耸入云，饰以彩缎丝绸，缀以黄金珠玉，玩物丧志，利令智昏，这是第二件可忧虑的事。贤良都逃匿山林，因为在这儿没有办法施展自己的抱负，谄谀环伺左右，谏者、劝谏的人不得通入，谠论难得听闻，这些好话、正确的话你根本就听不见，这是第三件值得忧虑的事情。花天酒地，夜以继日，女乐优伶充斥宫廷，外不修诸侯之礼，跟其他的国家你又不联合，内不秉国家之治，这是第四件值得忧虑的事。"钟离春共陈述齐国危难四条，并指出如再不悬崖勒马，将会城破国亡。

宣王当时正在玩，听音乐、看美女，而且起初还在想到底听不听？于是他半戏谑的样子问无盐，你说危险，那你说说原因，"愿闻其详"。没想到齐宣王越听觉得很有道理，渐渐地就目瞪口呆，钟无盐说完后良久，他非常虔敬地说："得聆教言，犹如暮鼓晨钟。若我日后有一点点进益，皆君所赐。"齐宣王一经顿悟，马上把为了看风景的建台给拆掉，所有的女乐罢去，眼前的奸臣斥退，把所有的浮华摒弃掉，励精图治，从此齐国的国事蒸蒸日上。而无盐后来就做了齐宣王的正宫王后。

我们也很佩服齐宣王，面对长得这么丑，没有经人家介绍就自己闯进来，"咚咚咚"跟放炮似的来了这么一通的钟无盐，居然能听进去她的谏言。可为什么她这通炮就管用？不破不立，烂到一定程度，该立起来了。齐宣王知道外敌虎视眈眈，外面跟他比较不错的这些诸侯国他也没有联合，国内也没有什么贤良，自己的孩子什么也都没顾上，就顾着自己玩乐了。但是他欲拔腿，有泥巴在那儿陷着，他拔不出来，所以钟无盐也可能是上天专门派来拯救还有点良知的齐宣王的。

无盐虽然外貌丑陋，但是在进德修业上，把所有的丑都给补足了。咱总得有点拿得出手的东西吧，在这个社会一把刷子不够用，八九把都不够用，这把刷子不行了那把刷子应上来，咱一把刷子都没有怎么过好日子？我们的正气、正能量，如果超越眼前所有人的习气，那么"君子之德风，小人之德草"，我们的香闺正气就像风一吹，所到之处必然把草都给刮倒。

我们相信一定是历代的老祖宗都来加持护念钟无盐，第一次见面便一针见血、切中时弊，而且是知无不言、言无不尽，震撼了齐宣王。听惯了阿谀奉承的言语，什么时候我们才能听得懂身边爱我们人的逆耳忠言？这个也需要自己的机缘和个人的智慧。

慎言，不是不言，如果有十足的把握，不说出来，就对不起眼前的人和事，是既失人，又失言，所以我们要牢记圣贤教诲，"择辞而说，不道恶语，时然后言，不厌于人"，这个已经是很低的要求了，如果是能够择辞而说适宜当局的话，就能利己、利家、利国、利千秋万代！

做一个会办事的女子
——谨行章 第四

作为女子要谨慎自己的行为，首先是不要自专、自矜和自欺，纯善的品行是要不断积累的。其次，成就大德行要从细微的小事做起，稍有亏失都不能成就完美的德行。

"谨"的意思是敬、慎，"谨行"是行为要恭敬、谨慎。

有的人说："我才二三十岁，就一定要'从一而终'吗？""慕贤当慕其心"，我们体察的是古圣先贤的存心，能够学到多少算多少，有的人非常恭敬地赞叹这些古人，希望像古代的女子一样。也有的人说："我不太赞同，我有自己可取的地方。"这也无可厚非。

以前母亲跟我讲的很多话，我根本理解不了，老师嘱咐我、教诲我的话，我都觉得那只是给了我一个目标，这辈子不能做到多少。记得跟老师最有意味的一次对话，老师说："马老师，你2006年反对女德，不代表三年之后你还反对；三年五年反对，不见得你十年还反对，即使你这辈子反对女德，万一我们有来生，很可能这一生种了种子，下一世你就知道，女德是要作为人伦的根本去学习的。"

2010年钟博士在讲《女论语》时，其中很多内容都是"从一而终"，那些贞节烈女为一点小事，就身赴黄泉而无怨无悔，如今，我们尊重生命、爱惜生命，感觉不能理解她们当时的举动。不过，不管怎样，慢慢地学习，了解古人当年是怎么生活的总不是坏事。

古语云："鱼和熊掌不能兼得，舍鱼而取熊掌者也。"对于古人来说，如果活着不守道义，不如在道义之中告别生命，因为他们认为在道义中付出生命，比苟活在世间有更长远的意义，那时候的人生观、世界观、价值观就是这样。

很多人都不理解，甚至提出质疑：凭什么古时候的男子就可以"一夫多妻"，女子就一定要"从一而终"？在特定的时代、特定的环境下，也有特定的体制，我们不做过多的评价。而在这些幸福的国度、王宫甚至是兴旺的家族中，都是上敬下和，夫义妇德的。

周文王把正妃娶过来之后，她一个人打理满朝文武家女眷的事情，包括蚕桑、做酒浆，甚至各国使臣家的婚丧嫁娶都得管，实在觉得力不从心，所以后来她为了自己的夫君遍访天下的淑女。

春秋战国时期，那些深明大义的王后王妃们，都会为自己的夫君举荐容貌、德行、才华都超群的女子，进宫一同经营家道，以保证后宫太平稳定，这样更利于国家稳定长远地发展。甚至有些宫中的妃嫔、女官，一辈子也没有孩子，但她们无怨无悔地在后宫内院负责自己该做的那一方面事务。

【甚哉。妇人之行。不可以不谨也。自是者其行专。自矜者其行危（音颓）。自欺者其行骄以污。行专则纲常废。行危则疾戾兴。行骄以污。则人道绝。有一于此。鲜（音显）克终也。】

"甚哉"，就是很深重地叹气、叹息。"行"是德行。"专"是专制。"自矜"是自负、自夸。"危"是崩颓、堕落。"骄"是诈、污、脏的意思。"纲"指的是"三纲"，君为臣纲，父为子纲，夫为妻纲。"纲"的造字本义是提纲挈领。"常"是五常，仁、义、礼、智、信。"疾戾"指病害猛烈。"克"是能的意思。

这段是说女子的德行非常重要，不可以不谨慎。自以为是的人行为必定专横；矜高自夸的人行为必定危险；自欺欺人的人行为必定骄纵污秽，行为专横，三纲五常就废弃了；做危险的事就会诱发灾祸；行为骄纵污秽，就断绝了人伦之道。只要沾染其中的一种，都很少有善终的。像杨贵妃、褒姒、妲己，她们都是没守住自己的本分，越权越位了，最后的结局是不得好死。其实又岂止是自己不得好死那么简单，沾边的人也没有一个有好结果的。

《了凡四训》里说："享千金之产者，定是千金人物。"假如一个公司的最高领导不把任务给下面的员工布置下来，下面的人就不知道怎么干，所以要有一个统筹的安排。比如国家最高层的领导集体，会宏观调控全国的经济，有纲领性的指导，这样国家就会井然有序。"夫为妻纲"也是同样的道理，但假如丈夫不给妻子定好目标，不能够高明配天地引领妻子，即使物质生活富足，这个家庭也会因为缺少一些精神层面的东西而没有方向，男子如果能够有"纲（原则）"，家庭生活的各方面，就会在原有的基础上更加美满幸福。

像徐皇后，比一般的伟丈夫都要能量足，但在她身上，我们看到的是坤德母仪，是夫唱妇随。后人对朱棣有很多评价，但是徐皇后非常明白，夫君的才华和德能足以统领一个国家繁荣富强，而她更清楚自己的本分，是妻子又是王妃，所以很多事能够从大处着眼，即使再有功绩，她也仍然恪守"夫为妻纲"的古训，努力做着小女子分内的事情。在指挥北平保卫战时，她誓死保卫北平，等待夫君归来，在夫君大的思想框架下，她安住在当下，又超越了当下，完美地演绎了自己的本分。一个人只有认命才能最终改命，只有安于当下的本分，才可能有超越当下的功绩、功德被创造出来。

女子"行专就纲常废"，假如一个娘家有点势力的母亲特别溺爱孩子，跟孩子说："不要理你父亲，听为娘的，你就怎么怎么样地去吧。"

这样的话，纲常就废了。但假如父不能为子纲，父亲就实实在在失了本位，子对父也会失了敬，所谓父不父，子不子。父母就是孩子这个"建筑"的房顶，是要给孩子封顶的，孩子纵然才华盖世，但如果没有孝德，还是一个不成器的物件。

"行危则疾庚兴"，假如总做不把握的事或意气用事，灾害就会随之而来。如果"人道"绝，纲常就没有了，所谓的"人道"就是五伦之道。如果在家庭里父子、夫妻之间没有了纲常伦理，社会上没有了君臣之道，人活着就乱成一团了。就像我们在马路上行走，没有红绿灯是多么危险。

【夫干霄之木。本之深也。凌云之台。基之厚也。妇有令誉。行之纯也。本深在乎栽培。基厚在乎积累。行纯在乎自力。不为纯行。则戚疏离焉。长幼紊（音稳）焉。贵贱淆焉。是故欲成其大。当谨其微纵之毫末。本大不伐。昧于冥冥。神鉴孔明。百行一亏。终累全德。】

"霄"是指云霄，"干霄"指的是耸入云霄。"本"是根的意思。"凌"是越的意思，"凌云"是直上云霄。"纯"，纯净、不杂。"培"，聚积而增累。"基"指积累。"力"，在乎自力，勉强而为。"紊"是乱的意思。"淆"指杂错。"大"指大德、大节。"微"是微小的动作。"伐"是斩伐。"昧"是泯灭、昧了良心。"冥冥"指私下、暗中。"鉴"是照的意思。"孔明"是非常地明达、明晰。"百行一亏，终累全德"就是说细行不矜，终累大德。

参天的大树是因为根深；摩天的高台是因为地基深厚；妇人有美好的声誉，是因为德行美善。根深在于栽培，地基深厚在于积累，行为美善在于自己努力。行为不善，亲属就会远离，长幼的秩序就会紊乱。所以想要成就盛大的美德，应当从细微的行为上加以谨慎，一旦坏习气养成就很难改掉了。暗中做的昧心事，神明看得很清楚，众多品行中亏欠了一件，就会妨碍完美的德行。

【体柔顺。率贞洁。服三从之训。谨内外之别。勉之敬之。始终惟

一。由是可以修家政。可以和上下。可以睦亲戚。而动无不协矣。《易》曰。恒其德贞。妇人吉。此之谓也。】

"率"指遵从、遵循。

作为女子要温柔和顺，始终如一，遵循忠贞纯洁，服从"三从"的古训，这是谨行之本。严谨于男女内外的不同分工，努力恭敬，从一而终，由此可以治理家政，调和长辈和晚辈的关系，和睦亲戚，所有的行为就没有不和谐的。《周易·恒卦》说："妇人要始终保持贞洁的德行就会吉祥。"说的就是这个道理。

贞洁的德行有四个方面：女子的心正、心定、心诚和守贞，记住"女贞吉"三个字，这辈子就够用了。

前面我们讲过，"三从"是指在家从父，出嫁从夫，夫死从子。"从父"是在家听从父亲的教诲，成就父亲对女儿的一片慈爱，也成就女儿对父亲的孝道。这是彼此成就、同时发生的一个互动关系。"从夫"就是助夫成德、成就丈夫——孝敬公婆，做好夫君学业、事业、家业、道业的贤内助，再把家里的下一代教养成才，处理好乡里乡亲、上下左右各种人际关系。"从子"是指辅佐、成就孩子，孩子没长大的要抚养成人，教化成才。

遵循"三从"的古训，谨慎男女内外分工的不同，不要越权、越理，守好自己的身心和本分，努力、庄重、恭敬地做人，心念专一，善始善终，绝无二心。

"易"指的是《易经·恒卦》。妇德完备的结果是家事顺利、上下和谐、亲戚和睦、万事兴旺，不顺就不利，不利就没有益。《周易》这句话是说能长久保持美德是不容易的，这是妇人的吉祥之道。后文的卦象是对前文卦辞的进一步解释，妇人保持贞洁便得吉祥，也就是说要从一而终。

一个女子对夫君的这颗心，一定要从始至终不变，这是最好的。但很多事情也不是非要像几千年前一样，在哪个缘分内我们就说哪个缘分内的话,假如不能守,另组了家庭,我们就真正放下过去的种种,从前种种譬如昨日死,当下重生,也要对得起这个另组的家庭。

钟博士的母亲跟父亲分手之后,他的母亲照样教导钟博士要孝敬爷爷奶奶,还特别善待后进门跟前夫过日子的女子,把他们也引向了圣贤之道。虽然没有了夫妻情分,但因为孩子,也不能反目成仇,至少可以做一般的朋友。钟博士的舅舅对钟博士爷爷奶奶的称呼都没有变,照样该拜年就拜年,该干什么就干什么,互相走动得非常好。以至于后来他们的家族都走向了圣贤之道。

所以我们用大义、用道去了却世间的缘分,其实也是"从一而终",从的是"圣贤大道"这个"一"。

用慈悲的善心和爱心去学习古代圣贤的文化,一定要活学活用。我们不能拿圣贤人的行为去对照周围的人,眼前所有事物的存在都是有原因和道理的。不可能今天种了麦子,明天就要蒸上馒头,小麦种下去要经历春夏秋冬、由绿变黄,收割后把麦皮去掉磨了面,才能做出白白的馒头。凡事都有时节和因缘,我们不能因为今天学了,就希望周围的人都和圣贤人一样,美好愿望的实现需要一个过程。

有一个德育故事《少娣化嫂》讲的是宋朝时候,有一个女子姓崔名少娣,嫁到苏家去做媳妇。她的丈夫弟兄共有五个,已经娶了四个嫂嫂。家庭里面很不和睦,每天有争闹的事情发生。

崔氏刚嫁到苏家的时候,大家都很替她担忧,怕她和嫂子们相处得不融洽。但是少娣从小就很有家教,所以对待四位嫂嫂都很有礼貌,看到嫂子们有需要使用的东西,少娣总是把自己的都拿出来,送给嫂嫂们,每当婆婆让嫂子们做家务的时候,少娣总是争先去做,并且还会对嫂子们说:"以前你们在家里付出了很多,我是最后来的媳妇,做得最少,应该格外效劳,你们让给我吧。"明明是崔氏在帮嫂嫂们,她却总把功德都推给嫂嫂们。

吃饭时，如果公公婆婆、嫂嫂还没吃，少娣绝不拿筷子先吃。有时听到嫂嫂们的怨言，少娣总是笑着，一句话也不说。但如果有下人到她那儿去搬弄是非，她就用家法责罚他们。

每当年幼的侄儿，把尿流在她的衣服上，她也一点没有可惜衣服的意思，仍然善待这些侄儿们。这样过了一年多之后，四个嫂子被她真实的行为给感化了，都生起了惭愧心："崔氏是后进门的，都做这么好，我们不忍心再这么多怨言，也不忍心再争贪搅扰了。"四位嫂嫂都伸着大拇指说："五婶大贤，我们家的五弟妹是一个大大的贤德的人。"于是全家就真正和睦起来了。

《吉言录》说："家庭不和睦常常是由于妇女。"因为古时候的女子，学习的机会或者出来跟大家应对的机会都很少，所以她们不太懂怎样更长远地让这个家发展，目光就会比较短浅，心量也会比较狭小。

很多女子认为只跟丈夫是一家，把公公婆婆、叔伯妯娌这些人都看成是外人，这样内心就制造了隔膜和对立。家就是一栋房子，丈夫只是一面承重墙，公公婆婆是另一面墙，叔伯妯娌又是一面墙，孩子和孩子的教育加起来也是一面墙，房顶就是丈夫在外面所有的人际关系、人际群体。

听到很多的故事中，常常是把你、我分得很清楚。如果少了这么半点就要扯上几年都扯不清，甚至还反目成仇，到临终都会解不开疙瘩。

有一次，在福建办女德班，一位男士跟我讲："我现在对人世间的事怎么就没有不平的感觉了。"因为真正地明白了道理，他说学传统文化以前，常常感到不平，因为妻子有一个哥哥和一个姐姐，都比自己家条件好，却都不养老人。后来有幸跟公司老总学习传统文化，懂得了做人要孝养父母，所以尽管妻子是她家里身份地位最低、经济条件最差的，但他和妻子一起奉养双方的父母，全当父母就只生了他们一个，不再抱怨。

可是不知道老天爷是怎样安排的，她姐姐有一个独生子，还是个公务员，二十五岁去办事的时候出车祸走了。而哥哥总是非常地不幸福，听到的都是他的坏消息。然而自己家里一天比一天好，夫妻两个过着真正的传统家道的幸福日子。他现在想明白了，人就该坚持做对的事，他偶尔会对妻子有点脸色、声调不好，但妻子从来不提，一味默默地对他的父母好，这样做反而使人生起惭愧心，换来的是先生对老人更加尽心尽力地孝养。

做女子的要明白，"嫁人"的"嫁"是女子到男子的家里来，人家要是能够容留，要感恩；人家要是不容留，从某些方面来讲也是有一定道理的。当然，假如老人没有依靠，即使我们是做女儿的，也还是要主动承担起孝养父母的职责。正因为如此，假如女子做得不到位，婆婆家的人也难免会有微词。所以一个女子，要想平衡好两边的家人，就要尽量照顾周到，在现代社会来讲，必定要付出更多的努力。

所以，一个有智慧的女子，一定懂得把婚姻这座房子方方面面都修缮好，暴风骤雨都禁得住。现在都说圈梁地、梁搭架，我们最好搭个好架子，让婚姻稳固一点。家门和顺，唯有人品多点忠厚，彼此之间要多点恩德礼敬，我们要把心量放宽一点，多些忍耐、谦让。假如在婚姻生活中能够真的做到谦让，就会既成就了自己也成就了叔伯妯娌，一定还会把咱家孩子的福德全部都培植起来，用女子的厚德承载我们的孩子，使其成为对国家有用的栋梁。

现在的人都以为有才华就能够被大家认同，自古有多少有才华的人恃才傲物、怀才不遇，如果怀才不遇，一定是德行上有缺失。我们都同情李白，"安能摧眉折腰事权贵，使我不得开心颜"，从初中就背这些诗，深入了解历史后才知道，李白不是没有富贵过，他曾经"岐王宅里寻常见，崔九堂前几度闻"，当年让高力士给自己脱靴，高力士是谁？在皇帝和贵妃面前最受宠爱的人，打狗还得看主人啊。所以世事洞明皆学问，人情练达即文章。他还让杨贵妃给他研墨，都说贵妃受宠，跟皇帝"在天愿作比翼鸟，在地愿为连理枝"，他就想让大家看看，这些受宠之人在他自己面前是什么样。所以，我们就知道，他为什么一年多后就被赶出了朝堂，到最后抑郁而终。

所有的境界怨不得别人，都是我们内心的外映、外现，所以言语不可不慎，行为不可不慎，尤其到了一定的身份和地位，还能够收得住自己的言语和行为，为其难能，更见可贵。

接下来跟大家简单分享一下娥皇和女英的故事，在下面《景贤范第十一》中我们还会详细讲解。

尧帝把两个女儿——娥皇和女英嫁给了舜，并派了九位男子来辅佐舜，希望由两个女儿来观察、考验他对内的行持，由九位男子来考验他对外立身处世的能力，耳听为虚，眼见为实。

皇英姐妹下嫁大舜后，特别克勤克俭、战战兢兢，唯恐让父亲和天下的百姓失望，所以她们就真正踏踏实实地像个农民的女儿、农民的妻子一样，去田里干最繁重的粗活，忍受公公婆婆各种各样的刁难，服侍舜和他的父母，以及小叔子象，非常地周到和恭敬。

有一次，父亲瞽瞍让舜上房修补屋顶，舜上去之后，想不到父亲就在下面放火。大火熊熊燃烧，火势上升，就在这万分危急之时，只见舜两手各撑着一个大的竹笠，像大鹏鸟一样从房上从容不迫地跳下来，原来聪慧的妻子提前觉察到父亲的用意，早已为舜安排好了。

又有一次，父亲命舜凿井，舜凿到井的深处，父亲和弟弟象想把舜埋在井里，就从上面往井里倒土，以为这样舜就永远回不来了。没想到舜在二位夫人的安排下，早已在井的一侧凿了一个通道，又从容地躲过一劫。

当象得意地以为舜的财产都归为己有时，猛然见到舜走了进来，着实吃一惊，慌忙掩饰了一番，但舜并未露出愤怒的脸色，仿佛若无其事。

我们要明白，很多事情难得糊涂，一个人能够糊涂是因为内心的真明白。一个真正明白的人哪有不会装糊涂的？假如我们是一个有智慧的人，有人在我们面前做糊涂状，也应该很明白是人家给我们留空间，我们更要给自己留余地，学圣贤文化学的就是智慧。

最可贵的是这两位媳妇从来没有微词、没有埋怨过，更不在自己丈夫面前表功，所以言语很重要，哪壶不开不要随便提。两位妻子把丈夫救下来后，也一定不会说："不是我们姐妹，你命都没了。"她们吐一个字跟金豆那么值钱。所以我们学的是怎么做女子，怎么做圣贤的女子，怎么样辅佐夫君，修身、齐家、治国，真正地平天下，而且还不在天下人前去露面。《史记》里面这样说："娥皇女英，甚有妇道。"

这样做也并不是马上就感动到了公公婆婆，后来还上演了很多这样的好戏。"天下无不可化之人，但恐诚心未至。"后来大舜把弟弟象也感化成了一位贤人，并且拥有了一块封地。象去世后，他所管辖的那一方土地的百姓还为他立了一个祠堂。

所以怎么样学圣贤？要学圣贤的心行，一直想害死他的弟弟都被挽救了。

直到最后，舜的政绩突出，尧帝把帝位让给了大舜。所以，娥皇和女英能当上第一夫人也不是偶然，本是公主出身，却陪伴着一介平民把家庭先兴旺了起来。

《大学》里有句话："一家仁，一国兴仁；一家让，一国兴让；一人贪戾，一国作乱。"所以身为女子，如果为国家着想，就从好好地把咱们的先生成就起来开始。

只问耕耘不问收获，该来的自然会来的。就像一个石子扔到水里，它很自然地会沉入水底，而不是浮在水面；假如是一滴油，就会漂在水面，而不是沉下去。我们不为功德只为本分，只问耕耘不问收获，不求功德，自有功德，最后是收获满满，硕果累累。

慎言、谨行、修身、齐家、治国、平天下，从咱家的厨房、咱家的家务、从打理咱家点点滴滴的琐碎事务做起！

做一个懂勤劳的女子
——勤励章 第五

勤劳的女子可以成就德行，懒惰的女子会带来灾祸。古代王后都亲自带头做好纺织缝纫的事，制作衣服、酿酒做菜、准备祭祀，这些都是女子的本职工作，如果没做好就会受到惩罚。女人如果不专心织布缝纫，而干预朝政，这个罪过就太大了。

"勤"指勤劳、做事尽力不偷懒，还有经常的意思。古时大臣在外做重要的事，假如朝廷出事了，皇上圣旨快马加鞭传过去，让他速速进京来"勤王"、救驾。"勤"也指对国君、国家、做事特别尽心尽力，所以"勤"还有精进不停歇的意思，那么"一曝十寒"就不是勤了。"励"是劝勉、勉励、励志。《说文解字》把"励"解释为"勉"。"勉"的意思是，明知自己的力量不够、达不到，还尽力去做。"勤励"就是"勤勉"，做事尽心尽力不偷懒，做不到也努力去做，因为有这一份担当，所以"勤励章"就是尽心竭力篇，尽心竭力也谓"忠"。

女子假如没有做好本分，受到的惩罚不一定是看得见的，如果女子像山中的"老虎"，那就会有"武松来打虎"。不只有丈夫才是"武松"，比如跟婆婆一直怄气、较劲几十年，一直对立，就会直接影响心情，身体也会不好，做什么事都不顺利，或者小叔子、大伯、小姑子、大姑子，这些亲戚怎么看你都不顺眼，或者孩子"一言九顶"，甚至经常离家出走，这都是"武松"来了。这些"惩罚"，有的是看得见说得出的，有的是说不出来的，很微妙。

有的女子说："怎么跟婆婆闹点意见，丈夫就开始变了，不如以前对自己体贴、热情了。"你对婆婆不咸不淡、不冷不热，但凡有点刚性、血性的男子汉，他都会有所表态，这是人之常情。

历览古今多少事，这些圣贤女子都是把自己该做的做好，再在丈夫的耳边吹点祖上传下来的圣贤之风，这叫"慎言"，指谨慎地考虑之后，说正心正念的言语。

【怠惰恣肆。身之灾也。勤励不息。身之德也。是故农勤于耕。士勤于学。女勤于工。农惰则五谷不获。士惰则学问不成。女惰则机杼空乏。】

"怠惰"是懈怠、懒惰。"恣"是放纵，"恣肆"就是放肆，毫无顾忌，"肆"是不受约束、纵肆。"灾"是祸的意思。"勤"是勤劳；"励"是勉励；"不息"是不停止；"勤励"指勤劳奋勉。"工"指女子所做纺织、刺绣、缝纫等事。"五谷"指麻、黍、稷、麦、豆（芝麻、糯米、粟、麦子、豆类）。

懈怠放肆会带来灭身之灾；勤劳奋勉会成就自身德行，所以农民勤于耕种，读书人勤于学习，女子勤于纺织缝纫；农民懒惰，五谷就没有收获；读书人懒惰，学业就无所成；女子懒惰，织布机就空置而没有织成的布匹。

【古者后妃亲蚕。躬以率下。庶士之妻。皆衣其夫。效绩有制。怠则有辟。夫治丝执麻。以供衣服。幂酒浆。具菹醢。以供祭祀。女之职也。不勤其事。以废其功。何以辞辟。】

"幂"指酿造。"具"是供置、备办、准备。"菹醢"是肉酱，"夫治丝执麻"，纺丝织麻做成衣服。"具菹醢"是祭祀的时候酿酒浆做肉酱等这些细致的食品，这都是女子的职责，假如不勤勉地去做这些事，就废了自己的四德之一，妇功，"何以辞辞"，难辞其咎。

古代的后妃亲自做蚕桑，为下属做表率，领导众人。所以庶士之妻也都亲自给自己的丈夫做衣服穿。当时有一定的制度，来考察成绩，如果缝织得少，就是过失，也会受到惩罚。纺丝织麻做成衣服，酿酒浆做肉酱以供祭祀，是女人的天职。不勤劳地做事，荒废了工作，怎么能避免惩罚呢？

【夫早作晚休。可以无忧。缕绩不息。可以成匹。戒之哉。毋荒宁。荒宁者。刽身之廉刃也。虽不见其锋。阴为所戕矣。诗曰。妇无公事。休其蚕织。此怠惰之愿也。於乎。贫贱不怠惰者易。富贵不怠惰者难。当勉其难。毋忽其易。】

"缕"是指线。"匹"，四丈为匹。"荒宁"指荒废懈怠、企图安逸。"刽"是割的意思。"锋"是指物体的端点、刀刃。"诗"指《诗经·大雅·瞻卬篇》。"公事"指朝廷之事。"休"指息止。"蚕织"是古时候妇人的职业。"愿"是灾害、祸患。

这一段是说，起早贪黑地工作，就不用担心干不完，纺织不停就能织出成匹的布，要注意啊，千万不可荒废懈怠。偷懒的害处就像斩头的利刃，虽然看不到锋芒，却暗中被杀害了。

古时女子没有为国家公干，只做缝、洗、桑事这一类的活。假如反过来干预公事，就是怠功，怠女功的罪过更加厉害。

刚才说的"武松打虎"是不是真来打你？人际关系不好，也是被坏脾气、坏习气给"打"了，周围的"武松"各种各样，如果不想挨"武松"的打，就不要做老虎、不要做狮子，要柔情似水、温柔似水。

古语云："妇人早起操作，而晚始休息，斯可无忧。"《朱子治家格言》里也说，早上要打扫庭除，晚上要关锁门户。"无荒弃工作，而好安闲"，"无"是指切勿，千万不要荒弃工作好逸恶劳，好逸恶劳结果是"安闲之害，如斩身之利刃，虽不见其锋芒，而身暗为其所伤矣"。

【於乎。贫贱不怠惰者易。富贵不怠惰者难。当勉其难。毋忽其易。】

身居贫贱要做到不怠惰非常地容易，可是身处富贵能不怠惰就非常难了，要努力把最难做的事做好，但是也不能忽略容易做的事。

如果像皇后、王妃，这些富贵之家的女子，还能够勤俭就尤其可贵。"人当谨勉其所难，不可忽略其所易"，意思是富贵的女子更不能偷懒。人的福报，就像油灯里的油，用一点就少一点。

有一位四十多岁的女子，她们自己家的游艇都三千万，做的是国家特许的一种生意，而且人家都会主动来，抢着与她们家做生意，一次就能至少赚五十万，家里那些文物类的藏书价值连城，这是他们家的福报。

我们往往惊艳眼前的花朵怎么会这么鲜艳，却忘了当时这朵花，为了能够开放、芬芳，浸透了奋斗的汗水和泪水。这位女士的父亲是早年的大学生，奶奶曾经见到要饭的，就会把自己家蒸的第一锅馒头给他们，怕伤他们面子，就用干净塑料袋包上，再用个破塑料袋包一层，放在垃圾桶旁，等着他们拿走，她曾曾祖的年代，家里能够用长短工一百多名，曾曾祖婆婆就亲自带着儿媳妇给他们做饭。这个女主人就说："这些下苦力的一年也没有几顿饱饭吃，我们怎么忍心让他们下苦力又不让他们吃饱、吃好呢？"所以她做饭一定要下真材实料，给他们吃饱、吃好。

这是怎样的宅心仁厚？而她结婚后就一套新衣服，因为她觉得福报要留给子子孙孙，所以只有回娘家的时候，才穿上这件新衣服，回来后，把它洗干净、折叠好。家里使奴唤婢用的长短工一百多人，一辈子却缝缝补补穿着旧衣服。我们又是怎么样过的？所以处在富贵的人如果能够把持住自己，尤其难能可贵，这是世间的模范。

"一粥一饭，当思来处不易；半丝半缕，恒念物力维艰。"不是浪费不起一块布，一粒米，而是这一粒米，一条丝，代表的是我们人的德行，我们捡起的不仅仅是一粒米，一条丝，而是把德性捡回来了，这是在养德啊！

现在没有人教孩子们节约了，实在是令人堪忧，只看到人家的幸福和福报，往前一推才知道是祖宗积了德。几千年前的老祖宗，用铁锹一挖就能挖起来煤炭，而且好烧到火一点就着，可是老祖宗想到的是"子子孙孙无穷尽也"，觉得"地上的秸秆就够用了，千万不要浪费，留给儿孙们用吧，所以把煤炭赶快埋了起来"。如果我们的祖宗像现在一部分穷奢极欲的人一样，煤炭早就被挖光了，哪还轮到我们有煤、石油、天然气、水资源可以用？

科学家早就预言，按照目前的开采速度，四十年后地球上的年轻人就会理解不了用水自由洗澡是什么概念，因为没有了，就像我们现在也想象不到，随便从地里挖个东西吃了都不会生病一样。因为过去的土地，都是自然、天然的，没有那么多恶劣的病菌、病毒。病毒和细菌是怎么演变来的？它一直跟人类的高科技搏斗，变异得越来越厉害，各种病症越分越细、越来越多，医院也越盖越高广，医院里的病号越来越多。现在病人住院排队等床位是很常见的事。

这是值得我们深思的问题，这都是我们不会爱自己的表现，真正爱自己，哪有不爱后代的？一个人懈怠、怠惰，贪图享受，都是不懂得爱自己，也是不懂得为后代子孙着想。

现在一般的家庭，父母有一杯水喝，就要给孩子一杯奶喝，都以为是在爱孩子，"爱之不以道，适足以害之"。孩子不知道珍惜，钱是父母辛辛苦苦赚来的，甚至可能是借来的，以为手心一朝上，父母就有钱给他，父母就这样一直给，一直给到孩子欲望无沿、没边。初中时要一个名牌自行车，高中可能就升级了，到了大学可能要得更多了，总向父母要，父母能给到什么时候？

"勤"指勉励、励志，我们要把中华民族"勤勉"的家风，传给我们的孩子。中国的母亲和未来中国的母亲们，一定要好好思考：我们带一个生命来到世界，是要引导他到什么样的位置上去？这是所有中国母亲的责任和使命。

做一个会节俭的女子
——节俭章 第六

淡泊朴素可以养性，奢侈靡费必定损德，节俭是一切德行的共同点。一衣一饭都要珍惜，当思来之不易，粗茶淡饭更能祛病延寿。节俭要自上而下地做出表率，女主人的节俭可以影响全家。节俭能使国家富足，百姓温饱，形成遵从礼义的良好社会风气。

自古勤不离俭，在"俭"的前面加个"节"有什么意义？一点一点地攒起来。"节"的原意是竹子的节，竹子的节很硬。在草木、枝干之间最坚实的部分就叫节。"节"还引申为气节，气节就像竹子，我们知道竹子的节很硬，而且它不是一下子就冒出来的。

《说文解字》里解释："俭，约也。"约是约束、限制，格物实际上就是一点一点地节制着自己，要有所顾忌。

无知者无畏，你要是知天地恩、知父母恩、知老师恩、知长辈恩、知朋友提携之恩、知所有有缘的人对我们的成就之恩，哪还敢放肆？之所以敢放肆，无节无度，都是因为无知。

一粥一饭，当思来处不易，粗茶淡饭，延年益寿。虽然提倡节俭，但说的是要"处己为俭"，如果事奉父母公婆、长辈，或者是对朋友，该大方的还是要大方。以前七八十岁老人家，得糖尿病一般是因为劳累过度，现在一些年轻人也得糖尿病，而且几乎都是因为营养过剩、纵欲过度。我们都奢侈浪费地过日子，但世界上每分钟都有因饥饿而死亡的同胞，为什么不给他们剩点？

【戒奢者。必先于节俭。夫澹（音但）素养性。奢靡伐德。人率知之。而取舍不决焉。何也。志不能帅气。理不足御情。是以覆败者多矣。】

"澹素"指淡泊而质素。"奢靡"奢丽也。"伐"就是败坏、危害。"率"指大概、一般。"决"是断的意思。"帅"是统率、统领。"理"，情之羁勒。"御"是控制、约束。"覆败"指倾覆败亡。

要戒除奢侈，一定先从节俭做起。淡泊朴素可涵养心性，奢华靡费则败坏德行。这是人人都知道的道理，但大多数人面临选择时会犹豫不决，这是为什么呢？我们的理智、智慧不能说服得了自己随时都会变化的性情，实际上是情绪、情执。就是志向不能统领习气，义理不能约束情欲。所以因为奢靡而倾覆败亡的人很多。

朴素一点、淡泊一点，在日常生活的点滴中，就是在涵养心性。有一位年轻妈妈的孩子会把掉在地上的食物捡起来吃掉，这位妈妈嫌丢人，因为她从小买东西就有警卫员给拎包，还有车跟着，福报很大。上大学做个小生意，第一桶金就四十五万元，现在是九岁孩子的母亲。她的先生毕业于北京某名牌大学，家道特别好，人特别节俭，先生的父亲是某县城一个中学的校长，对家里孩子从小要求特别严，所以她先生也把这个家道传承了下来。她说她的婆婆把她们家所有破一点的东西都找过来，戴上老花镜一针一针地缝。她说："她怎么那么能找，每天看到她在那儿缝，我都发愁什么时候能把衣服穿坏。"好不容易有个洞能换个新的，婆婆又给缝上了，就为这个没少产生矛盾。

她看着孩子当着朋友捡渣吃，一般都会很脸红，不敢看，怕朋友问，学了传统文化之后人家说："这个小孩怎么这么有德行，是谁教的？"她说:"听了这个话才明白,原来是因为公公有德行,庇荫先生懂得惜福,使孩子从小养成这些习惯,这都是他们家有家风、家道的表现。"

有一次,她带着孩子在传统文化学校吃饭,大家都夸她,夸完,她脸就红了:"说实话我一直嫌弃他这样,现在才知道是我错了,还是先生教得对。"从学了传统文化,她在家里就称呼丈夫"某老师",对外面都说"我的先生",她说:"学了传统文化,我看不惯他们家的那些,天天数落他的那些言行,原来全部都是可以拿来作为我的榜样,先生真的是可以引领我进步的老师。"

这位先生在妻子学了传统文化一两年之后,终于欣慰地说:"我的太太有点传统女德的味道了,现在可以在厨房里干得很欢喜,带孩子也是以圣贤的女德风范做指导,跟公婆也相处得非常好了。"现在学了中国文化,有一次她给公公婆婆三跪九叩,婆婆哭着说:"哎哟,我这个媳妇太好了,这几年就更好了,就像我亲闺女一样,甚至很多方面比我亲闺女考虑得还要周到。"

以前嫌弃婆婆,怎么可能"婆婆也是妈"?一旦认同了祖宗的风范,有了祖宗跟我们内心深处的共鸣,就接上气、连上根了。不是给祖宗磕几个头叫连根连气,而是把祖宗的德风用到咱们的日常生活中,不仅涵养了心性,还给世间做了榜样。

这事容易做吗?容易,但是在理念上、思想上不认同,这个动作就做不来,弯腰很简单,鞠躬、捡垃圾也简单,但有多少人能够真正地做下去?做不下去,因为德行没那么厚,心性还没养起来。

有一个医生经常给病人做手术,做到自己已经麻木了。有一天,他给深爱的妻子做一个腹部的手术,一刀下去,皮下脂肪一翻起来,他立马心疼得晕倒了。其实至于吗?他说人的私情在不经检验的时候根本就觉察不到,所以很多的医生,不亲自给自己的家属下刀,因为太心疼了,反倒容易出错。

为什么很多人教别人教得响当当，对自己的亲人反倒教不了、影响不了？因为太爱他们了，成了一种溺爱，甚至失去了理智。所以要爱得有道、有义、有节，但这不容易，需要通过学习。

【传曰。俭者。圣人之宝也。又曰。俭。德之共也。侈。恶之大也。若夫一缕之帛。出女工之勤。一粒之食。出农夫之劳。致之不易。而用之不节。暴殄（音舔）天物。无所顾惜。上率下承。靡（音迷）然一轨。孰胜其弊哉。】

《左传》也叫《春秋左氏传》。"共"有恭的意思，"德之共也"，天下共行此德之义。"侈"是奢侈。"暴殄天物"是指任意糟蹋东西。"率"是行。"承"是顺从、奉承。"靡然"指群起效尤而成风气。"弊"指败坏。

《左传》上说，节俭是圣人治国的法宝，又说节俭是一切德行的共同点，也就是说有德行的人都有节俭这个特点，而奢侈是最大的恶行。每缕丝帛均出自女工的辛勤，每粒粮食都出自于农夫的劳作，来之不易，用起来却不节约，任意糟蹋东西，不知珍惜，上行下效，靡然成风，还有什么能比这更糟糕呢？

有地方的冬天，外面是零下几度，房间里却热得受不了，要开窗户透气，这种热是靠燃煤。但一个地方有很多煤，不代表全世界每个地方的能源、资源都很丰厚。资源是地球人的，所以要把这种爱心真正地生发出来。

《女范捷录》勤俭篇里说："勤者，女之职，俭者，富之基，勤而不俭，枉劳其身；俭而不勤，甘受其苦，俭以益勤之有余，勤以补俭之不足。""俭"连上"勤"才更有味道。

奢侈源于享受。很多人愿意听人家说"你们家生活不错"和各种各样的虚荣的话。愿意听顺耳的话是一种享受，喜欢好吃的、注重口味、迷恋衣服的手感、重视身体的各种感觉这都是贪享受。

如果人放下了那些感觉，就是舍受，就超越了自己。有好吃的，我们能让出去，就会比自己吃了要香很多、甜很久。物质享受带来的"乐"是外在的物欲刺激，非真实之乐；真实的法乐，是战胜习气的内乐。所以我们要自我期许，做有内质、有内在德行的大英雄。

一缕丝帛虽然少，也是女工的劳动；一粒粟米虽然小，没有农夫也不能成。人要是敢暴殄天物，不懂得珍惜，大自然将来也会呈现出一个结果给我们看，比如物种绝灭等，那么我们的后代子孙怎么办？难道我们就活三十岁、四十岁？难道我们的眼光就只看得到这一辈人、两辈人、三辈人？

【夫锦绣华丽。不如布帛之温也。奇馐（音修）美味。不如粝粱（音立资）之饱也。且五色坏目。五味昏智。饮清茹淡。祛疾延龄。得失损益。判然悬绝矣。】

"馐"是饭菜里的美味。"粝粱"指粗茶淡饭。"茹"是吞咽（食物）。"祛"指去除。"判然"指断然，就是显然、分明。"悬绝"是指相差极远。

锦绣华丽的衣服，不如粗布衣服保暖；珍奇美味的佳肴，不如粗粮充饥。纷乱的颜色会损坏眼睛，五味佳肴会迷乱心智，粗茶淡饭，反而能消病延年。得失盈亏，显然相差很远。

不知大家是否体会过，特别香的东西，连续吃真的会腻，所以能够喝喝家里的小米粥，吃点小咸菜，比起"上顿陪，下顿陪，终于陪出胃下垂"就简直太幸福了，我们别等吃坏了再去反省，再去治病保命，那就很麻烦了。

"五色坏目"，"五色"是指外面各种各样的诱惑，现实生活中，摸奖券、炒股的、赌马的、赌球的，还有拈花惹草的，大部分最后都家破人亡，为什么会这样？是因为没有德行根基，没有真正的定力抵御外界的诱惑。

"五味昏智"，不单单是舌头能品出的五味，也有耳朵听的、眼睛看的、身体感觉的。感官的觉受都赶紧放放吧，放得越淡越有益于我们祛病、延年益寿。"得失损益，判然悬绝矣"，哪一个好，哪一个有利于我们的人生，都是很明确的事情。

"志不可满，乐不可极，欲不可纵"，如果纵到一定的程度就会没边、收不住了，到了悬崖边想勒马，勒不了，只能掉下去了。所以别等着到了悬崖边才后悔，离悬崖还有一段距离时，就赶紧回头，回头是岸，回头如意。

【古之贤妃哲后。深戒守此。故絺绤（音吃细）无斁（音益）。见美于周诗。大练粗疏。垂光于汉史。敦廉俭之风。绝侈丽之质。天下从化。是以海内殷富。闾阎足给焉。】

"哲后"是指贤明的王后。"絺绤"是葛布的统称，织得稍精细一点的叫絺，织的粗一点的叫绤。"斁"是指厌倦了、倦怠了。"垂光"指光辉俯射。"敦"指崇尚、注重。"廉俭"是清廉、节俭。"侈丽"是指奢侈华丽。"闾阎"泛指民间、平民。

古代的贤妃明君都坚持节俭的作风。所以《诗经·周南·葛覃》中赞美，后妃们勤于织布，穿葛布衣服也不嫌弃。《后汉书》中讲汉明帝的马皇后生活俭朴，穿粗布衣服，留名青史。他们崇尚廉洁节俭的风气，杜绝奢侈华丽的享受，天下遵从效法，因此国家富足，百姓丰衣足食。

在后宫里可以成圣成贤的女子，没有不是戒奢崇俭的。《葛覃》专门讲的是文王的后妃自己亲自纺纱织布，而且纺的还是粗布做衣裳，一直穿着它毫不厌倦，周朝开创了八百年，就因为有这样的"太太"。这些"太太"使奴唤婢，都能够"待婢仆，身贵端"，真是可圈可点。

"大练"是指裙子不加边。裙子加上个边、裙裾，就很美，现在女孩子的衣服加上个蕾丝花边，好像就增添了一些美感。汉明帝的明德马皇后因为节俭，就把修饰用的美丽纹饰全部都去掉了。

做一个会节俭的女子

《后汉书》里说汉明帝的马皇后,是忠臣之后,"服白练粗疏之衣,首无珍饰,而后宫从化",后宫的人都跟着学习,天下效法,以至于周、汉之盛的时候,海内富庶,家家饱暖,而人人瞻仰。"瞻"就是非常仰慕,都想来周朝、大汉王朝。

一个女子要母仪天下,一定是守谦、守卑、守弱、守下。谦卑意下仿若大地、大海,要不然给挣个金山银山,你也守不住。能创收尽量自己去创收,作为周朝的后宫之主,至于还亲自织布穿粗布衣服吗?汉代一个皇后少加个裙子边,能省个什么?可是禁不住满朝大臣的太太向她学习,全国的子民都看着宫内、看着这些高官的家庭,所以这是在化育天下,而不单单是一个人穿衣服的事情。

【盖上以导下。内以表外。故后必敦节以率六宫。诸侯之夫人。以至士庶之妻。皆敦节俭。以率其家。然后民无冻馁。礼义可兴。风化可纪矣。】

"导"是引导。"表"是表现,也可以说是明而可见的。"敦"是厚,有时还作动词,加厚的意思。"冻馁",是饥寒交迫,"馁"是饥的意思。"风化"是风气、风俗。"纪"是理的意思,也是极。

地位高的引导下面的人,宫内人做宫外人的表率。因此皇后必须崇尚节俭才能带领六宫众人,从诸侯夫人到官吏平民的妻子,都要崇尚节俭来带动全家。这样一来,百姓不会受饥寒,礼义可以兴盛,社会风气可以传扬后世。

富之然后教之,得先让他吃饱穿暖,再说对他兴教化,风化好到非常地有礼仪、有智慧、有道义,人性中的美善恢复了,社会风气就会慢慢地好转,以至于不仅利益当世,还会传扬到后世,也就是会给我们的后世子孙开好的风气,生活在这样的环境里,非常美,每一个女子用这样的心境,经营自己的家庭,那你就很可能成为你们家族的"太太"。

女子在家里能够崇尚节俭,家庭潜移默化就崇尚节俭,一般人过日子都得由俭，慢慢地节约攒起来，积少成多。看起来好像是物质的积累，实际上是内在性的涵养德，所以不可不慎。

【或有问者曰。节俭有礼乎。曰。礼。与其奢也。宁俭。然有可约者焉。有可腆（音舔）者焉。是故处己不可不俭。事亲不可不丰。】

有人会问："节俭会不会失礼？"回答说："节俭不失礼，与其奢侈不如节俭。"但有时需要节约，有时需要丰盛。因此对自己不能不节俭，侍奉亲人不能不丰盛。

"晏客切勿留连，自奉必须简约"，意思是自己的吃穿用度一定要简单，但是待客时不要吝啬小气，什么好吃的都想着给自己家人留着。宴客时不够大气大量，这是吝啬，不叫俭，处己要俭，待客千万别流连忘返，要是在生活中，有这种不舍得的念头，多难堪。所以宴客切勿流连，而对父母长辈要竭尽所能。

《孝经·庶人章》说："自天子至于庶人，孝无终始，而患不及者，未之有也。"什么意思？不是说钱攒够了，地位够了，才能孝敬父母，是身份地位不同的人有不同的孝敬方式，不见得给父母吃什么，但这个存心要有。我们的心圆满了，事虽然不圆满，对于整个的状态来讲也是圆满的。这段最后特别提到了"事亲不可不丰"，这是提醒我们，再勤俭别在父母这儿勤俭。

如果买东西超过一百块老人家就受不了，你非得告诉他，这衣服三百五，这就不是孝顺了。假如你二百九十八买的，你说："哎呦老妈这衣服八十八，没超一百。"用这种智慧去孝养她，我们真正地用心，一定能够做得到。

假如明天去见一位素未谋面的贵客，就把家里最普通的T恤找出来，最普通的休闲裤穿上了，要知道，这不是崇尚节俭的时候，孔老夫子说礼节这个事，与其奢侈宁可节俭，但要根据时间地点、所处场合的不同，因时、因地、因人而变化。

做一个会节俭的女子

眼前有不顺、不如意的事一定是反求诸己，肯定是我没做好。要是释迦牟尼佛来了，孔老夫子来了，会这样吗？给自己定个高标准、严要求，不管这辈子走到哪儿，标准定好了，就要朝着这个目标，不断地努力下去。

唐朝有一个节度使叫柳公绰，他的妻子韩氏是宰相韩休的孙女，她治理家务严谨庄肃、俭省节约，堪称缙绅家的模范。嫁到柳家三年，没有人见她露着牙齿笑过，并且摒弃所有的绫罗绸缎、锦绣衣服。

每当回娘家去探望父母时，她就坐着一乘最简易的小竹轿子，让两个儿子穿着青衣，小衣襟短打扮，很朴素的装束，在她的轿子后面，步行跟着她回娘家。她完全可以八抬大轿，两个儿子，左手揽一个，右手揽一个，吃着珍馐美味，但是她没有。

她还专门做一些用苦参、黄连、熊胆和成的丸药，分给自己儿子们，让他们晚上读书的时候含在嘴里提神，激励孩子们刻苦用功。

后来她的儿子们官居尚书仆役，孙子当了御史大夫，这都相当于宰相上下的职位。这都不是偶然，因为这韩氏从小受的家庭熏习，让她知道女子一定要在最低处，把全家人给托起来。宰相的孙女，在那样富裕的家境下能保持女子的真本色、过最俭朴的生活，吃得苦中苦，方为人上人。所以说这哪是旺三代，一定是利益千秋万代。

勤能补俭之不足，女人守着勤俭的道，能成为家里真正托底的人。不论贫贱富贵、男女老少都应该把勤俭作为做人的根本态度。勤俭之风要从方方面面去培养，更重要的是培养夫君廉洁的操守。

一个高官的政治生命，就是两个家族家风的延续。所以，假如一个省级领导或者领导的太太，因为贪污带累了家人，全国一共才三十四个省、自治区、直辖市和特别行政区，这是不是做了坏榜样？

从古至今由于贪图富贵、爱慕虚荣而导致亡身、亡国的人数不胜数。"廉"的造字本义是建筑物前面的横梁，两根柱子把房子托起来，必然要有一个横梁，古人造房不用钉子，全是用木头，等于是两边木头卡子把这个大柱子给固定住了，所以这个字的本义就是要让你有所依靠，引申为有所顾忌。

古代那些比较廉洁的忠臣们，即使脾气有点怪，我们也照样非常地赞叹，一般都把仁人廉士比喻为深山里的兰花，"芝兰生于深林，不因无人而不芳；君子修道立德，不因穷困而改节"。

我们没有人家的富贵，也没有人家的身份，还说什么由奢入俭难？从今往后，背面还能用的纸张千万别扔掉，水假如能够第二次、第三次利用，万万不可把它浪费掉。这个世界上此时此刻就有渴死的、饿死的，甚至非洲的少年儿童，他们在牛的屁股后面，等着牛小便就赶快接下来当水喝。我们假如视地球上这些同胞手足的饥寒、饥渴于不顾，哪里还堪称有中华道统仁义美德的炎黄子孙？

我们要把整个人类社会，能够看到的这些苦难，都放到我们的心中，能做多少做多少，从勤励自己、节俭自己做起。

做一个心端正的女子
——警戒章 第七

作为女子要警惕谨慎,时时反省自己是非常重要的。女人的德行最重要是端正身心,端正身心就要时时警惕谨慎。起心动念都要合乎规矩,人前人后言行一致。在看不见听不见的暗室里也有神明监察,时时都要谨慎自律。

【妇人之德。莫大于端己。端己之要。莫重于警戒。居富贵也。而恒惧乎骄盈。居贫贱也。而恒惧乎败失。居安宁也。而恒惧乎患难。奉卮(音知)在手。若将倾焉。择地而旋。若将陷焉。】

"端己"指正身。"要"是约束。"警"是言之戒,"警戒"是警惕防备。"败失"指放肆、放纵。"患难"是艰险困苦的处境。"卮"是古代盛酒的器皿。"旋"指周旋。

妇人的德行没有比端正自身更重要的了,端正自身的关键就是警惕防备过失。身处富贵之中,常常警惕不要骄傲自满;身处贫贱之中,常常忧虑流离失所;身处安宁之中,常常担心灾难困苦的处境。就像捧着盛满酒的酒具,小心翼翼地防止它倾洒;就像谨慎地选择归路,唯恐遇险地而陷落下去。

《了凡四训》里说,"长居富贵,做贫窭想。"就是要居安思危。

"妇人之德莫大乎端己",重点就是要未雨而绸缪,勿毋临渴而掘井,这就是要端己、正己。想要端正自己就要时时警惕自己,富贵的时候常常担心失去富贵。怎么样容易失去富贵?骄傲、自满、骄盈。

"富贵常惧骄盈而获咎谴,贫贱常惧丧败而无以存,安宁常惧患难而危其身"。富贵的人常警惕,不能因骄傲自满而犯过失受谴责;贫困的人应该常害怕家败,而无处容身;处于安宁之中,常担心有灾难困苦危及自身。

德比于上则知耻,欲比于下则知足。所以德行要往上比,享受的方面,都要往下比,就容易满足、安宁。要常常"如奉满卮",如同端着一个盛满水的杯子,小心翼翼才能防止它溅洒,所以做任何事情都要如履险地,有警惕的心。

所以古人说的"战战兢兢,如临深渊,如履薄冰",不是警戒别人,而是提醒自己,时时刻刻要修养自己的身心。其实厚德载物是真实不虚的,有多深厚的德行,就享用世间多少的名闻利养。学儒家,是以出世的心做入世之事。要明白眼前的境界,都是自己德行的映现,就不那么累了。

我们想想身边有没有懂得珍惜自己、珍惜因缘的人?我们能出来弘扬传统文化,先生在家里虽然没人照顾,可他没有怨言,这就是对我们的支持,所以我们一回家就要尽心竭力地赶紧补足,人家虽然很支持我们,我们也要在为国为民、在外努力时,想着亏欠了家里的,其实修身就是从点点滴滴的事情、战兢惕厉的心境成就的。不管居多高的位,夫妻关系,以及跟孩子的相处,也都需要这样经营,不要觉得是我的先生、孩子就熟而无礼,要久而敬之。尊重自己的孩子,既是尊重自己和孩子的父亲,也是尊重双方的祖上。我们谨慎的心不仅是对自己、对祖宗、对后代,最重要的是我们对每一个因缘要"问心无愧",所以老祖宗说过一句话,"以慎重之行而立身,则道风日远",就是说要谨言慎行,所传的道就会越传越久长。

【故一念之微。独处之际。不可不慎。谓无有见。能隐于天乎。谓无有知。不欺于心乎。】

所以哪怕是一个细微的念头，或独处的时候，都不可以不谨慎。以为没有人看见，能隐瞒上天吗？以为没有人知道，能欺骗自己的良心吗？

胡小林老师常常说"斗私批修"，恶念一闪现，就得给它揪出来，古圣先贤他们慎独的功夫非常高。给大家分享一个故事《许衡心主》。

元朝的时候，有一个叫许衡的人。有一年大暑，路过河南。当时天气很热，非常口渴，刚巧路旁有一株梨树，许多人见了就蜂拥而至，抢着去摘来吃。只有许衡自己一个人，很端正地坐着，也不去看那些吃梨的人。有人就去问许衡："为什么不去摘梨来解渴呢？"许衡说："不是我的东西而拿来自己享用，是不可以的，'倘不问，即为偷'。"那人又说："世上已经大乱了，这棵树是没有主人的呀？"许衡说："梨树无主，吾心亦无主乎？"是说梨子没有主人，难道我的心也没有主了吗？他始终不去拿梨子来吃。

后来，许衡居住的乡村里，也有一株果子树，树上的果子熟透了落在地上，孩子们每天从树下路过，却没有一个孩子去看一眼。

一个人之所以能够成就道德学问，就是因为能够自正其心，在义和利之间能够掌握得住，那他所到的地方都会化行一乡，所以"天下无不可化之人"，都是看我们自己做正、做对了没有，女子之德端乎己身，都要让自己做对了、做正了才好。

东汉有一个书生名叫杨震，通晓经文，风雅清正，志存高远，人称关西孔子。他不想做官，志愿教书。后来名声太高，太后、皇帝都知道了，还想了很多的办法让他入朝去做官。

因为特别得朝廷的信任，所以杨震推荐的同窗好友王密就去做了官，王密也一直感念杨震对他的知遇之恩。

在一个晚上，王密拿着自己攒下的金银财宝相赠，以表达心中的感激。杨震一再推托，后来王密说："您就收下吧，没人看见。"杨震一听就愠怒了，心想："怎么能让同窗好友这么看我？好像不给我这点东西，就不能推荐做这个职位似的，我绝不是因为你是我的同窗好友，是因为你能够担当此任。"杨震就非常严正地说："岂能在暗室做亏心事，头上三尺有神明，天知、地知、你知、我知，已经四知，怎么能说没人知道呢？"王密听后，非常惭愧地离开了。这个故事后来就慢慢地传扬开了，人家都说杨震是位"四知"的忠臣。

杨震后来被冤枉，安帝下令送归原籍，他慷慨地对儿子、学生们说："死是一个人不可免的，我蒙圣恩居位，痛恨奸臣狡猾却不能诛杀，恶嬖女倾乱国政也不能禁止，我还有什么面目见天下人呢？我死之后，只用杂木为棺，布单被只要盖住形体，不归葬所，不设祭祠。"随后饮鸩而死。

忠臣易得谤毁，可是这些忠臣他们没有怨言，他们只怨自己德行、能力还不够，古人讲文死谏，武死战，是说文人因劝谏被皇帝杀头而无怨无悔，武将以忠于职守、为国捐躯为荣。

曾经做过我们的国家主席、中央军委副主席的杨尚昆同志，是杨震的后代，他的旧居也叫"四知堂"。仔细想想，这难道不是古人说的"积善之家必有余庆"？

史可法的爷爷当完了官，骑着个毛驴，回到原籍老家。毛驴驮着的是去了皮的柳条编的筐子，装的都是书。人家都笑话他说："别人当完了官回家乡都是员外，给大家带点新鲜的、好吃、好喝、好玩的，你倒好，带着两袖子清风回来了。"

史可法的爷爷捋着胡须笑了笑，说："我做官的地方百姓生活得清苦，我怎么可能回到家乡做一个富裕的员外？我相信祖宗，所以我该爱护子民的地方，一定是尽心竭力。我就是要带着自己的品格、人格回来。"

司马光也曾经说过："积金以遗子孙，子孙未必能守；积书以遗子孙，子孙未必能读；不如积阴德于冥冥之中，以为子孙长久之计。"所以人家就笑话他："你带书干什么用？你的孩子也不读书，斗大的字识不了你这两箩筐。"他就说："我儿不读书，不见得我孙子不读书，假如我们家没有好的后代，那就是祖宗圣贤的经典骗了我们。我相信祖宗所言不虚。"然后快快乐乐地回家跟儿子种地，后来孙子史可法出生，一落地就有异象，他是明朝最后一个状元，确实都是祖上有德。

所以人要守好自己的念头，不仅对自己有益，更重要的是子子孙孙都会受益，我们家族都会因我们而与有荣焉。一念之微，不可不慎。

在没人时能守得住自己，这叫真有德。德行的"德"，双人旁，然后一个十，四在篆字里是目，眼睛。"十目所视，十手所指"，你还能一心在道，那这个人是真正内心有道，外行有德。这是说无人鉴，天地可鉴，自己的良心也可鉴。

孟子说："学问之道无他，求其放心而已矣。"一位很有修行的大德，曾打过一个比喻，她说："如果有人抢你兜里的钱，你就赶快捂住了，可是有人要抢你的功德财，你就放任自流了。"其实自己抢自己的功德财抢得最厉害，因为我们稍有成绩就沾沾自喜，傲慢炫耀。做了点事情，就觉得哎呀，我又做事了，这个事是我干的，那个事也是我干的，放不下。

一位有修行的大德，请求她的师父帮她去掉执着，她的师父说好，但是一直没有动静，时间久了，她也就把这件事情忘记了。有一天，很多的政府官员、教授、老师来拜见她的师父，因为师父是台湾人，所以就让她来做翻译。她一见到师父就像平时一样和师父打招呼，没想到不管她坐着还是站着，师父都批评她，甚至用很夸张的动作学她。后来等着客人走了，她就跪下请求师父指点自己到底是哪里做错了？当师父淡淡地说出"不是你让我修炼你吗"，她就突然非常惭愧。

一次师父让这个弟子盖一个建筑，有一天在泥土里一直忙到夜里疲惫不堪时，师父竟然把一大盒已经分类好的铁钉全部都搞混，然后说："你去把这盒铁钉按大小尺寸分别放好。"她于是勉力振作，抖擞精神，把钉子按大小分类，拣到半夜，才把铁钉都分好，然后去报告师父，师父却说："要拣，是你的事；不拣，也是你的事。"

我们要听得懂，师父是在提醒：高楼大厦建起来了，就放下吧。当我们手里端着一样东西时，假如想喝水，就得把手里的东西放下，把水端起来，这口水就喝着了。这东西要是不放下，就喝不到水，所以放下是为了更好地提起。

学中国文化要特别明白，众人之心一定是天心，范仲淹说过这样的话："以父母之心为心，天下无不是之儿女；以祖宗之心为心，天下无不知之族人；以天地之心为心，天下无不爱之子民。"做父母的，都容易原谅儿女的过错，所以常常以父母的心作为自己的存心，就不存在无法包容、无法原谅的人；祖宗是宗族的祖先，常常存以祖先的用心，每一个人都是可以了解、认知的同族家人；上天仁爱万物，有好生之德，存以天地之心，还有我们不能仁爱的人吗？

范仲淹是北宋著名的思想家、政治家、军事家和文学家。他的父亲在他两岁时病逝，母亲没办法，贫困又没有依靠，在那个年代也没有工作可找，就只得抱着两岁的范仲淹改嫁淄州长山人朱文翰，范仲淹从此也改成朱姓，取名朱说（音月）。

在那个年代，还带着一个儿子去改嫁，做人家的妾室，可想而知日子过得多么艰难。可是，范仲淹的母亲就是在这样的状态下，小心谨慎地呵护着儿子，呵护着母子俩赖以生存的、在朱家偏房的位置。每天晚上等着大家入睡了，她就参拜北斗七星。因为这是个大户人家，别人都吃好的，但她不吃，她吃素。她发愿以此来感格天地，能给他们母子一个容身的地方，让她能够平平安安地把儿子抚养大。

范仲淹九岁就有为国为民的志向，其实也感恩他的养父，因为家庭条件非常好，他才能够有书读。但这都是母亲含辱忍垢换来的，要不然在那个年代，一个女子什么也干不了。他在母亲的身教下，非常地刻苦，朱家是富户，范仲淹为了励志，常去附近长白山上的醴泉寺寄宿读书。他片刻不歇的精神，给僧人留下深刻的印象。

那时，他的生活极其艰苦，每天只煮一锅稠粥，凉了以后划成四块，早晚各取两块，拌几根腌菜，调拌点盂醋汁，吃完继续读书。后世便有了断齑画粥的美誉，但他对这种清苦的生活毫不介意，而用全部的精力使自己在书中得到滋养。

一次他看到兄弟们都很奢侈，既不读书又很浪费，所以就劝他们，但是这几个兄弟就说："我们浪费自己朱家的钱，跟你有什么关系？"他很难过，哭着去问母亲，母亲就把他的身世说了出来。

这件事使他深受刺激和震动，愧愤交集下，他决心脱离朱家，自立门户，等将来卓然立业，再把母亲接来供养。他匆匆地收拾了几样简单的衣物，带上了用来养心的琴和用以护身的剑，不顾朱家和母亲的阻拦，流着眼泪，毅然辞别母亲，徒步求学去了。

二十三岁的范仲淹来到了睢阳应天府书院，他十分珍惜崭新的学习环境，昼夜不息地攻读。范仲淹的一个同学看他终年吃粥，便送了些美食给他，他竟然一口也不尝，任由这些美食发霉，直到人家怪罪起来，他才感谢说："我已经安住于每天吃粥的生活，我怕我一旦享受了美食，以后就再也吃不了苦了。"范仲淹艰涩的生活，有点像孔夫子的徒弟颜回：一箪食、一瓢饮，居陋巷，人不堪其忧，回也不改其乐。

范仲淹的连岁苦读，从冬至夏，经历春秋。凌晨舞剑，夜半和衣而眠。别人看花赏月，他只在"六经"中徜徉。

一次，信奉道教的宋真宗率领百官到亳（音博）州去朝拜太清宫。浩浩荡荡的车马路过应天府书院，整个城市轰动了，人们争先恐后地看皇帝，唯独范仲淹闭门不出，仍然埋头看书。有一个要好的同学特意跑来劝他："快去看，这是个千载难逢的机会，千万别错过了。"但是范仲淹只随口说了句："将来再见也不晚。"便头也不回地继续读书了。

果然，第二年，范仲淹就得中进士，见到了皇帝。不久，他被任命为广德军的司理参军，接着，又调任为集庆军节度推官，他把母亲接到身边赡养，并正式恢复了范姓。

在他富贵显达的时候，购置了良田一千亩，称作"义田"，用来养育、救济范氏家族的人们，使他们有田可以耕种，有粮食吃，年年有衣服穿，嫁女、娶妻、生病、丧葬他都资助，到清朝的时候，这义田增至四千多亩。

虽然范仲淹曾经生活过的朱家经济都蛮好的，但他也尽已所能"帮助"朱家，为了让他们受到真正德行的熏化，他想了很多办法，最后把他的继父以及兄弟们全部都引到了圣贤之道上，在乡里乡亲中留下了很多佳话。

"居庙堂之高，则忧其民，处江湖之远，则忧其君"。因为他太率直，所以常常会惹怒一些跟他政见不同的人，也会触怒到皇上，他多次被贬，每次被贬都会有人说"范公等等，我们去替你请命"。他从来不争辩，让去哪儿就去哪儿，背上小包就走了，人家说那个地方不能去，那全部都是蛮夷之人，还有很多流行的疾病，去了就不会活着回来的，他说："岂辞云水三千里，犹济疮痍十万民。"意思是我哪能嫌弃三五千里的路程遥远，我只是想着那蛮夷之地的苍生，需要一个好官去带领，他一次一次为国家建立了不朽的功勋，每一次被皇帝误解、误会时，他心自有主人，他知道人心正，眼前的境界即使是一时偏颇的，最后总会云开而日出。

一个真正的好官，"听讼吾犹人也，必也使无讼乎"，断案的人都希望没有案件，不像现在的律师，希望天天有人打官司。我们的古人，卖药的希望架上的药生尘，断案的希望每天没案子断，这是圣贤老祖宗真实的心意。我们要学习古人这一份真诚的存心，不为己身求安乐，但愿众人得离苦。

和古圣先贤比，我们差的不是十万八千里，实际上是望尘都莫及，所以真想成圣成贤，要时时刻刻警惕自己这颗心，守心护念。

【故肃然警惕。恒存乎矩度。湛然纯一。不干于非僻。举动之际。如对舅姑闺门之间。如临师保。】

"肃"是敬、戒的意思。"惕"是指非常迫切的一种忧惧。"矩度"规矩法度；"矩"为方之器；"度"是法制。"湛然"指干净清澈。"纯一"是单纯、纯朴、不杂不二，是说自己的心行都很明白，清清楚楚。"干"指犯。"僻"指邪，"非僻"指邪恶。"姑"就是公公婆婆。

所以要恭敬警惕，始终遵守规矩法度。清净纯朴，不做邪恶的事。一举一动都像面对公婆一样敬慎；在闺房中如同面对老师一样小心。

太师、太保、太傅是皇帝的老师，"师"是传授知识的，"傅"是监督行动的，"保"是照管身体的，即分别负责君主智育、德育、体育，太师兼文武，太傅主文，太保主武。古代对老师执西面之礼，皇帝、太子坐到东面，老师在西面，不能够面南背北。一见到老师，皇帝、皇后、太子都要呈现恭敬态，所以说"如临师保"，就是儿媳妇对自己的公婆，也要像皇族见到老师一样，非常地恭谨。

女子的"四德"是妇德尚静正，妇言尚简婉，妇容尚娴雅，妇功尚周慎。妇德不必才明绝异也，妇言不必辩口利辞也，妇容不必颜色美丽也，妇功不必工巧过人也。

【不惰于冥冥。不骄于昭昭。行之以诚。持之以久。显隐不贰。由是德宜于家族。行通于神明。而百福咸臻矣。】

"冥冥"是私下、暗中。"昭昭"是明白、显著。"隐"指暗处。"显"指明处。"宜"是和顺的意思。"族"分三族，父族、母族、夫族。"臻"指至、到、达到。

私底下不偷懒，人前不矫揉造作，以真诚心做事，并持之以恒，"不以冥冥无人之处，而惰其仪容，不以昭昭人众之中，故矫其颜貌"，不在没人的时候让自己懈怠、仪容不整，也不在人多的时候矫揉造作，不论在人前还是独处都始终如一，这样的女子，德行感化家人，行为感通神明，各种福报都会来了。

2008年夏天，我们参加一个活动，当时给一位学长一个单人的宿舍让他自己住。他说："我不能自己住，其实自己住，大家都说自在，还不就是怠惰自己，胳膊腿都可以随便放，我还没那么高的德行，跟大家在一起互相提携，大家相观而善谓之摩。"

所以后来到北京时，一位同修给我们找了一套房子，是三室两厅两卫。有一个卧室带卫生间，同修说："马老师，这个就让你自己住，比较方便。"想起这个师兄对自己的要求，当时我就对他说："两个人挺好，最少两个人，这样大家可以互相监督，我们的德行还没有高到可以慎独。"

果不其然，比方我们整理书稿，有时很累，我就支颐，腰也斜了，胯也拧了，然后我身边的同仁她很慈悲，因为我告诉她要警惕，也要时时地提醒我。然后她就突然来一声"老师来了"，我"噌"就坐直了，她就没事儿似的，扭搭扭搭就出去了，留我在那儿惭愧一阵子。然后自己就赶紧端心正念，端身正意，其实几次之后知道她是用这个话提醒我们，但还是忍不住一惊，因为又忘乎所以了，很羞愧。

我以前洗完了脸，把盆"咚"就扔那儿了，关门有时候也很响，她们就很耐心地成就我，就会说："刚才你关门的声音又很大了。"我说："谢谢你，你是我生命中的贵人，我下次注意。"有时我在洗手间，"哐"一下盆子又扔出去了，然后她就说："刚才是谁那么大声，好像盆子又受伤了。"那个时候，真就是要改，然后我就跑进洗手间对着盆子说："对不起，刚才太大声了。"拿起来再轻轻地放下去。

做一个心端正的女子

后来工作室搬到了大理，为了管自己粗声大气、噼里啪啦的行为，我就把洗手间门帘的两边各缀上一个小石子，铝合金的门要是门帘不轻轻地放下，就会"踢里踏拉"响好几下，不过后来确实很少听见这个声音。最近回去又住了四五天，也很惭愧，头一天好几次有响声。因为戒慎恐惧的心弱了，所以我们不要以为前年修定差不多了，如果不加功用行，一百天之后就不一样，三年之后又不知道去哪儿了，一定是要时时久长以持其心。

"诚实以行其事，久长以持其心，明显幽隐，行之不二"。用真诚心做事并持之以恒，不管是在人前人后，尤其是独处，都能够保持一如不二，那么这样的女子不仅能够感化家人，最终一定能够感通神明、百福咸臻，"百福咸臻"是说所有吉祥的事都聚集过来了，"咸"是整个、都的意思。

【夫念虑有常。动必无过。思患预防。所以免祸。一息不戒。灾害攸萃。累德终身。悔何追矣。】

"常"是正常状态或秩序。"攸"指于是、乃。"萃"指聚集、汇集。

举心动念都守规矩，行为就不会出差错，想到防患于未然就可以免除灾祸，一时不警惕，灾害就来了，连累到一生的德行，后悔又有什么用呢？

我们有一个不好的念头，就会把德行给带堕下去，不管什么样的人都是如此，伤害了之后，就会有疤痕留下。有一个小孩特别爱发脾气，他的父亲就想了一个办法，说："只要你一发火，我就在后院的树干上摁个钉子。"一段时间后，父亲让他去看，他吓了一大跳，居然摁了那么多。然后父亲再把他摁的钉子拔了下来，发现钉子虽去除了，可是却留下一树干的钉子洞。

破镜重圆即使有，但很多时候伤害了别人，即使道了歉也还是有痕迹，所以为了彼此的人生之间没障碍，我们最好难忍能忍，难行能行，别人不能忍的、不能做的，我们尽力忍下来、做出来，才叫真正有德。

【是故鉴古之失。吾则得焉。惕励未形。吾何尤焉。诗曰。相在尔室。尚不愧于屋漏。礼曰。戒慎乎其所不睹。恐惧乎其所不闻。此之谓也。】

"励"是危的意思。"形"是现的意思。"惕励"是警惕、谨慎之意。"尤"是罪的意思。"屋漏"是说屋顶漏则见天光，暗中的事情就全现，此处是比喻有神明监察。

所以借鉴古人的过失，作为后人可以有很多收获，在灾祸形成前警惕谨慎，我还会有什么过错呢？《诗经》说："独处暗室之内，做事无愧于天地良心。""非礼勿视，非礼勿言，非礼勿动，非礼勿听"，视听言动都要守礼，不仅仅自己要守礼，《礼记》说，在别人看不见的地方要同样谨慎；在别人听不到的地方要同样敬畏，这个心一刻都不能放松。如果真能这样做到，"然后能寡过也"就不容易再有过失了。

这一章是提醒我们时刻警戒自己，感恩的心时时莫忘，从细微的心念处改正自己。我们是父母在世界上生命的延续，是老师在这个世界上慧命的延续，没有父母老师，没有长辈朋友们的提携，我们是寸步都不会移动的。用这种心境修学，戒慎恐惧，时时警醒自己有没有感别人的恩，改自己的过。所以要慎独到关照自己的心念对不对、正不正。

只要有感恩和改过忏悔的心，成圣成贤都有余。有人没人都把持好自己，尤其在没人的时候守住自己的念，有人的时候戒张扬。这个事如果别人都会做，我们就不抢着去做，这个课如果别人都能讲，我就赶紧找个地方再去做别的事情了，我们要明白没人做的，咱再来做，生活中哪一个位置都得有人来演绎，我们要演可能别人不想或者不能演的角色。

做一个旺家族的女子
——积善章 第八

世间的吉凶祸福都是由人的善恶行为感应来的，周朝和明朝都是因先人积下福报，而降福后世，天下归顺。因此作为妻子要努力积累善行，才能做好贤内助，给后代留下福祉。

【**吉凶灾祥。匪由天作。善恶之应。各以其类。善德攸**（音忧）**积。天降阴骘**（音治）**。昔者成周之先。世累忠厚。继于文武。伐暴救民。又有圣母贤妃。善为内助。故上天阴骘。福庆攸长。**】

"攸"是长久、长远。"伐"是征讨、攻打。"阴骘"是阴德。

吉凶祸福不是由上天决定的，而是人的善恶行为感应来的。长期累积善德，上天就会降之以福。过去周朝的祖先，世代忠诚厚道，延续到文王武王，讨伐商纣王的残暴，救百姓于水火之中。又有好几位圣母贤妃作为明君的贤内助，所以上天降下福德，使福庆长久传承。

这是讲积善的感应，"言人之善恶由于心，则吉凶见于事"。我们做的事是顺还是不顺，不用问别人，都要反求诸己，假如我们有了阴德，上天也会默默地庇护我们，以福来跟我们相应。

周朝有圣母贤妃，太王妃太姜、王季妃太任、文王妃太姒、武王妃邑姜，皆仁孝贤明，也都是圣王的贤内助。后妃的圣德代代传承，所以上天赐予福德，周朝的基业延续了八百多年，后世都比不上周朝的时间长。

《太上感应篇》最后说："吉人语善、视善、行善，一日有三善，三年天必降之福。"如果我们的言语、眼神、心念都是善的，三个月就会感觉周围的人，怎么都变得那么好了，绝对有感应。别的都是假的，自己神清气爽是真的。感恩心升起来后，日子过得太舒畅了。我现在遇见什么事，把念一转，这不都来提醒自己的吗？把罪责往自己身上一揽，马上就通了。

武王伐纣时，纣王的军队远远多于武王，但是因为纣王太暴虐，遗弃骨肉兄弟，任用奸人，残害百姓，所以纣王的军队无心恋战，只盼望武王能尽快打败纣王。所以双方一交战，纣军士兵倒戈转向武王。武王趁势指挥军队进入纣军，对方全线崩溃。

纣王逃回殷都，登上鹿台，用四千多块宝玉环绕周身，然后自焚了。武王率大军进入朝歌，百姓们列队欢迎仁义之师。

所以，武王伐纣就死了一个纣王，有人说圣君怎么还杀人，孟子得知此事之后说："我没听说杀人，只是诛一独夫矣（一个独裁的人走了而已）。"所以这不是武王要伐纣，实在是民心向往一位圣君。武王就是这样把周朝给建立起来的。后来，武王追封父亲为周朝的太祖，这是对父亲的一种敬重。

【我国家世积厚德。天命攸集。我太祖高皇帝。顺天应人。除残削暴。救民水火。孝慈高皇后。好生大德。助勤于内。故上天阴骘。奄（音眼）**有天下。生民用乂**（音意）**。天之阴骘。不爽于德。昭著明鉴。】**

"残"指残忍、残暴。"好生"是爱惜生灵，不嗜杀。"奄有"全部占有的意思。"乂"安定的意思。"昭若明鉴"，"昭"是光亮、光明、彰明。"明鉴"指明亮的镜子。

孝慈高皇后说，朱家的祖先世代积累厚德，所以天命高皇帝起兵，顺应天人的心意，除残削暴，一统天下，百姓安定。她特别讲女子的德行，不一定都昭然到台上去，女子是阴柔，功德常常都积在门帘后面。高皇后就是仁德宽厚、爱惜物命、勤于治理内政，为皇帝分忧的典范。所以"天之阴骘，不爽于德，昭著明鉴"，上天降福祉于有功德的人，感应人的善恶，就像镜子照着一样清清楚楚，丝毫不差。

最能够"昭著明鉴"的就是咱家的孩子、家业和夫君的状态，如果夫君在咱没进门之前是个普通工人，咱进了门之后就以工代干了，再过两天下海成了成功的商人，别的男子成功后，换车子、换房子，最后因为票子换妻子，我们的夫君反倒更加爱家、爱孩子，更加地呵护支撑整个家族，不仅对自己的父母好，对岳父岳母也是尽心尽力，那一定是因为身后有一位值得他这么做的好妻子。

因此，妻子在夫君心目中的位置，常常直接决定岳父岳母在夫君心中的分量和地位。反之也是同样的道理，先生对妻子特别好，妻子也就不忍心对先生家族里的哪一个人不好，所以要养护自己的德行。

【夫享福禄之报者。由积善之庆。妇人内助于国家。岂可以不积善哉。古语云。积德成玉。积怨成亡。荀子曰。积土成山。风雨兴焉。积水成渊。蛟龙生焉。积善成德。神明自格。】

"格"是感通、感动。

这一段讲人享受福禄，全由积善而成。女子要治理好家政内政，才能真正地辅佐夫君，所以怎么敢不积德行善？古语说："诸侯积累善德可以成为帝王；积累怨恨就会走向灭亡。"《荀子》说："堆积土石成了高山，风雨就从这儿兴起了；汇积水流成为深渊，蛟龙就从这儿产生了；积累善行养成高尚的品德，就能感通神明。"

再来给大家分享一下孝慈高皇后的故事。马氏，是安徽人，郭子兴的养女，明太祖朱元璋的原配妻子。马氏自幼聪明，能诗会画，尤其喜爱看史书，性格也很倔强。她早年丧母，父亲因为杀人避仇，逃亡他乡，就把马氏托付给了生死之交郭子兴，后被郭子兴夫妇收为义女，在郭子兴起兵做元帅时，被许配给了英勇善战的朱元璋。

郭子兴性格暴躁，气量狭小，他有两个儿子，很忌恨朱元璋，于是在父亲面前说朱元璋图谋反叛。郭子兴就把朱元璋关了禁闭，郭子兴的儿子想借此机会除掉朱元璋，就不许给朱元璋饭吃。马氏知道后，在厨房拿了刚烙好的烧饼，偷偷给丈夫送去。刚出厨房，恰巧与郭子兴的夫人张氏撞了个满怀，马氏害怕义母看出来，就将烧饼放在怀中，一边向张氏请安。

张氏见马氏神情慌张，就故意与她说长论短，马氏勉强应答，言语支吾；后来被烫疼得流泪说不出话来，张氏把马氏扶进屋里，叫奴婢都出去，仔细询问马氏。马氏才伏地大哭，说明苦衷，张氏赶忙叫马氏解开衣服拿出烧饼，烧饼还热气腾腾，粘着皮肤，好容易将烧饼拿开，肉差点烤焦了。

张氏也心疼得流眼泪，一面命马氏敷药，一面叫厨子，去送食物给朱元璋。当晚，张氏便进谏郭子兴，劝他不要听信儿子的话。郭子兴调查后就立即下令将朱元璋释放。

在朱元璋领兵征战的年代，马氏还亲手为将士缝衣做鞋。就是俗话说的上得厅堂，下得厨房。夫妻一条心，门前黄土都会变成金。

一次，与朱元璋敌对的陈友谅兵临城下，不少官员百姓准备逃难。在人心慌乱的紧急时刻，马氏镇定如常，把自己的首饰和钱财全都拿出来犒赏士兵，稳定了军心，为朱元璋取得胜利起了重要作用。设想，假如敌军攻进来，按当时的状况，不是在战争中死亡，就是被抓获后性命全无，那时候还留着这些财物就没有用处了。

由此可见，马皇后非常有远见和智慧，在朱元璋平定天下、创建帝业的岁月里，她患难与共。在做了皇后之后，她没有骄傲自满、恃宠而骄，而是更加地俭朴、小心谨慎。因为她知道创业难，守业更难。

刘伯温当时给朱元璋提建议说，要广积粮，高筑墙，缓称王。就是想让朱元璋把基业守牢。马皇后跟着朱元璋南北征战，知道国家来之不易，就日夜操劳替夫君分忧。朱元璋在前殿处理事情,有时非常生气,马皇后就等朱元璋回到后宫,常常依据事理委婉地解劝。朱元璋的性格虽然刚毅,但在马皇后的努力下,得以减免刑罚的人也有很多。

郭景祥担任和州知州时,有人揭发郭景祥的儿子手持长枪要杀父亲,朱元璋闻后大怒,当场表示要处死这个逆子。马皇后说:"郭景祥只有一个儿子,传言也许不可靠,杀了他的儿子恐怕就断了郭景祥的后代了。"朱元璋遂派人调查,果然是谣言,如若不是马后的劝说,郭家恐怕就家破人亡了。

宋濂是朱元璋当朝的一位大儒,非常有学问,是位忠臣,也是差点就遭殃了。多亏马皇后及时出面解救,她说:"百姓请老师还一辈子不忘尊师的礼节,他是这样的一位大儒,假如我们冤枉了他,将来怎样对天下交代?"可是朱元璋一心要惩办,坚决不听马皇后的劝告。

所以有一次,马皇后陪着朱元璋吃饭,不喝酒也不吃肉,朱元璋问:"你为什么又不吃又不喝?"马皇后就说:"我不进荤酒为宋先生祈祷,希望他能免祸。"听了这番话,朱元璋因为心疼自己的结发妻子,就动了恻隐之心,第二天就下定决心把宋濂的死罪给免了。

我们跟自己的丈夫也有过怄气的时候,但是我们几天不吃,他会说你不吃你不饿。因为我们没那个德行,不能让人家那么尊重。所以人要自重自爱,永远提高自己被爱的价值,不要天天等爱、等施舍。要把自己提高到至善圆满,让丈夫一想起家里有个女圣人,就不忍心对不起这个家庭。

马皇后最伟大的地方就在于,没让你感觉出她做什么了,就是为其守默而又协助成功,所以更见其德行深厚。不像我们做点事了都忍不住要炫炫、张扬一下。朱元璋性情暴烈残忍,为了保住朱家子孙的基业,不断地寻找借口屠戮功臣宿将。马皇后不仅婉言规劝,还想了很多的办法。

马皇后勤俭持家、以身作则,平常穿的衣服,洗了又洗,早已破旧不堪,也不愿意换新的,总是说俭朴的风范不能丢。后来听了元世祖的察必皇后煮弓弦、织帛衣的故事，大受启发。就命人在后宫架起织布机，亲自织些绸衣料、缎被面之类的，以皇家献爱心的名义，赐给那些年纪大的孤寡老人。

清朝上官周画的《明太祖功臣图》，记载的是马皇后接待朝廷命官的妻子。命妇入宫朝见，马皇后按照对待娘家人的礼节来接待她们，这就是"礼贤下士"，假如我们因为什么事，受到了国母接见，待遇就像接待她的父母兄弟姐妹似的，我们一定会感觉非常温暖，不妨体会一下，假如国母给贫民窟里的孩子送去点东西，还是亲手做的，当事人会是什么感受？这种做法，非常能够凝聚人心。而剩余的布料，马皇后则裁成衣裳，赐给王妃公主，并解释说："你们生长在富贵家庭，不知纺织的难处，要爱惜财物。"她还带头吃粗劣的饭，和身边的人一起体会民间老百姓是怎样过日子的。

朱元璋起兵时，侄儿朱文正勇猛善战，屡立战功，朱元璋也总提拔他。但江西之平，朱文正居功很多，却没有得到叔叔的赏赐，所以对朱元璋非常不满。此事很快传到了朱元璋的耳朵里，他就找借口把侄子身边的亲信杀了，并且要治侄儿的罪。马皇后就赶紧劝说："侄儿就跟儿子差不多，他只是个性刚强，没有什么坏心眼。"最后朱元璋就把亲侄子给免了。

听到这儿，我们就会自然地联想到其他的皇后，她们都是生怕皇帝其他的儿子、子侄在旁边窥视帝业，危及自己的儿子。但是马皇后一片公心。

妃嫔中只要有人生儿子了，马皇后一定是厚赏、厚待。身为皇后，每天亲自操办皇帝的饮食。她说有两方面的原因，一是妻子应该做的，二是怕大家照顾不好。因为朱元璋的脾气非常大，别人惹到了就是死罪，如果她照应不太周到，朱元璋也会顾及到夫妻情面。

我们体会她的慈心，这么忙碌不是在争宠，而是怕别人惹怒了皇上会受罚，所以再苦再累她都承受着，甚至连宫女她都设法保护。有一次朱元璋非常生气地责备宫人，马皇后也假装生气，让人送到相应的部门定罪。朱元璋说："为什么？"马皇后说："做帝王的不能因为喜怒就随意地赏罚。人生气时，恐怕有所偏重。把事情交到有关的部门，就能判定得比较合理了，也就是说陛下您定人罪，也应该交到有关的部门。"

这事就被马皇后大化小，小化了了。当时皇上那么生气，如果你就非得"扑通"跪在那儿说："这个事还值得生气吗，您是明君，您别生气了。"这还不一脚就把你踢一边去了。

这件事一举多少得？可能只是该打三大板的事，盛怒下或许三十板、三百板都有可能，一个宫女打完了，说不定就一命呜呼了。所以交给有司，也是给了一个公平处置的机会。

马皇后非常爱惜人才，明朝的太学在历史上是很有名的。一次朱元璋去太学视察回来，马皇后就问他太学有多少学生，他说："有几千名。"当时有些太学生是带着家眷在京城学习，其中不乏有三四十岁了还没有俸禄、没办法养家的。马皇后建议按月发给口粮，朱元璋一听还是皇后想得周到，就专门设立了红仓，储备粮食供养太学生的妻子儿女。

国以人为本，即以人才为本。得先把人才的心给拢住，他吃都吃不饱、吃不上，又怎么能让他的心安身安，所以此举深得民心。

马皇后跟身边其他的妃子、宫人都相处得特别好，她贵为皇后，是朱元璋不离左右内外的上等助手，不仅上得厅堂下得厨房，在马上征战也是不让须眉，还称得上是著名的军事家。

1382年农历八月，马皇后在睡觉时得病，大臣们都祈祷祭祀，太医院的良医来诊治，马皇后对朱元璋说："死生是命运的安排，祈祷祭祀有什么用处呢？况且医生只能治病，不能治命，如果吃药不见效，您恐怕会因为我的缘故而降罪医生吧？"如果她真的离开人世，因为对她的这种思念，朱元璋也肯定会大开杀戒，所以她临终都没有吃一口药。

马皇后于当月的丙戌日病逝，享年五十一岁，朱元璋说："从此以后就再也没有一个规谏我的人了。"马皇后临终对朱元璋说"求贤纳谏，慎终如始"，就是希望陛下能够求取贤能的人，听取别人的意见，自始至终，认真对待。并且跟子孙也说了八个字，"子孙皆贤，臣民得所"，如果子孙都能够贤能，大臣百姓就能够有所依靠。马皇后去世令朱元璋非常伤心，从此不再立后。

从征战开始到平定天下，身边所有有来往的这些人，没有一个能找出来她半点不是的。无论多么复杂的人际关系，她都能处理得周周到到，非常得体，朱元璋跟自己身边的人，每每忆起马皇后，都是赞不绝口。

一个女子要活到这种状态，才活出来意思了，马皇后的所作所为，赢得了丈夫终生的尊敬和爱戴，他对同甘共苦发妻的尊重，给后人树立了榜样。所以，他的四儿子朱棣能和徐皇后那么恩爱、互相珍惜，跟他们夫妻的互谅、互爱、珍惜也有一定的关系。

讲了这么多孝慈高皇后的故事，是说女子积善的重要性。男子在外面开疆拓土，治国安邦，定大格局。但一个人不能唱《天官四福》，一台戏总得有主角、配角。试想，如果朱元璋把那些人杀了会是什么结果？亲侄子在沙场征战时是视死如归，真是从死人堆里爬出来，现在国泰民安了，要把亲侄子杀掉，这对得起谁？

所以上至做王爷的人，下至宫女、医生，还有中间的学者、老师，马皇后是无一不包，把他们的性命和幸福都承载起来。这种坤德母仪，承载的是夫君的天下和家国的稳定，是朱元璋非常重要的得力内助。

有远虑，必无近忧。为了给天下人做一个节俭的榜样，吃点糠咽点菜又有什么？对于我们来说，每个人节约一粒米，十三多亿粒米，有多少分量了？每个人节省一条布丝，十几亿人口，那将是多大的一笔物资，尤其国运、国难当头，国家需要我们站出来时，我们要站得出来，所以"勿以善小而不为，勿以恶小而为之"，要积德。

我们如果到了山尖上,千万不要忘记山脚下的每一个土粒,都为我们登上高山有点滴的积累和付出。积累善行,养成高尚的品德,就能够感通到神明。

【自后妃至于士庶人之妻。其必勉于积善。以成内助之美。妇人善德。柔顺贞静。乐（音要）乎和平。无忿戾（音奋力）也。存乎宽洪。无忌嫉也。敦乎仁慈。无残害也。执礼秉义。无纵越也。祗（音只）率先训。无愆（音千）违也。不厉人以适己。不纵欲以戕（音枪）物。积而不已。福禄萃（音翠）焉。嘉祥被（音批）于夫子。余庆流于后昆。可谓贤内助矣。易曰。积善之家。必有余庆。书曰。作善降之百祥。此之谓也。】

"勉"指尽力、努力。"秉"指执行。"纵"是放。"越"是度。"祗"是敬的意思。"率"指遵循,先训。"愆违"是指过失,"戕"是残害、毁伤。"戕物"是残伤于物也。"萃"是聚的意思,"后昆"就是后代、后嗣。"易"指《易经》。"书"指《书经》,即《尚书》。

从后妃到官吏、百姓的妻子,都一定要努力积善,成就贤内助的美德,妇人的善德包括：柔顺贞静,乐观平和,没有愤怒,宽宏大量,没有忌妒心；仁厚慈爱,不伤害人；遵守礼义,不放纵僭越;敬遵先训,没有过失。不欺压他人来顺从自己,不放纵欲望而杀害生灵。这样积善不止,福禄就积累下来了,祥瑞恩及夫君子女,余福留给后代。这就是贤内助了。《易经》说："积累善行的家族一定会福泽子孙。"《尚书》说："多行善事就会降临吉祥。"说的就是这个道理。

柔不是一味地软弱。"弱"是指古代车轮,车轮外面是粗粗的,里面是柔韧的辐条,假如没有看起来弱弱的辐条,粗大的轱辘转起来就会很吃力。所以弱和柔都不是我们想象的软的意思。"柔"字,上面是"矛",表示带锋头的木枪,下面是"木",代表矛枪的木柄,其造字本义是富有弹性、适宜作矛枪长柄的木材。

"顺"是像水一样。"贞静"是正、定、诚,又有节操地由内向外的安静、乐观、平和，不轻易发怒，这是妇人的善德。一发火还有没有爱了？仁慈要厚爱身边的人，不伤到他们的心和身，遵守礼义，不放纵、不僭越。"僭越"超越自己的本分行事。要敬遵先祖之训，争取没有过失，绝不能够以欺压他人来随顺自己的习气，也不能够放纵自己饮食等诸多方面的欲望，来伤害、残害生灵，积善不止，福禄慢慢地就累积下来了，祥瑞以及所有的福德都会到我们的家庭里来，恩泽到我们的夫君，更重要的是还会把余福、余庆留给后代子孙。如果能做到这样，就是真正的贤内助了。

《易经》里说，积累善行的家族，一定会有福报延及到子孙。《尚书》里也说，多行善事就会有吉祥降临到我们的家庭。事实上积善就是谨小慎微，在没人的时候，也能把自己把持好。

现在哪个女德课堂也不会少了《女诫》里有关四德的阐述，其实做好妻子的本分就是在积德行善、积累资粮。

善言、善行、善心，从每一个肢体语言和姿态都散发出善的正能量，也不枉费女圣贤们的一番演绎。

做一个勇改过的女子
——迁善章 第九

　　人非圣贤孰能无过，过而能改善莫大焉。女子的过失有三：懒惰怠慢、怨恨忌妒、品行不端，这三项都会带来灾难，哪怕存在一项都要尽早改过。勿以善小而不为，勿以恶小而为之，每天积累小善就能成就大善。

　　怎样才能够真正地迁善？自古圣人，贵改过，不贵无过。圣人不会要求那么刻薄，让我们觉得根本做不到。大部分人不是一生下来就是圣人，会犯过错，但是犯了能改，这是最大的善，所以浪子回头金不换。

　　徐皇后总结了女子的几项过失，有懒惰、怠慢、怨恨、忌妒、傲慢。傲慢分三种，"跟咱差不多，有什么了不起"，这是等慢，觉得人家不行，就是高慢。"我比人家差远了，我本来就不如他"，别以为这是谦虚，这是卑慢。如果我们时时刻刻都在傲慢里却不自知，是很可怕的，容易给自身带来灾难。

　　嫁人，是带着父母的教养嫁过去了，到了公公婆婆家过上四五十年，没让人家家业、人丁兴旺，反倒让家业逐渐萧瑟，实际上是我们让这个家族、家庭衰败了。

　　所以尽力尽早地改过，"勿以善小而不为，勿以恶小而为之"，每天积累，小善慢慢就能够成就大善。

【人非上智。其孰无过。过而能知。可以为明。知而能改。可以跂（音气）圣。小过不改。大恶形焉。小善能迁。大德成焉。】

"上智"是有大智慧的人。"孰"是谁的意思。"跂"是企及，希望能赶上的意思，怠慢是因为内心没有敬畏。中国文化部前部长蔡武先生说："对于我们中国圣贤老祖宗的文化，一要心存感恩，二要心存敬畏。"无知就无畏，你不知道这样会造作什么样的罪业，才敢去造作。

人非圣贤，孰能无过？有过失能发现，是明白人；有过失能改正，可以企及圣人的境界。小的过错不肯改，就会形成大恶、障碍自己；小的善行肯去做，就会积累成大德。

我们说到捡渣渣吃的那个孩子，从小就这么做，后来他继续深入学习了中国文化，每日必许三善，做完了要签字。有时候他觉得这个好事做得太小了，就多做几件。每天都这样，坚持了好几年，而且因为孩子的妈妈真诚改过，孩子的爷爷不仅也天天读诵经典，而且因为毛笔字写得好，平时还抄写经典，希望儿媳妇和孙子开心，希望全家人都有共同语言。这一家人都转成弘护圣贤文化的法亲眷属了，多幸福。

所以要真做，让我们的公公婆婆和亲人，从我们身上看到传统文化的光辉，要是真受益了，哪有不支持的道理。

【夫妇人之过。无他。惰慢也。忌妒也。邪僻也。惰慢则骄。孝敬衰焉。忌妒则刻。灾害兴焉。邪僻则佚。节义颓焉。是数者。皆德之弊而身之殃。或有一焉。必去之如蟊螣（音毛特）。远之如蜂虿（音钗）。蜂虿不远。则螫（音是）身。蟊螣不去。则伤稼。已过不改。则累德。】

"惰慢"指无所敬畏。"忌妒"是害贤，就是谁好了，就伤害人家。"刻"是刻薄、苛刻。"僻"是没有边，"邪僻"是邪侈、放僻，意思是放肆，无所顾忌。"蟊"是吃植物根的害虫。"螣"是吃苗叶的害虫。"虿"是蝎子一类的毒虫。"螫"是指被毒虫或蛇咬刺，这些毒虫是比喻妇人之过，假如不改过就如同这些害虫。

做一个勇改过的女子

女人的过失有三样：懒惰怠慢、怨恨忌妒、品行不端。懒惰怠慢就会骄傲，从而丧失孝敬之心；怨恨忌妒就会刻薄，从而引来灾祸；品行不端就会淫逸放荡，从而丧失节操道义。这三点都是德行的弊端和自身的灾殃，假使有其中之一，就要像去除损伤庄稼的害虫，或者像远离蜂蝎之类的毒虫那样，不远离毒虫，身体就会被刺伤；不去除害虫，庄稼就不能生长。不改正过失，德行就会受损害。

如果是我们的家庭、家族，因为我们的毛病习气受到这样的"蟊螣""蜂虿"，就太不划算了。我们到夫家应当尽女子的妇道和本分来"宜其家人"，所以要谨慎为之。

《女论语》里将"凡为女子，先学立身，立身之法，惟务清贞"放在侍奉公婆、父母前面。如果你什么都不会干，你怎么照顾人？所以得先学做，接下来再学礼。

懒惰的人，即使学做了，也不愿意干、干不到位。如果一个人有恭敬心，又怎么忍心怠慢？所以归根结底是没有恭敬心，长期懒惰、怠慢，恭敬心也随之逐渐削减了。所以"心"和"行"要双修，内外双修，才能内外双得，否则是内外双失。

有的女子挣了钱，给公公婆婆送红包，腰杆越送越硬，说话口气越来越强：你看家里兄弟姐妹，我们夫妻俩给钱是最多的，出嫁那么多年，孩子都一二十岁了，回娘家还敢拍桌子瞪眼睛，因为气粗。这是孝敬谁呢？都是孝敬自己的习气。

在家里是用钱来说话，而不是用真诚心，这个家道是不是在沦落？没有父母，我们连这条命都没有，何谈学业、事业、道业？人什么时候能够静下来思量思量，父精母卵是怎么样让我们从无到有，庄严存在的。

妒忌是女子的丑德，有些女子不能忍受丈夫对他的兄弟姐妹好，所以忌妒不单单是说忌妒别的女子。甚至，她们连丈夫孝养父母、友爱兄弟都守得那么严，生怕财富从手指缝里漏掉一点。

守财富、守丈夫是一个道理，就像我们抓把沙子，抓得越紧越从手指缝里漏，如果捧在手心，一把沙子该留的自然就留住了。所以我们从内心里把控制、占有全部都放下，灾害慢慢就会离我们越来越远。

有一位女子，对丈夫不太检点的行为感到心理不平衡，要报复，最后两个人散了，唯一的独生子管爸爸要完了钱，管妈妈继续要，手里有了钱就不务学业，游戏玩乐，他本是重点学校重点班的高才生，多好的孩子，就这样被耽误了。

父亲是天，母亲是地，孩子就是天地间那棵苗，天久旱不雨，大地就会裂缝，或者下雨太多，地上就涝了，苗都会没处躲没处藏。哪怕不为他，也要看在孩子的分儿上，万一他回心转意，孩子不是还有一个完整的家吗？

有时候我们忍了半天，忍的是这个家的泰和、孩子未来的幸福。有的人说我忍不过不如不忍，那都是在给习气找借口。

【若夫以恶小而为之无恤。则必败。以善小而忽之不为。则必覆。能行小善。大善攸基。戒于小恶。终无大戾。故谚有之曰。屋漏迁居。路纡（音迂）改涂。传曰。人孰无过。过而能改。善莫大焉。】

"恤"是忧虑、忧患。"无恤"没有忧虑。"覆"指倾覆。"基"是奠定基础、创建、累积。"戾"指乖张、违逆，暴力、暴虐。"居"是处、停。"纡"是曲的意思。"传"是指《左传》。

如果因为恶行微小，就毫无顾虑地去做，则一定会失败；因为善行微小，就忽略不做，则一定会覆灭。能做小的善事，大善就有了基础；能警惕小的恶行，最终就不会有大的罪恶。"谚云，屋漏不可居，则急宜迁徙"。屋子漏了就要搬家，道路曲折就要换条路走，《左传》说，人谁能没有过失呢？犯了错能够改正，就是最大的善事了。

人不行善时有没有感觉碰壁？我们对周围的人发的是善的念头、做的是善的行仪，就会过得很快乐、顺利。我们的心和言语都要善，不是见谁夸谁叫言语善，一定是随顺性德的、给到对方真实的利益。

"不积跬步，无以至千里，不积小流，无以成江海"，小善其实是在为大善做基础，这是铁定的自然规律，警惕小恶，最终就不会有大的罪业。

刚开始，我妈妈学传统文化也没有那么深，家里平常有点摩擦时，我爸爸也不太说什么，但是到关键时候，比如我哥哥嫂子顶撞我妈，我爸就直接把他俩的东西全部扔出去了。因为父亲想，"好不容易把你们养大，你们现在学会跟你妈这样较劲了。"有一次，我嫂子就回娘家了，当时家里决定找一个人去请嫂子回来，不然让媒人知道了也说不过去，因为媒人是我妈妈很看重的一位姐姐，所以有媒人，婚姻就多了一重保障。这么一来，就守出了太平岁月，现在我侄子，研究生都考完了，我哥哥的事业也蒙祖宗和圣贤加持，越来越好。只要家庭里有一个人，是真正明理的、理智的，就不会出这样的问题，所以女子，一定要知进退。芳子连锁总裁刘芳老师常说："女孩子，人家给个台阶就赶紧下，别等着以后连台阶都没有了，下不去了。"

"心"上加个刀刃，叫"忍"，好不好忍？不好忍，可是忍下来，也就把这台阶迈过来了。不仅能忍出自己一生的平安，最重要的是忍得一家的太平，我觉得更深远的，是给孩子忍出来了一条幸福之路。现在第二次组建的家庭又很多，如果嫂子不回来，哥哥也不会缺个妻子，可是侄子缺亲妈。

记得我第一次去福建讲课时，是一位女士去接我，印象特别深刻，她开着一个军绿色的路虎车，人很苗条，我当时订的晚上的机票，因为便宜。可是人家厦门、泉州开着两个工厂，所以不嫌贵，大半夜的只觉得受折腾了。把我接上车后，先教育了我一下："老师，说实在的，我们做这么多年的企业，不在乎这仨钱俩钱的，你以后就是全票来都没关系，我负责给你订票。"我说谢谢，因为想着谁的钱不是血汗钱。后来就开始聊天了，当时我刚参加完一个活动，也是搞得嗓子很虚。她就说了一堆家里的事，然后我就笑笑说："你学传统文化多少年了？"她说："好几年了，在南京学的，回来一直做。"她就讲她是怎么做的："我们都这么忙，婆婆来了，照顾我的女儿，还不高兴，跟我女儿差点吵起来，我嘴上说女儿了，可是心里不高兴，可能被婆婆看出来了，一直到她前年去世，都没再来过我们家。自从婆婆走后，丈夫就没有真正地笑过。"

后来我才知道她丈夫是个什么样的人，他十几岁的时候，妈妈有一次住院，让他带着弟弟妹妹，临走前给了他十块钱，直到妈妈从医院出来，也没有花一分，妈妈就搂着他哭："你这些天带着弟弟妹妹怎么过的？"他说："别管怎么过的，再苦再难，妈妈住院要花钱，这个钱就不能花。"所以从那时开始，他就立志要让家里富裕起来，要孝顺父母。这位先生家是上海的，但是他跟妻子在泉州这儿过，好不容易母亲来这儿住了两天，住成这个样。他忙妻子也忙，最后老太太一想这地方我不能来，一直到临走再也没来过。

她又说自己的女儿："我这么辛苦赚钱，花了一百多万让她在欧洲留学，她却说我对她不好，天天跟我要爱。"问我说怎么办？我说，等你听完了课，我们再探讨吧。

我当时讲的课程题目叫《传统文化导航幸福人生》，因为接待是一对一的，所以别人的课她没听，我的课她从头听到尾。讲完课我就看她在那儿，哭得不行了，她说："老师你说的全是我，今天两个半小时给我一个人讲了。"后来想想也不是专给她一个人讲，她可能是因缘福报到了。

后来她说："一看马老师长得也不咋样，穿得也不咋样，说话声小，一连问了几个问题都答不上来，还说等着明天探讨，实在没有放在眼里。"这一听，老师专门给她讲的，还都讲到心上去了。痛哭流涕，这回就来真的了，要改。

她说感觉不到亲情，我说，作为儿女，你做到应该给父母的孝敬了吗？为什么做不到？傲慢。觉得父母没给她什么，结婚也没给她什么，她建厂子也没给什么。等她富了，跟哥哥合作，哥哥把赚的所有钱全部都转到自己账上，然后就散伙了，因为他们夫妻俩太能干，一个做工程师，一个去订单，很厉害，不久之后又有了一定的基业。后来弟弟又跟她合作，比跟哥哥合作那会儿更严重。她回到父母那儿，就开始质问，她爸爸、妈妈头也不敢往外探。"兄弟睦，孝在中"，我们可以想象，兄弟打成这个样，当娘的咬哪个指头不疼，其实爹娘知道她最能干，希望她把财产分给大儿子小儿子点，她就没悟出来这个道。觉得自己一有点钱，他们就来分，还分得那么干净。

  这次真改、真干后，大女儿也变得柔和，开始读经典了。二女儿现在也越变越柔顺，不怪妈妈了，还说她妈妈现在变了。

  后来她也明白了，当时是怎样伤害到丈夫内心最深处的。一个孝子，不跟你讲那么多，他心都碎了。她就用她所知道的能让亡灵安好的方法，为去世的婆婆祈福，能做的全做。甚至去寺院里请出家人读《地藏经》，因为这是佛门的孝经，她就专门做给婆婆。她特意地忏悔自己。这样做下来之后，先生居然梦到母亲坐着莲花说："儿子，你再也不用担心我了，我在的地方可美了，都是莲花。"先生醒了之后，还幸福得流眼泪，他把太太给摇醒了说："我妈妈刚才笑着来跟我说，她现在过得很幸福，我觉得太真实了。"他抓着太太的手不放："我觉得我家娶了你这样的媳妇，真是八辈子积了德了，从我妈妈走，我都没有这样开心过，我替我们全家感谢你。"

  所以一个女子，错了就是错了，要真改，要彻底地改，不仅在自己父母这儿改，在公婆那儿也改。她的大女儿生了个儿子后说："妈妈我特别想再要一个女儿，可不可以。"她妈妈说："你求圣贤老祖宗。"现在她的女儿刚刚出了满月，如愿以偿。

  她以前总感觉身边的员工就会盯着钱，现在呢，再逢招聘，她们单位没有多给其他的待遇，就是提供传统文化学习培训，每年有两次员工的父母可以来探亲，单位给安排宾馆住一周，管食宿，这样的优待确实不多见。

后来她们需要二十四个一线员工，在厦门、泉州各招三天，都招不上来，最后她们自己的员工介绍来了二十六个，"我们这儿虽然工资没有特别高，但是福利是超过工资的"。你们都来吧，口口相传，来了二十六个一线年轻人。经过几个月的实习留下了二十四个。最后，最反对传统文化的一个中层领导说："不服不行。我们两个老总弘扬传统文化，四五年来家和了，公司连招工都招得正正好。"

所以知道了这么多古代的、身边的故事，不学传统的圣贤教诲行不行？学了迁善章，就是要明白我们得从家庭和孩子的幸福着眼，做好自己。家庭是社会的细胞，把家经营好了，就是在为国家和社会的安定做贡献，这么简单的事，我们何乐而不为？

天大的罪过，当不得一个改字，譬如千年暗室，一灯即明。

做一个传家风的女子

做一个传家风的女子
——崇圣训章 第十

《内训》的撰写是叙述太祖高皇后的圣训,自古开国之君都有贤妃内助,太祖皇帝承天命得天下,也有孝慈高皇后的功劳。高皇后的身行言教堪与前贤先哲媲美,而史传记载只有十分之一二。作者编写此书希望传承高皇后教诲,令天下妻子助夫成德,利益后世。

《中庸》里说:"夫孝者,善述人之事,善继人之志。"我们要体会做人家的儿媳妇,重要的是把婆婆的遗志继承到自己的身心上来,我们有没有做出来?孝慈高皇后不仅做出来了,还是中国历史上身份地位最显赫的皇后。她的身行言教在徐皇后的眼里,堪与圣贤王妃、周朝的"三太"相比。

徐皇后希望把婆婆的美德发扬光大,让天下的家庭都太平。助天下的妻子们成就女德妇道,也助天下的男子们齐家、治国、平天下,利益千秋后代的人。所以从哪一点上体会徐皇后的存心,都令我们无限感恩。

【自古国家肇(音照)基。皆有内助之德垂范后世。夏商之初。涂山有莘(音深)。皆明教训之功。成周之兴。文王后妃。克广关雎之化。】

"肇基"指始创基业。"范"法也。"垂范"垂示范例。"涂山"涂山氏,大禹之妻。"有莘"有莘氏,商汤之妻。"克",能够,"广"指扩大，推衍、补充，《关雎》是《国风·周南》诗之首篇，说的是太姒。

自古国家始创之时，都有开国后妃的美德事迹流传后世，夏、商初年，有大禹妻涂山氏和商汤妻有莘氏，他们都明了教导训诫后宫的重要性，周朝周公辅佐成王的兴盛，也离不开周文王后妃太姒的美德，事迹以《诗经·周南·关雎》的形式流传下来广教后人。

给大家简单介绍一下涂山氏。涂山氏是涂山族群首领的长女。涂山氏嫁给大禹为妻，生了儿子启，后人称涂山氏非常地有德行。大禹治水，三过家门而不入，不去看他的妻子涂山氏，那么涂山氏也没有拖丈夫的后腿。

据说涂山氏是中国历史上第一位女诗人，而且写的还是情诗，表达了她对丈夫的思念。后人对她的评价是："启母涂山，维配帝禹，辛壬癸甲，禹往敷土，启呱呱泣，母独论序，教训以善，卒继其父。"意思是孩子是自己在家生下来、带起来的，而且孩子呱呱坠地时，爸爸还在为国付出。

涂山氏嫁给禹，大禹治水，涂山氏遥望着丈夫治水的地方，每天除了敦伦尽分，就是期望丈夫把该做的事做好。每一个经营事业的男子，都像是搬砖的工人，他不搬砖怎么养这个家？假如他放下了"砖"，可以天天在家里抱你和孩子了，可是谁来养家？如果说是国君，或是一位重臣，就不仅是养家那么简单了，还涉及治国安邦的大事。

假如没有涂山氏的圣德，没有她生了启继续做帝王，她的家族能有这么荣耀吗？礼尚达义，德泽宇内，她的德行遍布于她所在之处，贤淑治家，教子成龙。启登帝位，创立夏朝四百余年，人们都说涂山氏是我国历史上首位国母和国太。

大禹也不是凡人，三过家门能够不入，现在觉得难以想象，古代圣君的行仪确实让我们非常感动。尧舜一致举荐大禹的父亲鲧来治水，但治水八年没有治成。国有国法，所以鲧被治罪了。禹的父亲被治罪，换作我们，会不会"我父亲都被治罪了，那我还能再给你干"？圣人没有这个心，看到生民涂炭，他就继承了父亲的志愿，继续治水。鲧治水的办法是哪儿有水，就在哪儿垒高台，使劲堵却怎么也堵不住，大禹是看哪儿有水，就在哪儿挖渠、挖沟，疏导，顺过去。

所以遇到事了，第一不要堵，要顺。其二就是打太极，球扔过来了，别急着弹出去，不然有反作用力，先抱一会儿，说着转着揉着，慢慢地再把这个球推出去。比如我们给别人介绍传统文化时，人家说："我不学，传统文化是什么，搞不懂，净整那没用的，顶过日子吗，顶钱花吗？"这时不多说，婆媳关系好吗？夫妻关系好吗？孩子好教吗？公司的员工好带吗？朋友现在还够意思吗？咱们找个地方去听堂课，他爱听什么你就说什么，他爱孩子，你就说："这样对孩子最有益处了，教孩子有用。"他就去听了，这样慢慢地就把人给带入道了，这就不叫堵，是在顺，这也是在打太极。

不要断言什么，没有什么是不变的，永恒的就是变，但是是外境变，心不能变，这才叫真心，外境变了，心如果也随着变，那就不叫真心，事可以变着法地做，但心一定是定的、不变的。

周家圣贤的王妃有太姜、太任、太姒和邑姜，邑姜是姜子牙的女儿。在历史上周朝三位开国的贤君夫人，都是母仪天下的典范，她们辅佐并且教化了数位贤圣君王，不仅是夫君的良佐，更是女子们的好模范，以女德化育了千秋万代的人。

太姜是古公亶父的正妃，周文王的祖母。她以"贞顺"的女德，成为丈夫得力的左膀右臂，是周朝创业之时的贤德妇人。她容貌非常地端庄美丽，性情贞静而柔顺，她看到丈夫广积善行、仁厚待人，深得人民的拥护，于是夫唱妇随。而且太王每遇见大事，都必定和她商量。

太姜生了泰伯、仲雍和王季三个儿子，并且能够以身作则教导儿子，使他们从小到大，在品德行为上都没有过失。泰伯兄弟看到父亲特别喜欢第三子季历的儿子姬昌（文王），而且姬昌的确有超人的才能，就主动把王位让给季历，再由季历传给姬昌就名正言顺了。

后来一些人接二连三地要他们继承王位，他们都坚辞不受，第一次让：按当时社会的惯例，王位应传长子，泰伯是理所当然的继位人，他觉得"季历贤"，父亲希望有贤能的子孙继承他的事业，自己就干脆避让，托词采药与仲雍奔吴。

第二次让：泰伯到达江南后，父周太王去世，他与仲雍回去奔丧，季历和众臣求他接位，泰伯坚决不从，料理完丧事后即返江南，王位由季历继承。

第三次让：季历继承王位后，整肃朝政，扩大领土，遭到商的忌恨，被暗害致死。泰伯又一次回岐山奔丧，群臣再次要他继位，他依然不从，办完丧事后立马返回，王位由姬昌继承。姬昌就是后来显赫的周文王，他的儿子周武王灭掉了商王朝，建立了周朝。

孔子曰："泰伯可谓至德也矣，三以天下让，民无得而称焉。""民无得而称焉"，是说百姓不知用什么话来称颂他们，如果说"伯乐相马""举贤"使世人称之为大德，"让贤""让天下"更是古往今来备受赞颂的至德，"天下"可让，那世间的大事小情，勿可比之矣。谦让、举贤是中华之美德，也是中华文明最高尚的境界。

太姜的儿媳太任，是王季的夫人，周文王的母亲，生性端正严谨、庄重诚敬，一个女孩子有这种美德，肯定是她的父母有厚德，她的夫君王季以仁义治国，各国的诸侯都很拥戴；太任也是，只有合乎仁义道德的事才去做，太任在少女时就仰慕太姜的德行，志愿要做太姜那样的人，最后两个人感应到一家做媳妇了。

太任主持后宫时立身端正，让丈夫没有后顾之忧，宫廷上下肃穆祥和，她怀孕时，"目不视恶色，耳不听淫声，口不出傲言，割不正不食，席不正不坐"。甚至她从来不因挺着大肚子，累了就跛着脚站着，晚上睡觉都要吉祥卧。简单解释一下：席不正不坐指席子放得不正不坐，不正还指不依长幼尊卑。

所以文王圣德卓著，闻一知十，还有人说周文王闻一知百，皆因圣母、圣父才出现这样的圣子，什么叫贵族？被人尊重、人格尊贵才叫贵族。如果富裕得只剩下钱了，那不叫贵族。

现在的生活，物质条件很好，缺少的是精神的贵族，为什么？因为没有好母亲。所以母亲的素质非常值得重视。

我们要谨慎言语举止，因为会有一些意想不到的感应，言语行为跟善相应，就会感得善缘的孩子来，反之，一般就会抱怨的多。儿女的性情、容貌和万物都是相像的，不敢听那些乱七八糟的音乐，不敢看不符合礼的东西，否则就会影响到孩子。

《关雎》整首诗描述的是太姒和姬昌的爱情故事，西伯侯姬昌在渭水之滨遇到太姒，对她的美貌，惊为天人。后来知道太姒仁爱而明理，生活俭朴，姬昌决定迎娶太姒。因渭水没有桥，姬昌就在渭水用船当桥，船船相连，成为浮桥。亲自迎娶太姒，场面盛大。

关雎的"雎"，是指鸠鸟，它是一种水鸟，特点是"从一而终"。有的人就不明白，"那太姒怎么还给文王去找那么多的后妃"？"从一而终"是他们对对方的感情，不管多少女子进宫都没有变过，只是为了大局需要，多几个妃子来后宫坐镇，管理天下妇女的事务。他们是彼此仰慕又不互相贪恋，这种有恩义、情义、道义的理性感情，于个人、家庭、国家、民族、全社会都是有益的。

"诗三百，一言以蔽之，曰：思无邪"。《关雎》让人感觉"哀而不伤，乐而不淫"。不一定是邪淫色欲才叫淫，太喜欢某个东西，只要过分、过度的都叫淫，比如一直没完没了地听音乐，就是一种淫。

太姒不仅节操专一，最重要的是，她遍访天下有德行的女子进宫，这是后妃的大德，琴瑟和鸣，夫妻两个为国家的心都是不曾改变的，其他的女子来了，也没有什么妨碍。因为现在说这个，好像很多人会不理解。由此可以想见，在当时的状态下，还能这么相安无事，就更见其心量广阔。

《关雎》特别歌颂太姒的后妃之德，太姒文雅娴静，大家都非常赞叹，文王一直仰慕她。而这种仰慕并不是因为她的年轻美貌，就像马皇后和徐皇后，一直到她们离开人世，用现在最俗的话说，人家的丈夫都没有爱够。如果她们能活到九十二岁，也是优雅地老去，我们相信这些圣贤的女子，八十岁有八十岁的美，七十岁有七十岁的端丽，五六十岁有五六十岁承上启下的母仪，哪一时哪一刻，都有最有价值的一面呈现给夫君、家庭、全社会。到哪里哪里亮，到哪里都是宝，永远是丈夫手心里的那块宝。我们要让自己具备"宝"的价值，而不是只简单地想着成为宝。

太姒一点都不骄纵，她继承了太姜、太任完美的德行，更加勤勉恪尽妇道，礼数上没有一点过失，她遍访天下淑女的行仪，教化了天下几千年来的妒妇。

后人写诗赞颂太姒的贤德，"斯其太任，文王之母，斯周家三太，京室之妇"。京室之妇是说可以把一个国家的后宫，给安定下来的女子，也是可以母仪天下的女子。太姒的声名在"三太"里是最高的。

人称西伯侯的周文王，秉承先祖遗风，像他的祖父、父亲一样以德治国、敬老爱贤、谦虚有礼，常常工作到顾不上吃饭。很多贤德人士都来归服，历史上有名的伯夷和叔齐，听说文王对老人很尊重，也特别来归顺他，这都是当时世间求之不得的贤人。

殷商末年，距今约3200多年前，在黄河北岸山西省平陆县，有一个百里小侯国，叫"虞"，统治者叫虞君。虞国西边，紧挨着个小侯国，叫"芮"，统治者叫芮君。虞芮紧邻，地处僻壤，多年相处，倒也安宁。

随着朝代的更迭，不愉快的事情发生了，问题出在两国交界处一块多年来未定归属的土地上。这块土地方圆十多里，林木葱茏，一马平川。加之土质肥美，季季丰收，这使得两国新主馋涎欲滴。他们都千方百计企图证实，这块土地属自己所有，好进一步征收赋税。争执了多年，难解难分。后来，一位从西岐地方经商归来的虞国人，了解到二君之"争"的原因后，便告诫他们说："西岐地方有个周国，周国有个很有声望的统治者——西伯姬昌（文王），他办事公道，老百姓言听计从，如果二君听从劝告，可去找西伯辩解是非，了却此事。"虞、芮二君商定，去找西伯评判曲直。

虞、芮二君渡黄河，过潼关，向西行进入周国境地，他们边走边看，发现这里的天格外蓝，水格外清，山格外翠，空中飞翔的鸟儿叫声，也格外好听。路两旁正在耕地的农民，在田块与田块之间，都留下宽宽的田塍。耕甲停下犁杖对耕乙说："老兄，你往这边耕，为什么留下那么宽的田塍，那上边可再种上你的庄稼。"耕乙生气地说："老兄，你真够啰唆，我早就说过，那是你的地，应当种上你的庄稼，别再说了。"

虞、芮二君站住脚，看看田塍，听听二位耕人的"让执"，互相示意道：这大概就是人传说的，西岐地方"耕者让其畔"吧。二君乘辇继续前行，但见路上行人彼此相让，绝没有人夺路而行。在一个村落附近，有位年轻人因事急奔跑，把一个小孩撞倒在地，年轻人急忙上前去扶，小孩子不等人扶就急忙爬起，一跌一撞地忍着疼痛往家里跑，年轻人喊："小弟弟，你摔痛了，对不起，我背你回去！"小孩回头摆手道："大哥哥，没事没事，请你放心！"这种"行者让其道，路人相怜惜"的情景，使两位国君不禁嘀咕，文王难道真的把周人统治得这样有礼貌、有秩序吗？

在一个水池边休息洗漱后，他们进入一座城邑。男女老幼各行其道，街道上乡人行走，男在左，女在右，老年人和年轻人同行，总是青年提着东西，搀扶着老年人走，两位国君自感不如。

傍晚，留宿客栈，就寝时，他们准备关好房门，谁知里里外外找了三遍，也没找到门闩。无可奈何，他们只好去问店主，店主说："西岐地方，由于社会安定，人人以礼貌为上，从未发生过盗窃现象，因此夜里睡觉,向来不关门,门上都无门闩。"两位国君怀着忐忑的心情,直到鸡叫头遍,才进入梦乡。

他们正在酣睡,忽然被喊叫声吵醒,睁眼一看,天已大亮。原来他们住室的后窗正临一条小街,一位中年妇女手里拿着根银簪子,站在街旁正喊叫着寻找失主,她逢人便问,失主找不到,她一直不离开。

夜不闭户,路不拾遗。虞、芮二君各自扪心自问:身为国君,难道还不如周朝的平民百姓?为争一块界田,多年口角,实在不应该。

进入周国朝廷后,只见文武百官,人人彬彬有礼,个个温良俭让,士让大夫,大夫让卿,君臣等级分明。办理朝事,进进出出,有条不紊。二位国君彻底醒悟了,他们不约而同地叹道:"吾之所争,周人所耻,不可以履君子之廷。"他们所争夺的,是周国人民觉得羞耻的,所以他们觉得不好意思,不再在文王面前提起地界争执一事,于是,便乘辇而归,"以所争之田,弃为闲田"。如今,这块"闲田"土肥物富,地平垄直,特别是春季,野花烂漫,蝶飞莺舞,村村庄庄全在绿树掩映之中。所以这巧夺天工的"闲田春色",一直被历代统治者列为当地的古八景之一。

有的人说你们家都是"好人",所以吵架,我们家都是"坏人",所以不吵架。比如你家一个杯子打了,可能彼此就会"你怎么这样","是你不好",两个人互相埋怨。我们家一个杯子掉地下,我先和太太说,"对不起我没接住",太太说"是我没放好",我们俩都不好,所以就不吵了。

贤人争罪,愚人争理,吵架的都是觉得自己对,要不怎么能吵起来?一个人一直在是非中辩论,跟谁都讲"不是我的错",最后就剩一个有错的,所以说要养德、守默。

邑姜,姜姓,齐太公吕尚之女,周武王姬发的王后,成王的母亲,据传她怀成王的时候,"立而不跂,坐而不差,独处而不倨,虽怒而不詈",即使独处也没有一个傲慢的姿态,虽然有时也会有点不好的情绪,但是马上就把自己收束住了。

【我太祖高皇帝。受命而兴。孝慈高皇后。内助之功。至隆至盛。盖以明圣之资。秉贞仁之德。博古今之务。艰难之初。则同勤开创。平治之际。则弘基风化。表壸（音捆）范于六宫。著母仪于天下。】

"博"，是普遍。"平治"是治理、整治，合乎法度。"表"是显扬、表彰。"壸"是指古时宫中道路，引申指内宫，泛指妇女居住的内室。"壸范"，宫中的模范，此指妇女的仪范、典式。

我太祖高皇帝受天命兴明朝，孝慈高皇后内助的功劳非常大。她明达古圣先贤的教诲，秉承贞洁仁厚的美德，通晓古今治国安邦之道。在创业艰难的初期，与高祖一起辛勤开创；在太平治世的时候，就弘传祖宗教化，在后宫做出表率，为天下做出母亲的仪范。

【验之往哲。莫之与京。譬之日月。天下仰其高明。譬之沧海。江河趋（音迟）其浩溥（音普）。】

"往哲"是先哲、前贤，往古明哲的皇后。"京"是大的意思，在此是相比。"趋"是归附，趋附。"浩溥"指浩大、广大。

考察过往前贤，没有能与她相比的。她像天上的日月，天下人都仰赖她的光明照耀；她像苍茫的大海，江河的水都归附到她的浩瀚之中。

【然史传所载。什裁一二。而微言奥义。若南金焉。铢两可宝也。若谷粟焉。一日不可无也。贯彻上下。包括巨细。诚道德之至要。而福庆之大本也。】

"裁"同才，"什裁一二"，十分之一二。"奥"是深奥。"微言奥义"就是指精微的语言包含深奥意义。"铢两"，十黍为絫（音累），十絫为铢，二十四铢为一两。"贯彻"指通达，"包括"，包举而无遗也，就是说全部都包括了没有任何遗漏。"至要"指事理或学问的要旨、要诀。"大本"，根本，事物的基础。

然而史书传记上所记载的，只是高皇后美德的十之一二。她精微的语言包含深奥意义，就像南方出产的金子一样，一铢一两都是宝物；又像谷米粮食，一天都不能缺少。她的教导贯通上下，事无巨细，实在都是道德的要点，福乐吉祥的根本。

高皇后的慈言懿训非常可贵，有《皇后实训》《高帝实录》《孝慈录》等书流传。徐皇后认为虽然说出来的，不如婆婆做出来的十分之一二，但即使就这点也足以作世人的模范，五谷之资人日用，而不可一日没有，她的话对位居高下的人都适合，大事小事都说到，所以我尊崇高皇后教诲，学着写成此书，实在是女子德行的重要道理，如能效法力行，确实是福乐吉祥的根本。

【后妃遵之。则可以配至尊。奉宗庙。化天下。衍庆源。诸侯大夫之夫人。与士庶人之妻遵之。则可以内佐君子，长保富贵。利安家室。而垂庆后人矣。诗曰。太姒嗣徽音。则百斯男。敬之哉。敬之哉。】

"遵"是循的意思。"奉"，是奉承、供奉。"衍"指水广布或长流，引申为扩展或延伸。"衍"，延也。"庆源"指福庆的本源。"佐"，辅助、成就。"利"是利益、好处，吉利、顺利；方便、适宜。"诗"是指《诗经·大雅·思齐》篇。"太姒"，文王的王妃。"嗣"指续、传承。"徽"是美。"百斯男"指多子。

后妃如能遵守高皇后的教诲，就能配得上至尊无上的天子，供奉宗庙，教化天下，绵延吉庆，诸侯、卿大夫以及官吏、平民的妻子若能遵守高皇后的教诲，就可以辅佐夫君，长保富贵，使家庭顺利安定，给后人留下吉庆。《诗经》说："太姒美德能传承，多生男儿家门兴。"真令人敬仰啊！

古代舅姑是指公婆，德音实际上是说她的德行风范，不妒不忌，子孙众多，有百男之福，她自己生了十个孩子，又遍访天下淑女，所以说百男之庆，后人对她恭敬，是因为她太有德行了，有德行的圣妃、王妃的行仪，要有人继承下来，我们也要把高皇后的行仪好好地承接下来。

做一个传家风的女子

这一篇里提到的圣贤女子，涂山氏是夏禹的王妃，有莘氏的名字叫修己，是商汤的王妃，她们都是德范天下的圣贤女子，有很多美好的故事流传下来，实在令人敬仰。

给大家分享一个德育故事《高后减政》。高后是北宋英宗的皇后，生活非常俭朴。皇帝想给皇后的弟弟高士林升官，高后就说："不要因为我的缘故，违背祖宗的法度。"言外之意是我的弟弟不配这个位置，神宗做了皇帝，尊她为皇太后，哲宗做了皇帝，又尊她做太皇太后。当时她辅佐哲宗，在延和殿里垂帘，办理国家的政事。

高后所行的政策都很好，她把修缮京城的民间百姓遣返回家；并且减了皇城所用的警卫；停止了皇宫里所有奢侈无益的工作；把宫里的几十个宫人都放了出去；警戒朝廷里外的官吏和百姓一定要过节俭的日子；她还把王安石所行新法中不合理的部分，给调理过来。

高后太有智慧了，她辅佐了三代皇帝，英宗、神宗、哲宗。这个女子也确实了不起，对王安石的新法进行了完善，减少纳贡，还有削减警卫，这个事情确确实实太不容易了。别人都是使劲增加保镖，保安全，她之所以这么做，是因为相信警卫减少了，自己也不会出什么样的危险。所以百姓称她是"女中的尧舜"。

做一个学圣贤的女子
——景贤范章 第十一

"景"指仰慕,"贤范"是才德兼备的典范、榜样。在典籍古书中有很多古圣贤女的嘉言善行可以学习,可以向娥皇女英学习恭俭,向太任学习诚庄,向太姒学习孝敬。努力向她们看齐,令自己德行不亏失,就能家庭美满幸福。

【诗书所载。贤妃贞女。德懿(音意)行备。师表后世。皆可法也。夫女无姆教。则婉娩何从。不亲书史。则往行奚考。稽往行。质前言。模而则之。则德行成焉。】

"德懿"指女子美好的德行。"备"是具备,"行备"具备高尚的德行。"姆"是女师、女老师。娩的古音是"wǎn",娩(miǎn)也不算错,"婉娩",形容一个女子的言语、仪容非常地柔顺。"奚"是何的意思。"稽"是考核、考察的意思。"往行"指的是前贤、先哲的德行。"质",证也。"前言"指前代所训之言。"模"是规模,"则"指法则。

《诗经》《尚书》上记载的贤妃贞女,品德美好,行持高尚,为后世做出了表率,都是我们应该学习的。女子没有女师的教导,温婉柔顺的言行从何而来呢?不阅读典籍和史传,古圣先贤的美好德行从哪里知道呢?

考察古时贤女的德行，遵循古人留下的教诲，效法他们去力行，那么好的德行就养成了。

《礼记·内则》记载女子十岁前不外出，听女师在家里讲课，学柔婉、贞静、举止顺从。"姆"是指教育照顾女孩子的人。女子没有女教师的指导就不会说话、不会做人，其实不一定非得女师来教，引申是说女子要学习，假如不学习，就不能够涵养柔顺的仪容。"不亲书史，则往行奚考"，假如不亲近这些史书怎么能够知道过去的历史呢？"质前言"，假如考察前辈们的德行，证实他们留下的教诲是正确的，"模而则之"，就要效法他们，去力行。

所以学习古代的典籍，就是学习历史上的圣贤，就会知道如何做事，假如不读史，这些就都不易完成。所以考察古时贤女的德行，学习前人美德的教诲，效法并且力行，就特别容易成就自己的美德。

【夫明镜可以鉴妍媸（音吃）。权衡可以拟轻重。尺度可以测长短。往辙可以轨新迹。希圣者昌。踵弊者亡。】

"拟"，准备衡量的意思。"测"是度的意思。"辙"指前车的辙迹。"希圣"是效法圣人、仰慕圣人。"踵"指跟随。

这段是说明镜可以照出美丑，杆秤可以称出轻重，尺子可以量出长短，路上的车印可以指引后车遵道而行。效法圣人就会昌隆，跟随恶行就会自取灭亡。通过举例打比方，引导我们要择其善者而从之。

【是故修恭俭。莫盛于皇英。求诚庄。莫隆于太任。孝敬。莫纯于太姒。仪式刑之。齐之则圣。下之则贤。否亦不失于从善。】

"刑"指效法。太姜的特点是贞顺，太任是诚庄，太姒是孝敬。

这段是说娥皇和女英都是尧的女儿，舜的王妃，她们恭顺勤俭，非常有德行。贵为帝王之女，下嫁到平民的家庭，还能恭敬谨慎地侍奉舜，辅助圣人的教化。而太姒最可贵的是，把自己的孩子和妾妃生的孩子一起抚养，平等对待，所以子孙兴盛众多。

如果能够效法这些圣贤后妃，那我们就可以成女圣人，就算做得不圆满，也是贤德的女子，也是在努力向善。

【夫珠玉非宝。淑圣为宝。令德不亏。室家是宜。诗曰。高山仰止。景行行止。其谓是与。】

"淑"指品行端正美善。"品行端正美善，令德不亏"。"令"指好的、善的；好的名声，善的名声。

珠宝玉器不是宝贝，贤淑圣善才是宝贝。德行不亏失，家庭就能幸福美满，《诗经》说："高山抬头才看清，高尚德行愿遵行。"就是说这个吧。

有些人不知道仰慕圣贤，但有的农村老太太敬夫如天，在家是孝女，嫁到夫君家，公婆没挑出来过毛病，一不留神几个孩子都培养成为国家社会的栋梁，她们不知道什么叫"三从""四德""母仪天下"，可她们旺了夫家三代，这是真正意义上的圣贤。所以这一段警示我们，不要做挂名口头的圣贤，要重实质，不重形式，真正的学问之道在这儿。

下面简单介绍一下尧帝的故事，尧帝，名放勋，十三岁时做辅佐大臣，他被封于陶，十五岁改封于唐，所以尧的号是陶唐氏。十八岁，尧帝成为了天子，在位七十年，当他选择继任者时，放弃了凶顽不可用的儿子丹朱，采纳四岳的推荐，任用了舜。经过几年的考察，终于在太庙举行禅位典礼，正式让位于舜，尧去世后，"百姓悲哀，如丧父母，三年，四方莫举乐，以思尧"，人们对他的怀念之情极为深挚。

圣人就是用这样的心境对待贤德之人，你要真比我强，哪有忌妒障碍，赶紧让给你。

舜是五帝之一，姓姚，名重华，字都君。他的出生地，公认的是在诸冯，也有说他生在山东菏泽。

二十岁时，舜已经很有名气，以孝行而闻名。对虐待、迫害他的父母坚守孝道，所以为人称扬。《史记》中记载："虞舜者，名曰重华，父瞽瞍（音古擞）盲，而舜母死，瞽瞍更娶妻而生象，象敖。瞽瞍爱后子，常欲杀舜，舜欲逃，及有小过则受罪。顺事父及后母与弟，日以笃谨，匪有解。"父亲瞽瞍不明事理，很顽固，对舜相当不好，"瞽"是盲人，眼睛不能够看，此指人的心是昏昧的。

舜的生母叫握登，非常贤良，但在舜小的时候就过世了。父亲再娶，后母叫嚚（音银），是个没有妇德的人。生了弟弟"象"以后，父亲偏爱后母和弟弟，三个人经常联合起来谋害舜。

舜对父母非常孝顺。即使在父亲、后母和弟弟都将他视为眼中钉，欲除之而后快的情况下，他仍然能恭敬地孝顺父母，友爱兄弟，竭尽全力来使家庭温馨和睦，希望与他们共享天伦之乐。虽然这其中经历了种种的艰辛曲折，但他终其一生都在为这个目标不懈地努力。

小时候，他受到父母的责难，心中的第一个念头是："一定是我哪里做得不好，才会让他们生气。"于是他更加谨言慎行，想办法让父母欢喜，如果受到弟弟的无理刁难，他不仅能包容，还进行深刻的反省，认为是自己没有做出好榜样，才让弟弟的德行有所缺失。他经常深切地自责，有时甚至跑到田间号啕大哭，自问为什么不能做到尽善尽美，使父母欢欣。人们看到他小小年纪就能如此懂事孝顺，都很受感动，对他也非常敬重。舜一片真诚的孝心，不仅感动邻里，甚至感动了天地万物。他曾在历山这个地方耕种，与山石草木、鸟兽虫鱼相处得非常和谐。温驯善良的大象，来到田间帮他耕种；娇小敏捷的鸟儿，成群结队，叽叽喳喳地帮他除草。人们为之惊讶、感佩，目睹德行的力量是如此巨大。即便如此，舜仍旧恭顺谦卑，他的孝行得到了很多人的赞美和传颂。不久，全国各地都知道了舜是一位大孝子。

舜初到历山耕种时，当地的农夫经常为了田地互相争夺。舜便率先礼让他人，尊老爱幼，一年之后，这些农夫都大受感动，再也不互相争田争地了。他曾到雷泽这个地方打渔，年轻力壮的人，经常占据较好的位置，孤寡老弱的人就没办法打到鱼。舜看到这种情形，率先以身作则，把水深鱼多的地方让给老人家，自己则到浅滩去打渔。由于一片真诚，没有丝毫勉强，令众人大为惭愧和感动，一年之后，大家也都互相礼让于老人。

舜还曾经到过陶河的地方，此地土质不佳，出产的陶器粗劣。令人惊讶的是，舜在此地治理一年后，连陶土的质量都变好了，所做出来的器皿相当优良。大家一致认为这是舜的德行所感召。后来，只要他所居之处，来者甚众，一年即成村落，二年成为县邑，三年就成为大城市。亦即是史上所称的"一年成聚，二年成邑，三年成都"。

与此同时，尧帝也正在物色一位合适的王位继承人。于是征求群臣的意见，没想到众位大臣，异口同声地推荐一个乡下人——舜，耳听为虚，眼见为实。虽然对舜的淳朴宽厚、谦虚谨慎有所耳闻，但治理天下唯有德才兼备的人才能胜任。尧帝就把两个女儿嫁给了大舜，希望由娥皇和女英来观察、考验他对内的行持，并派了九个儿子来辅佐舜，以此来考验他对外立身处世的能力。

皇英姐妹下嫁给大舜后，丝毫没有以公主自居，反而非常克勤克俭、战战兢兢，唯恐让父亲和天下的百姓失望。所以她们就真正踏踏实实地像个农民的女儿、农民的妻子一样，去田里干最繁重的粗活，忍受公婆各种各样的刁难。服侍舜和他的父母，以及小叔子象，非常地周到和恭敬。因为她们能够安宁守分，尽心竭力地把妇道演绎出来，被天下百姓尊为圣贤的女子。不仅是舜的得力助手，也成全了舜始终不渝的孝心。

有一次，父亲让舜上房修补屋顶。没想到，舜上去后，父亲就在下面放火。大火熊熊燃烧，万分危险之时，只见舜两手各撑着一个大的竹笠，像大鹏鸟一样从房上从容不迫地跳下来，原来聪慧的妻子觉察到父亲不怀好意，早已为舜安排好了。

又有一次，父亲命舜凿井。舜凿到井的深处，父亲和象就从上面往井里倒土，想把舜埋在井里。没想到舜在二位夫人的安排下，早已在井的一侧凿了一个通道，又从容地躲过一劫。

当象得意地以为舜的财产都归自己所有时，猛然见到舜走了进来，大吃一惊，慌忙掩饰了一番，但舜并未露出愤怒的脸色，仿佛若无其事。此后奉侍父母，对待弟弟，越加谨慎了。

我们看到姐妹俩的爱心，体会一下她们为什么能做到这些？人无远虑，才会有近忧，如果做妻子的不知道自己深远的责任，天天叽叽歪歪地在耳边扇风，每天纠缠这些还有完吗？所以不管怎样，对待夫君的父母，只有真诚善巧地帮他们改正过失，才是为成就一个让天下安定、子民幸福的圣君，做到了应有的本分，也才是真正地助夫成德。

尧帝得知舜的事迹后，更加赞赏，继续对舜进行考验，在让舜处理政事二十年、代理摄政八年之后，才正式把王位传给舜。足见古代的帝王对于王位的继承，确实是用心良苦，丝毫不敢大意。假如不能以仁治世，以德治国，国家就难以长治久安。

舜继承王位时，并不感到欢喜，反而伤感地说："即使我拥有了天下，父母依然不喜欢我，我作为天子、帝王又有什么用？"他的这一片至德的孝行，沥血丹心，莫不令闻者感同身受、潸然泪下。皇天不负苦心人，所谓"精诚所至，金石为开"，最后舜终于用他至诚的孝心孝行，感化了他的父母和弟弟。

人之初，性本善。我们天性至善、至敬、至仁、至慈，同样都是人，身为万物之灵，舜能做到孝顺，相信我们也一样，所以孟子感叹："舜何人也？予何人也？有为者，亦若是！"假如我们能以舜为榜样，真正尽到"孝亲、顺亲"的本分，深信必能缔造幸福美满的家庭。继而，再将"孝"扩大到周遭所有的人、事、物，任何的冲突对立都会冰释消融。至孝的大爱孕育出的是上下无怨、人民和睦的和谐社会。

孝是一切道德和爱心的根源，是一个人为人处世的根本，是做人的基本要求，愿我们都能以身作则，相互勉励，做一个真正的孝子。

学习古圣先贤，不能只羡慕他们的地位，大舜是那么容易做来的吗？娥皇和女英进家门时，他已经因为孝行名满天下。当大舜尊老爱幼时，身边的人也都学会了尊敬长辈，呵护幼小孩子。去打渔时做礼让的模范，把鱼最多的地方让给老人，自己宁可少钓鱼。物质上虽有缺失，但德行却在积累，想想咱们能舍得出去吗？我们不舍，所以我们不得。大舍大得，不舍就不得。

每一个王国的建立，都有很深的因缘。新东方的俞敏洪，我们都很赞叹他。在北大上学时，他就比较具备为同学服务的精神。虽然成绩不怎么样，但他从小就热爱劳动，从小学一年级就一直打扫教室卫生。到了北大，这种良好的习惯继续保持：每天打扫宿舍卫生，而且一干就是四年，所以他们宿舍从来没排过值日表。另外，他还每天都拎着宿舍的水壶去打水，把这当作一种体育锻炼，后来大家都习惯了，甚至有时候他忘了打水，同学就说"俞敏洪怎么还不去打水"，而重点在于，他并不觉得打水是一件吃亏的事情，因为大家都是同学，互相帮助是理所当然的。

俞先生为什么能有这样的德行？他妈妈是个女村长，村里大小事都找她，爸爸是个木匠兼瓦匠，周围几个村有什么事都找他爸，他爸爸也不收人家钱就去帮忙，反正是混顿好饭吃。家里想盖猪圈，围墙的砖石瓦块都是一点点捡来的，在捡的过程中，还是孩子的俞敏洪已经看在了心里。

他不是一下子考上北大的，没信心的时候，母亲就说："咱家盖猪圈和院墙的碎砖烂瓦，是你爸一块一块从街上捡来的，你也得努力。"他就想：到北京上大学这个宏伟的目标，就像盖房子、盖宫殿，差一块砖也垒不起来，没考上说明我的砖石瓦块还没捡够。

前两年高考，他都落榜了，第三年超过北大录取分数线七分。到了北京，他特别珍惜这个学习机会，跟自己所有的同学都保持好关系，看到同学读名著，听说有的同学上高中就读过了，他就拼命读，以缩小与同学的差距，为了纠正发音，他甚至还含过小石子练发声。

总而言之，他的这些坚强的毅力、平常待人处世的态度，一直让他身边的同学在感动着。又过了十年，1995年年底，他的英语培训学校"新东方"做到了一定规模，需要合作，他就跑到美国和加拿大去寻找他的同学。在他看来，这些大学同学都是他生命的榜样，包括他的班长王强等。他当时带了大把的美元，在美国非常大方地花钱，就是想让同学知道在中国也能赚钱。大概他认为这样就能让他们回到祖国。

后来同学们回来了，是不是因为"钱"呢？他的同学给出了一个十分意外的理由："俞敏洪，我们回去，是冲着你过去为我们打了四年水。我们知道你有这样一种精神，所以你有饭吃肯定不会给我们粥喝，让我们一起回中国，共同干新东方吧。"这才有了今日的新东方。

有的人一生过得很伟大，有的人一生却过得很平庸。如果我们有伟大的理想和善良的心，就一定能把很多平庸的日子堆砌起来，变成一个伟大的生命。但是，如果每天庸庸碌碌，没有理想，从此停止进步，那一生的日子堆积起来也只是一堆琐碎，《大学》说："有德此有人，有人此有土，有土此有财，有财此有用，德者，本也；财者，末也。"

后来俞敏洪回忆，是因为他的父亲和母亲，在他内心中长成了参天大树，父母把德行的根给他扎得太深太深了。他的妻子在他成功后说："俞敏洪，现在成功的男人都不回家吃饭，这不是真正的成功，你最近回家吃饭不多。"后来俞敏洪就想：我一定要工作成功，还要尽量地按时回家吃饭，他就继续努力，并且以此为光荣。有一次记者采访他，他很幸福地晒出太太让他回家吃饭的信息，他把这个当成人生奋斗的动力。

他说很想躺在沙滩上把这些放下，一想这么多人在跟着他干，他还得努力。新东方初建，他的母亲就从农村来给他管账，董事会议定一些决策时，别人就故意问他："这个对你母亲适用吗？"他就打着磕巴说："我母亲例外吧。"因为他母亲常常以她的思维来干涉，有时给新东方的扩展也坚持提建议，甚至让一些人烦恼，但是俞敏洪都跟大家讲："没有母亲就没有我,你们看在我的面子上,不要太见怪。"他说:"现在事业上所有的成功,都不如我让八十多岁的老母亲开开心心地过她的余生,我在外面再辉煌的应酬,都不如我回去陪我的老母亲过个生日,让她开心一笑。"

所以一个人真正有德行,或许当时得不到多少赞美,但那些同学,在他要做大事的时候,就放下国外优厚的工作待遇来支持他,因为觉得他行,觉得他值。我们是不是那个值得的人?

"可以托六尺之孤,可以寄百里之命"。假如我们生命到了尽头,可是家中还有七老八十的父母,可以托付给哪个朋友?那再问问自己,我们是别人这样的朋友吗?即使亲兄弟姐妹,有时也很难说哪一件事,他能做得很圆满。所以学圣习贤,我们会遇到超越人世间情义的兄弟姐妹,这个不能够以这一世的情分去论。说不定几千年前我们都一起共事,甚至千千万万年,那也很难说。

从娥皇女英、大舜的德行再到俞敏洪,都是古今同理,一国事、一家事、一个人做事亦如是,家国天下道理都是相通的,古今圣贤人的存心都是一样的,"一家仁,一国兴仁;一家让,一国兴让。一人贪戾,一国作乱"。

尧帝把王位让给舜,娥皇和女英也水到渠成地坐到了该坐的位置上。娥皇做了王后,女英做了王妃。而她们服侍、照顾公公婆婆和小叔子象,一直恭敬如初。姐妹俩谦虚谨慎、恭敬勤俭、尽本分的举动,也成了天下女性学习的良好典范。所以女性的伟大,在于她拥有大地般的慈爱、容忍和孕育万物的胸怀。

如果天下的女子,都能用真诚心去感受家人和身边所有人的需要,做到孝敬父母公婆、协助丈夫、教育好子女,这样不仅是在成就自己和家庭的美满幸福,也是在为后代做好的表率。榜样的力量是无穷的,这种榜样的作用,对国家和全社会乃至于全人类的意义是非常深的。人类历史的延续是靠社会人才的代代承传，而每个人都是母亲生养、哺育、教养出来的，所以女子在家庭中所付出的一切，正是家族世代兴旺、社会永续发展的基础和保证，今天就是来学习她们怎样兴旺家族、隆盛国家，绵延永续咱们的中华民族。

基业、基石就在女子的手上。别觉得跟我们没关系，我们真做、真改，家里一定会有不同的变化。

做一个孝父母的女子
——事父母章 第十二

孝是德行的根本，供养父母不难，恭敬、孝顺父母才难。从铺床、缝衣、吃饭等日常小事上要谨慎侍奉父母，大事上更要不违逆双亲。为人妻要拿出对父母一样的至诚孝心侍奉公婆，即使贵为后妃对双亲的孝心也不改变。

【孝敬者。事亲之本也。养非难也。敬为难。以饮食供奉为孝。斯末矣。孔子曰。孝者。人道之至德。夫通于神明。感于四海。孝之至也。】

孝敬是奉侍父母的根本。供养父母并不难，恭敬父母才难。供奉父母饮食是最低层次的孝。孔子说："孝是人最重要的德行。孝达到最高境界，可以通达神明，感动四海。"

《孝经》里有句话说："孝悌之至，通于神明，光于四海，无所不通。"是说孝悌之心到了极致，一定会感通、感格天地。自古因孝顺感天动地的人也很多。

"夫孝，德之本也，教之所由生也"。孝是事亲之本，侍奉、孝敬父母是做人最根本的事。"教育"的"教"是一个"孝"加一个反文旁。人类能够传续，就是因为以文相授、以孝为基。

假如没有文字，怎样传承人类的文明和文化？假如没有孝道做根基，学再多的文化有什么用？有一个留美的中国学生，国内有父母、妻子，十六年拿不下学位，打点工挣点钱，就在大洋彼岸吃喝玩乐、乐不思蜀了，真是很丢中国人的颜面。他在国内应该也算高才生，可是"高才生"只给了他无尽的自私自利和没有止境的享乐。

一些留学生"一年土，二年洋，三年忘了爹和娘，四年坚决不回家乡"，这都是因为没有德行，有德行的孩子，永远不会忘记远方的祖国和父母。古人假如去外地做官，就会拿上点乡土、粗布和家里用的最粗陋的器皿，为的是不要忘本，看到这些东西就是对人一种无声的教育。

现在做长辈、做老师的，甚至社会教育界的人士，已经疏忽了知恩、感恩、报恩的教育。每个孩子都是母亲身上的一块肉，孩子的生日，真是父忧母难日，为什么强调母亲的恩德？为什么强调母亲受难？因为一个孩子在父母面前要有长有幼，找到做子女的本分。《母亲》那首歌里也唱："无论你官多大，到什么时候也不能忘记咱的妈。"母亲是带我们来到这个世界的本源。

孝是德行的根本。在现代社会，供养父母吃穿太容易了，他能吃多少？吃一碗饭差不多了，再给第二碗盛满点，吃不下去了，衣服穿几年也穿不坏。所以最重要的是对父母有恭敬心，能够顺承亲意的心。

曲靖有位二十八岁的女子，结婚已经四年了，通过对生活的切身体会，她总结："对婆婆不仅要有对母亲的亲爱，更要有对自己母亲没有的一份敬爱，要不然就很难相处好。"如果只有敬爱，没有亲爱，婆婆就感觉跟你在事上、心上有隔阂。婆媳是缔结一个家族的纽带，是家族兴旺不容忽视的点，两个节点在同一个家族里，要好好地相依相惜。

孝敬父母有四层，最容易的是孝父母之身，然后孝父母之心，孝父母之志，第四个是孝父母之慧。小孝才孝身，中孝孝心，大孝可以综合到一起，志气兼智慧。

《孝经》里说："夫孝，德之本也。"孝是天经地义的事。《论语》

里，子夏问孝。孔老夫子说："色难。"咱们有没有对父母时常保持和悦的脸色呢？子夏又说："有事，弟子服其劳，有酒食，先生馔，曾是以为孝乎？"所以孝敬父母不求于外表的形式，而要求之于内心。在《论语·为政》中子游问孝，子曰："今之孝者是谓能养（音样），至于犬马皆能有养，不敬何以别乎？"许多人认为孝就是养父母、让父母吃饱，其实养狗和马也要让它们吃饱，如果只是给饭吃而没有真正地恭敬，那又有什么区别呢？

自然界中，能够顶天立地在大地上行走的就是人。人是三才之一，是天地之间最有智慧的。天无私覆，地无私载。"天行健，君子以自强不息；地势坤，君子以厚德载物"，我们要参天地之化育，把天地的德行演绎出来。

【昔者虞舜善事其亲。终身而慕。文王善事其亲。色忧满容。或曰。此圣人之孝。非妇人之所宜也。是不然。孝悌。天性也。岂有间于男女乎，事亲者。以圣人为至。】

"慕"是怀念、思慕。"色"指颜色、外表。"忧"是忧愁、忧虑。"宜"是合适、适当的意思。"间"是空隙、缝隙，引申为差别、距离。

这一节是说，虞帝舜善于侍奉亲人，终生都爱慕父母，周文王善于侍奉父母，老人生病时，满面愁容，有人说："这是圣人的孝道，对于妇人不适合。"其实不是这样，孝顺父母、友爱兄弟是人的天性，哪有男女之分呢？侍奉亲人，要以圣人的孝道为最高准则。

"取法乎上，得乎其中"，高目标、严要求，将来达到的行仪和德行才越容易接近圆满。

我们看看周文王怎么样尽孝的。周文王姓姬名昌，当他做世子的时候，每天去朝见他的父亲王季三次，在清晨鸡叫的时候他早就穿好了礼服，来到父亲的寝门外问安，等着小官回报父亲安好时，他才面露喜色，正午和傍晚，又分别再向父亲请安一次，这已不再是"晨则省，昏则定"

了。

　　遇到父亲身体有点不舒服时，文王的脸上，就充满了忧愁的神情，连走路都不端正了。等到父亲饮食、身体复原，他才恢复常态。饭菜端给父亲前，文王一定亲自检查饭菜的冷热。等父亲吃完了饭，文王就问父亲吃得怎么样，并且告诉掌厨的人，不能够把剩菜剩饭再端给父亲，掌厨的人每次听着文王的嘱咐，都很感动。

　　周朝是中国历史朝代中国运最长的。姬姓之后，百世昌隆，都是周文王的孝德所开启的。然而文王的行为，只是晨昏定省的伦常，是每个人都应当做的。可是我们真的就没有做到，这是因为我们对父母没有至诚的恭敬心。看似平庸、平凡的点滴行为，都在成就着大德。大家都有父母，如果愿意日后子孙昌隆，为什么不效法先王先哲去孝敬老人？在家里没有真实的恭敬心，在外面就很自然地会流露出我们缺少礼敬。

　　前不久，天津第三届传统文化论坛，办了个女德专场，讲完课我就回到了住的地方，跟母亲的住处相隔大概五分钟的路程，我先回到了房间，洗洗漱漱之后再去母亲那儿，前后得差半小时。后来妹妹打电话说："你到了没？"我说："我到了。"她说："不对啊，我给妈打电话，说你没到啊。"我的脸噌就红了，妹妹问的是到妈那儿了没，我是到了自己的房间了。所以这都是要学习的地方，不能熟而无礼，要久而敬之。

　　我就赶紧给老妈打电话，说："太惭愧了，我到这边了，准备洗漱一下。"都是以"我"的感觉为重，出了汗受不了，讲了一天了得洗洗漱漱，清清爽爽地去。你忍耐那一会儿又怎么样？所以我们干净清爽去见父母是对父母的敬，可是，如果是以自己受不了为标准，这里还是有不圆满的地方。

　　钟博士从美国留学回来，转到香港，又从香港坐车回广州。一敲门，见到母亲穿着新的连衣裙，发型也是新做的，在给他泡茶。母亲说："一听就是你回来了，看我剪了个发，又换上了新的连衣裙，正给你准备茶水。"在美国剪发，合人民币差不多一百二十块，钟博士就留着头发，结果长得很长，跟个小乞丐似的。头发一长，人就显瘦，再加上旅途劳顿，人的整个状态看起来就不太好。因为漂洋过海地去留学，父母很担心我们在外头是不是过得好、吃得好，是不是如意。后来他一看母亲的样子，特别惭愧，也联想到很多的年轻人见男朋友、女朋友，都打扮得特别光鲜，在父母面前却极尽疲塌之能事，这都是不孝，这很隐微。

钟博士说自己是学金融的，什么都用钱去算，那时候在国外打工，一个小时是6.35块美元。他一想剪发要花两个小时打工的钱，就一直没有剪。但是，如果光彩照人地回来，让自己的母亲、亲友们都开心，这是钱买不来的。这么久不见，母亲在这边也非常地辛劳，真为母亲着想的话，就该清清爽爽地见母亲。

所以这两个故事，大家体会，如果我是没洗澡、也没洗头就去见母亲，对于在等待的母亲来说，可能就很合适。可是钟妈妈就很喜欢打理得利利索索的，所以深体自己母亲的心意，来行孝敬之心。

所以尽孝，要揪住自己这颗心问问有多少真诚？甚至有的人说，我对你妈好，是希望你对我妈好，这是有求。对你妈这么好，你对我妈稍微没跟上步伐，就不行了，这都是我们没有观到自己那颗不纯的心。所以有敬的行为，还要有敬的心。

【若夫以声音笑貌为乐者。不善事其亲者也。诚孝爱敬。无所违者。斯善事其亲者也。县衾敛簟（音悬亲脸店）**。节文之末。纫箴补缀。帅事之微。必也恪勤朝夕。无怠逆于所命。祇敬尤严于杖履。旨甘必谨于馂余。而况大于此者乎。是故不辱其身。不违其亲。斯事亲之大者也。】**

"县"指悬挂。"衾"指被子。"敛"是收缩。"簟"是竹席。"节文"就是礼节、仪式。"纫箴"是用线穿针。"补缀"，缝补衣服。"帅"与"率"同，是循着的意思。"微"指的是精深、奥妙，"恪"，是非常恭敬勤恳的样子。"朝夕"，从早到晚，时时、常常的意思。

"怠"，懈怠、怠惰。"逆"，倒向、颠倒、背叛。"祗敬"指恭敬。"履"，杖履，老人用的手杖和鞋子，引申为对老者、尊者的敬称。"旨甘"是美好的食物。"馂余"，吃剩的食物。"不辱其身"，屈辱自己的身份。"不违其亲"，不违背父母长辈，"斯事亲之大也"，这都是孝敬父母的大事。

如果作为儿女只用声音笑貌使父母开心，不能算善于侍奉父母。至诚行孝，爱敬存心，不违背父母的意愿，这是善于侍奉父母。晾晒被子、收卷枕席、制作衣物、缝补漏洞，这些都是礼节中细枝末节的事。一定要每天勤恳侍奉，不能懈怠有违父母之命。对老人的手杖鞋子都要谨慎恭敬，对吃剩下的食物都要当作美味的食物去吃，何况比这些更重要的事情呢？所以守身如玉不自辱，侍奉双亲不违逆，这是重要的孝亲之道。

我们的孝心出自至诚，恭敬心也要出自至爱。无论是女儿还是儿媳妇，侍奉父母公婆至少要铺床叠被。父母、公婆的衣服有破损要及时缝补好，不能怠慢父母长辈给安排的事情。对待他们使用的物品，都要爱护，不能损坏。《礼记》说，父母吃饭用的餐具和器物，不是父母已经用过的就不敢用，父母给孩子这些饮食类的东西，父母没吃过的，孩子就不敢吃。父母吃剩下的饭菜，子妇们要尽力地吃完，这是唯恐有厌弃父母剩食的嫌疑，也担心剩饭菜再给父母吃会轻慢了父母。

我们仔细体会古圣先贤的用心，太慈悲了。如果没有诚敬之心，只用嬉笑的容貌来哄父母开心，不足为有孝心，有恭敬心的孝才是圆满。不要等父母老了再去孝敬，生命很脆弱，"树欲静而风不止，子欲养而亲不待"，别遗憾半生。

我们基本上都知道周星驰，但是知道周星驰是孝子吗？他的母亲与父亲离异那一年，周星驰才七岁，他和姐姐、妹妹一同判给了母亲凌宝儿，为了维持生活，凌宝儿一个人打了两份工，令她欣慰的是，孩子们都特乖巧懂事，尤其周星驰，成绩十分优秀，最得凌宝儿钟爱。

只有一件事，让凌宝儿烦心：三个孩子都正是长身体的时候，所以不管多么困难，每个星期，凌宝儿都要称点肉或买尾鱼，给孩子们加餐，或许是平时太娇惯了，或许是难得吃上一回鱼肉，菜一上桌，周星驰就把菜端到自己的身边，专拣好的吃，姐姐妹妹却懂事得很，从不和他争，但是周星驰的饭量很小，吃了两块就吃不下去了，然后，他就开始胡闹，总还要捡两块，放到嘴里嚼两下，再吐到碟子里。他嚼过了的，姐姐妹妹哪还肯吃啊！为了不浪费，凌宝儿只好自己吃。为这事，凌宝儿没少批评周星驰，但是一点作用都没有。好在周星驰别的方面表现都很好，日子久了，凌宝儿就随他去了。小孩子嘛，哪有不顽皮的呢？

可是有一次，凌宝儿两个月没发工资了，好不容易从娘家弄来了一些钱，买了几只鸡腿，烧得金黄喷香。菜刚上桌，周星驰就小猴儿似的爬上桌，用手抓起一只鸡腿就啃，还一边冲着姐姐妹妹做鬼脸。一不小心，手一滑，鸡腿掉地上了，沾满了尘土，落在一摊鸡屎旁边。凌宝儿又是生气又是心疼，买这几只鸡腿容易吗？再想想周星驰平时的顽皮表现，凌宝儿决定这次要好好教训他。她取过一根桑树条，狠狠地抽了周星驰十几下："让你顽皮，让你不知珍惜！"直到姐姐妹妹扑过来把周星驰护在身体下面，凌宝儿才放下桑树条，搂着三个孩子抱头痛哭。哭了好一会儿，才开始吃饭。凌宝儿把鸡腿捡了起来，用开水冲洗一下，舍不得扔自己吃了。

那天晚上，凌宝儿抚着周星驰身上的伤痕："还疼吗？""不疼了""下次还调皮吗？"黑暗中，周星驰的眼睛十分明亮，他"嘻嘻"地笑着："睡吧，妈，我明天还要上课呢。"2001年，周星驰、凌宝儿做客凤凰卫视时，又说起了这件往事，"是的，那时他可是真顽皮啊，全不知道，这饭菜来得多不容易，一点也不珍惜。"凌宝儿笑容慈祥，周星驰接过话茬，声音开始哽咽："您想想，我要是不把鸡腿弄到地上，您会舍得吃吗？那几年里，有什么好吃的，您全给了我们姐弟三人，您成天就吃咸菜啊！于是我们才想出这办法，只有这样，您才会吃啊！"周星驰挂着两行泪水满面微笑。

在亿万的电视观众面前，这对母子抱在了一起。无数的观众也在这一刻，流下泪来。虽然周星驰演戏无数，精品众多，但他最好的戏，就是在七岁那年，演绎了一份血浓于水、骨肉连心的挚爱亲情，唯一的观众，是他的母亲。

他为什么能成为这样一位明星？我们天天追星，追的其实是他的荣华富贵和万人追捧，怎么不追追人家在穷困生活中的"兄弟睦，孝在中"？

泉州有一位特别厚道的师兄，他说，母亲在世时，就喜欢他坐在眼前，然后老人家自己端着饭碗，说着话，也不管是吐沫鼻涕，就"阿嚏……"他说："我就想，自己小时候大小便什么的，都没有办法自理，是眼前这个人把我照顾大的。今天母亲老了，我心里还觉着'哎呦，她这吐沫渣怎么又到碗里了，一会儿她吃得完吃不完……'我很羞愧！后来我就克服这个，怎么办？老人跟你聊得挺高兴，说着说着半碗饭就'我不吃了，我饱了'。"把剩下的半碗递给儿子："你倒了吧。"这位师兄就说："妈，我不倒，我吃了。"他当着母亲的面就吃了。

这比任何事都让老人家笑得开心，而且她会觉得："我都这样了，儿子也不嫌我。"他说："天啊，原来替母亲吃剩饭，还能让母亲这么安慰。"刚开始时，就是觉得也省得下楼去倒了，就吃了吧，后来就成了尽孝的一种方式，一个孝子是老吾老，才能以及人之老，对自己父母都没有真实的孝心和爱心，怎么能爱到身边的人？

有一次钟老师给我发了个邮件，是胡小林老师前一天在香港讲课的内容，我听了以后确实很震撼，胡老师在父亲临终前，常常会去陪伴老人，有一次在老人家房间里，给他按摩时，他放了个屁，胡老师马上就把窗户打开了。

第二天他再去给父亲按摩时，父亲就各种推辞，说："你也挺忙的，不用老给我按了，这个按多了也不好。"后来胡老师家的小阿姨就说：

"是不是昨天姨夫放了个屁，你就把窗户打开了，他特怕冷。"其实老人家怕冷是一方面，这个时候开窗户，也会让他觉得被嫌弃和不好意思。后来胡老师就想，我怎么就这么丢人，天天讲得挺像回事，真刀真枪地就干不下去。

王希海大哥的父亲瘫痪二十六年，他总是给父亲擦身，擦完了都及时穿衣服。有的人，老人瘫痪了，为了照顾方便，给老人盖一个单子在身上，医生一来，"哗"给他掀了，老人赤条条的，不知道腿脚往哪儿放，因为他很羞惭。人都有羞耻心，尤其在他老而无依无靠的时候。

所以要克己复礼，非得在父母这来真的。这并不是让大家一定去吃父母有吐沫星子的饭，但是我们问问自己，干得了这个事吗？干不了。王希海大哥，久病床前算有孝子了，如果说他父亲三年走了，那也都是情理当中的事。嘴对嘴给父亲吸痰，想想咱们，谁做得到？父亲拉大便，他常常会用手情不自禁地去接，接下来看着大便就感动。爸爸得多舒服，虽然父亲不会说话了，但是他自己有感觉。我们大便完了觉得很舒畅，那父亲也是一样。

这种心意，做儿女的要学到，假如对父母没尽到职责，那么所谓的事业、家业、道业都兴旺的，基本上没可能。像一个大楼没有地基，怎么一层一层地再往上盖？看着是个大楼，实际上是"危楼"！

【夫自幼而笄。既笄而有室家之望焉。推事父母之道于舅姑。无以复加损矣。故仁人之事亲也。不以既贵而移其孝。不以既富而改其心。故曰事亲如事天。又曰。孝莫大于宁亲。可不敬乎。诗曰。害浣害否。归宁父母。此后妃之谓也。】

"笄"，女子十五岁成年之礼。"宁"，是归宁，谓归而问安宁也。"害"，是何的意思。"浣"，是洗濯。

女子从小到成年，嫁人后就要守好为妻之道，以侍奉父母的方式来孝敬公婆，孝心不能有所减退。因此仁人侍奉双亲，不因尊贵就忘记孝敬，不因富有就改变孝心。所以，侍奉父母要像对待上天一样恭敬，孝顺父母最重要的是使父母心安。对此能不慎重吗？《诗经》上说："那件不洗哪件洗，我要回家拜爹娘。"这说的是后妃的德行。

《葛覃》（《诗经》篇目）就说，太姒欲归而问安于自己的父母，服浣濯之葛衣服，谓其师母曰，何者当浣，何者犹可以不浣，我将服之，以归宁于父母矣，此谓后妃之孝。是说后妃要回娘家给父母问安，穿着也要得体。别拿着富贵之气，让父母自惭形秽。有一位同仁说："回到乡土气息浓厚的家里，就特别换上符合家乡民情的服饰，让姐妹们、家亲们感觉，你跟他们一样，还是从前的那个你。"

给大家分享一下"笄礼"。像男孩的"冠礼"一样，笄礼是表示女孩子成人的一种仪式。笄礼的古义是女子订婚（许嫁）以后，出嫁之前所行的礼，在举行礼仪的程序上与冠礼大体相同，是非常神圣的，是对女孩子的一个教育和人生责任、社会角色的一个提醒，是说要从姑娘变成媳妇了。

女子在结婚前参加了这样的仪式后，就要把该长养的东西长养起来，要做媳妇了，就不能像在妈妈身边一样了。到了先生家就要承担家族的责任和使命了，既要有坚韧的心境，又要有女子的柔美。虽说女主静，主阴柔，但是得让大家看到我们光明、美善的一面。所以这种柔美是有韧度的，让人感觉不软弱，是一种非常阳光的香闺正气。

男孩子的冠礼是十八虚，女孩子的笄礼是十六岁，也有说是十五岁，整个的礼仪有宾、司、赞者、参礼者，行礼的地点适宜在堂室。

在中国，这种古礼也是一种教化。礼仪的过程中，参与者可以感受古圣先贤智慧的力量。"凡事豫则立，不豫则废"。现在的年轻人还不知道怎么样做媳妇、做妻子，就结婚了。白雪公主和白马王子结婚了，音乐很美、画面很美。一过日子不是那回事，柴米油盐酱醋茶，孩子再生上个一俩仨，这才是婚姻。做妻子的，不仅是要在外面端庄，在家里更是要有一个比较清爽的模样，这才是做妻子的懂得爱自己，从内到外收束自己的身、心、灵，这样才会有内在的幸福在我们的身上、在家庭里流淌出来。

所以要努力的空间还很大，对父母、公婆、对天下的老人要尽孝。今天我们能孝，未来就会有孩子来孝敬我们。一个"孝"字，"老""子"不分。传承中国文化，学习女德母教，一定要从我做起，把孝道承接过来，传扬给我们的后代子孙。所谓"闺阃乃圣贤所出之地，母教为天下太平之源"，我们要做好生命真正的本源。

做一个助丈夫的女子
——事君章 第十三

女子侍奉丈夫的重要原则：忠信诚实为根本；秉礼守义以防范过失；勤劳节俭可做表率；与众人相处要慈爱和睦；常读诗书谨记古人的劝诫，专心做好妻子分内的事，不干涉夫君的事。女子把丈夫看作天，尊卑关系就分明了，丈夫属阳主动，要刚健而果断；妻子属阴主静，要柔顺而依从。要是真信老祖宗，就知道夫妻两个本是一体的两面，两个人的福报本就是共有的，不是南征北战征来的，不去"征"，该是你的仍然还是你的。

【妇人之事君。比昵左右。难制而易惑。难抑而易骄。然则有道乎。曰。有。忠诚以为本。礼义以为防。勤俭以率下。慈和以处众。诵诗读书。不忘规谏。寝兴夙夜。惟职爱君。】

"比"是亲近、和睦。"昵"是指距离近。"比昵"就是亲近。"惑"是迷惑、疑惑。"难制"就是难以遵从、遵守。"抑"是向下压，抑制、阻止的意思。"骄"是骄傲、轻视、怠慢。"礼义"礼法道义，礼，谓人所覆；义，谓事之宜。"防"是堤岸。"率下"指做下属的表率；领导下属。"慈和"，慈爱和睦，能够处众。"寝"，息也。"兴"，起。"夙"，早也。

那么侍奉君主有什么道理可循吗？答案是有的。以忠信诚实为根本；以秉礼守义来防范过失；以勤劳节俭做下属表率；与众人相处慈爱和睦。读诵诗书典籍，了解历史，常记古人的劝诫，从中汲取古人的智慧，一心辅助夫君，做好女子分内的事。早起晚睡，以敬爱君主为职责。

侍奉君主的女子容易"难禁制而易眩惑，难遏抑而易骄纵"。觉着一步登天了，刚开始可能还有戒备的心，时间一长难以约束心念，容易被眼前的富贵名位所迷惑，难以卑顺行事，于是骄纵起来。人家对丈夫的恭敬，一不留神也当成是对自己的恭敬。

有一位大德说："我身边没有一个真正有修为的。"她看到了她身边的人，日渐生起傲慢的习气。她本人很有修为，当很多的人来拜访她时，对大德敬仰的同时，对他们也很尊敬，结果旁边的人没有那么高的修为，被人家一抬举，心念就浮动了，这个是很让人担心的事情。

【居处有常。服食有节。言语有章。戒谨逸愿。中馈是专。外事不涉。教令不出。远离邪僻。威仪是力。毋擅宠而怙恩。毋干政而挠法。擅宠则骄。怙恩则妒。干政则乖。挠法则乱。谚云。泪水淖泥。破家妒妻。】

"居则有常处"，就是"居有常，业无变"，"居处"指平日的仪容举止、日常生活。"常"，规律、正常的状态。"服食"，衣着、食物。"节"，节制、管束。"有章"，有法度、有文采。"戒谨"是戒慎、小心谨慎。"逸"，谮也。"愿"，邪也，"逸愿"是邪恶奸佞。"馈"，食也，"中馈"，家中供膳诸事。"专"引申为纯笃，对某种学术或技能有特长。"外事"，朝廷正事。"涉"，入，进入。"教令"教化命令。"邪僻"乖谬不正；也指品行不端的人。"力"，用力以修其威仪也，你的德行人家一看你的外貌、言语和行为就感受到了，这叫威仪是力。

居处不轻易变动，衣服饮食有节制，说话有文采，远离邪恶奸佞。专注办好供膳等分内事，不干涉政事，只教导命令宫中之事。远离淫邪私僻的事，保持庄重的仪容举止。不要独占君主的宠爱而仗恃龙恩，不要干涉政事、扰乱法纪。独占宠爱就会骄纵，仗恃恩宠就会妒忌，干涉政事就会扰乱法纪，就会引起动乱。谚语说："人淹没在水中是被淤泥所陷；家道衰落是因为有妒忌的妻子。"

古人说文章要"信、达、雅"，首先要是真实的，让人感觉读起来很通达，"雅"是有一定的文采。对女子说的"居则有常处"表面上是居处不要变，实际上是让我们有"定"。衣服饮食都不要过度，说话要会说话，适当的时候说适当的话。"妇言"是"择辞而说，不道恶语，时然后言，不厌于人"，"妇言尚简婉"，"妇言不必辩口利辞也"。

这都是时时提起我们的警戒。专注地办好膳食等后院的事情，不干涉前面的内政，只教导命令宫内之事，远离淫邪私僻诸事（人），保持庄重的仪容和举止，不要独占君主的宠爱，更不要恃宠爱而去干政、扰乱法纪。

现在夫妻是不是也这样？照顾公婆会有闲话，在外面干点正事回来晚了，说不定又有脸色，搞不好还一哭二闹，这都是女子不明理。

【不骄不妒。身之福也。诗曰。乐只君子。福履绥之。夫受命守分。僭黩不生。诗曰。夙夜在公。寔命不同。是故姜后脱簪。载籍攸贤。班姬辞辇。古今称誉。】

"乐只"说特别和美、乐在其中。"君子"指的是众妃、后妃们。"履"是禄。"绥"是安的意思。这是说太姒不妒忌而恩逮于下，故众妾乐其德而称愿之，就是愿意赞叹、称赞她。赞叹她："南有樛木，则葛藟累之矣；乐只君子，则福履绥之矣。"

由此观之，女子不骄不妒是自己保持身家的福祉之所在，也是全家的福气。《诗经·周南·樛木》中说："众妃乐开怀，福禄安享之。"后宫女子受君之命安守本分，不起非分之想，《诗经·召南·小星》中说："姬妾夜晚入侍君，天没亮就要离开，早晚奔忙是因为妾妃与皇后的使命不同。"因此周宣王的姜皇后脱簪待罪，典籍中记载了她的贤德；汉成帝的姬妾班婕妤辞谢与皇帝同车，古今都称赞她的美德。

一个正宫王后，不被身边的妃嫔忌妒障碍，还被真心真意地颂扬、赞叹，足见太姒后妃之德。受君之命，就是国君特别重用、看中我们，也要守好自己的职分。天所附之命，寔与实同，"寔"特别指天命。

姜后是齐侯的女儿、周宣王的王后。年幼时，父母非常重视对她的家庭教育，还专请善传德义的傅母教导训练，所以她不仅有姣好的容貌，更是一位贤德女子，不合礼之言必不说，不合礼之事必不做。

周宣王即位之初，曾勤于政事。时间一久，不免有些懈怠，不但早睡晚起，而且还常留在后宫不愿离去，延迟上朝听政，见宣王如此迷恋女色，贤明的姜后十分担忧。她想：宣王身为天子，肩负造福天下的重责大任，不能全心于天下百姓，长此以往，非但不能力挽周室的衰落局面，而且难免重蹈周厉王的覆辙，甚至还会葬送掉周朝几百年的社稷，自己也将成为历史罪人。当年夏桀不就是由于迷恋妹喜而被商汤讨伐灭亡的？商纣也是因为妲己而好色误国，最后落得在鹿台自焚的下场吗？

想到这里，姜后就摘下了头上的簪子和耳环等象征王后身份的饰品，换上普通女子的装束，然后拜托傅母代向宣王禀告说："是臣妾无德无才，滋生淫逸享乐之心，以致使君王受累，常常晚朝失礼，给人留下君王好色而忘德的印象。一旦迷恋上女色，就一定会穷奢极欲，疏于朝政，由此诸侯叛离，百姓怨声载道，引起社会的动乱。今天国家存在动乱的潜在因素，根源就是臣妾，所以特请君王治罪于我。"

傅母的禀告，令宣王如梦初醒，惭愧不已，他忙问傅母："王后现在何处？"傅母回答说："王后正站在长巷里，等候君王治罪。"周宣王听罢遂赶往长巷，看到已脱去王后衣冠，自罚为平民等待发落的姜后。

这种引过自责婉谏于君王的妇德，令宣王内心极受震撼，他既悔过又感激地对姜后说："这怎么是王后的错呢？完全是我的失德，不但没有励精图治，全力重整先王创下的基业，更不懂得防微杜渐，以修身为本。如今幸有王后及时提醒，否则我将会成为愧对列祖先王和天下的千古罪人。"

周宣王说完，吩咐随侍将姜后请回后宫。自此以后，他再也没有晚起过，对于政事更加勤勉用心，每天早朝晚归。在修身上，他更是谨小慎微，不失天子威仪。

姜后为了使宣王不再为女色所缚，规定后宫起居内则，侍奉君王者，要等夜色深沉后秉烛而入，一进卧室便要把烛火熄灭。到了鸡鸣时分，就马上起床穿衣，并让身上的玉配等饰物，相互碰撞发出叮当的声音，然后迅速离开。宣王听到声音，也就马上翻身起床。

在姜后和众臣的辅助下，周宣王以中兴周室为己任，继承文王和武王遗下的礼乐教化精神。最终于执政四十五年的时间里，不仅有效延缓了西周王朝的快速衰落，而且还恢复到了周厉王前的太平局面，各诸侯国也纷纷来朝见天子。史称这一时期为"宣王中兴"。

另外一个是汉成帝的妃子——班婕妤，她自幼聪明伶俐，秀色聪慧，工于诗赋，文才出众，读书甚多。班婕妤是班固、班超和班昭的祖姑（姑奶奶）。

对汉成帝而言，班婕妤不只是她的侍妾，也是他的良师益友。班婕妤的贤德在后宫中有口皆碑。因她不干预朝政，谨守礼教，深受时人敬慕，史称"古有樊姬，今有婕妤"。

班婕妤初进宫，汉成帝为班婕妤的美貌及文才所吸引，很是喜爱，为了能够时刻与班婕妤形影不离，他特别命人制作了一辆较大的辇车，以便同车出游，但却遭到班婕妤的拒绝，她说："看古代留下的图画，圣贤之君，都有名臣在侧。夏、商、周三代的末主夏桀、商纣、周幽王，才有嬖幸的妃子在坐，最后竟然落到国亡毁身的境地，我如果和您同车出进，那就跟他们很相似了，能不令人凛然而惊吗？"汉成帝认为她言之成理，同辇出游的意念只好暂时作罢。

当时王太后听到班婕妤以理制情，不与皇帝同车出游，非常欣赏，对左右亲近的人说："古有樊姬，今有班婕妤。"王太后把班婕妤与春秋时代楚庄公的夫人樊姬相提并论，给了她很大的嘉勉与鼓励。

樊姬很贤惠，曾辅佐楚庄王成为"春秋五霸"之一。王太后把班婕妤比作樊姬，使班婕妤的地位在后宫更加突出。班婕妤当时加强在妇德、妇容、妇言、妇工等各方面的修养，希望对汉成帝产生更大的影响，使他成为一个有道的明君。但是汉成帝不是楚庄王，自赵飞燕姐妹入宫后声色犬马，班婕妤受到冷落。

《诗经·周南·樛木》说："众妃乐开怀，福禄安享之。"这是夸赞太姒有德。一个有德的王后、皇后，一定会为身边的妃嫔们着想，哪一个妃子怀孕要生孩子了，她就主动地去照顾、奖励。皇帝要做的，她都提前做了，皇帝能不开心吗？

前不久，在唐山做论坛的发起人，他们家是开奔驰、路虎，福报非常大，用"富裕"这个词形容好像太小了。我们所知道的，他们建的五座寺院和中学都无偿捐给了国家。

这位男士说："我妈妈生了八个孩子，从小就吃不饱穿不暖，我一直在想什么时候能让家里过上好日子，替父母分忧解难。"他是最大的孩子，慢慢地日子过得越来越好。后来他就觉得妻子嫁给他不容易，就把妻子的娘家，全部都帮衬起来，后来朋友也全都帮起来了。

他说："我现在感觉亲戚、朋友都够了，剩下的岁月要为国家民族做点事情。"在殷实的家道面前，很多人就接近他，想着这个事找他帮忙，那个事请他投资。但我们就只看见了人家的福报，没看着也没听说过，他们曾经有多么地艰辛。

吃饭的时候，我们听这个老总说他们家，最困难时，八个孩子天天饿肚子，来客人了，吃饭终于见点油腥，但客人不走，他们谁也吃不上一口。那个年代物质太贫乏了，常常客人走了，连个汤也轮不上他。他说："还数我壮实，算禁打，妈妈有什么不高兴的，就找我撒气。"他都这么承受过来。

他们家穷得吃不上饭，因为他是男孩里的老大，爸爸就带着他去捡大牲畜的粪便。好不容易攒着，换了一百斤玉米粒、玉米楂，想着终于能吃几顿饱饭了。结果一回家他妈就说："谁谁家更可怜，送十斤，那个家也给个三五斤的。"天抹着黑就起来跟爸爸去捡牛粪，换来的口粮，没几下就被他老妈分配光了。

所以财富为什么往人家那儿聚？都穷得掉了底，八个孩子日子该怎么过，但他妈妈还想着比她家更惨的，"那家还不如咱们家，咱们家你爸跟你都还有劳力"，这真是不得了啊。办活动的时候，我们在会场订了好多桌饭菜款待主讲老师和贵宾，这两位八十多岁的老人，不但在会场上一坐就是几个小时，认真聆听老师们的课程，而且还和普通学员一起吃包子。我们看了非常感动，也跟着老人家吃包子。

这个儿子还说："当儿女的呀，只要爹娘还惦记着攒钱，就是对儿女不放心，对未来不抱什么希望，我最感到欣慰的是，我的老妈，八十多岁了，不攒钱了，她感觉到有儿子在，钱没啥用了。"

其实说到这儿，就体会一个女子在家庭里的作用。我们听到这些富人慨叹世事时，一般情况下都是他心境的一个映现。而这些真正富起来的人，回首他们的前身、他们的父辈、祖辈，都是在乡里有名的好人、善人。

谁享谁的福禄都各有因缘。我们没有人家那样的福报，不能够对人家的地位和福报动不太正的念头。我们可以反省自己，怎么这么惭愧，为什么人家那么大福报，想做什么好事就能做成什么好事，我们为什么就这么难呢？咱们的家族没修到他们家族的福报。但我们都属于一个中华民族，所以希望中华民族这样的人越来越多。

每个人的命运和使命都不同。哪个角色都要有人演，可能他就该演富贵相，难得有这种富贵而且能把国家、民族的命运放在心中的人。我们能出心劲、出点心力，还要感谢人家，给我们修福积德的机会。

【我国家隆盛。孝慈高皇后。事我太祖高皇帝。辅成鸿业。居富贵而不骄。职内道而益谨。兢兢业业。不忘夙夜。德盖前古。垂训万世。化行天下。诗曰。思齐太任。文王之母。思媚周姜。京室之妇。此之谓也。】

"鸿业"是大业，一般指国家的基业。"谨"顾名思义谨慎。"职内道"主管。"内"是指宫门或闱门内的人和事。"益"是更的意思。"盖"，超过、胜过。

我大明朝兴隆昌盛，是孝慈高皇后辅佐太祖高皇帝成就霸业。她身居富贵而不骄纵，管理后宫严谨认真，兢兢业业，不分昼夜。德行超过古人，慈训流传后世，教化天下。《诗经》说："雍容端庄是太任，周文王的好母亲，她孝敬婆婆太姜，是周王室的好媳妇。"说的正是这个。

徐皇后一直赞颂她的婆婆，"德盖前古，垂训万世，化行天下"，超过前朝的"三太"和娥皇女英，还引用《诗经》里的话，"思齐太任"。《弟子规》说："见人善，即思齐。"太任是文王之母。"京室之妇"指的是周朝母仪天下的王后、王妃们。

前文我们曾简单地介绍过马皇后，下面再给大家详细地分享一下明太祖孝慈高皇后马氏的故事。马皇后本名不详，是安徽宿州灵璧县人，滁阳王郭子兴的养女，明太祖朱元璋的原配妻子。

马氏的祖上曾是安徽宿州富豪，非常乐善好施。母亲郑媪，在1332年生下马氏不久就去世了。马公没有儿子，视马氏为掌上明珠。马氏自幼聪明，能诗会画，尤其通晓史书。

马氏的父亲马公因为杀人避仇，逃亡他乡，临行时将爱女托付给生死之交郭子兴。郭子兴对马氏视同己出，后来听说马公客死他乡，越发可怜此女孤苦，收为养女。郭子兴教她文化知识，夫人张氏则手把手教她针织刺绣。十几岁的马氏聪明无比，凡事一经指点，马上知晓。

年近二十的马氏，模样端庄，神情秀越，还有一种温婉的态度，无论何等急事，她总举止从容，并没有疾言厉色，所以郭子兴夫妇很是钟爱马氏，一直想给她找一个好夫婿，使她终身有托，不辜负马公遗言。

元朝末年，政治腐败，社会矛盾尖锐，老百姓处于水深火热之中，时值黄河大决口，连年洪水横流，大规模的农民起义爆发了。

1352年，郭子兴在安徽定远起兵响应韩山童、刘福通在颍州（今安徽阜阳）的起义。郭子兴聚众烧香，成为当地白莲教的首领，同年农历二月二十七日，率领起义军攻下濠州后，郭子兴自称元帅。

濠州钟离人朱元璋前来投奔郭子兴的起义军，朱元璋入伍后精明能干，处事得当，打仗时身先士卒，获得的战利品全部都上交郭子兴元帅，得了赏赐，就分给大家，让功于众。不久，朱元璋在部队中的好名声传播开来。郭子兴也把他视作心腹知己，有重要事情总是和朱元璋商量。

郭子兴见朱元璋是个人才，对自己的事业将会有很大的帮助，于是便把养女马氏许配给了朱元璋。马氏与朱元璋成亲后，和朱元璋感情深厚，追随朱元璋南征北战，精心辅佐朱元璋。

马氏与朱元璋婚后不久，收养了朱元璋的亲侄儿朱文正、外甥李文忠，还有定远孤儿沐英，马氏对这三个养子视如己出，细心照顾。后来，马氏和朱元璋又收养了二十几个义子。

马氏虽贵为皇后，每天仍亲自操办朱元璋的膳食，连皇子皇孙的饭食穿戴，她也亲自过问，无微不至。宫人或被幸得孕，马皇后就会倍加体恤，如果有嫔妃忤逆了朱元璋，马皇后就会设法在中间周旋。

马皇后在内宫的治理工作上"讲求古训"，并注意借鉴前朝的经验，她觉得宋朝有许多贤惠的皇后，便命女史摘录她们的家法，经常翻阅查看。有人说，宋朝的皇后太过仁厚了吧？马皇后反问道："过于仁厚，难道不比刻薄更好吗？"有一天，皇后问女史："黄老之学是什么，为什么汉朝的窦太后如此喜欢？"女史说："黄老之学把清静无为作为根本。像绝仁弃义，让老百姓注重孝顺友爱，这就是它的教义。"

朱元璋曾经非常生气地责备宫人，马皇后也假装生气，让人送到宫正司定罪。朱元璋说："为什么？"马皇后说："做帝王的，不应在盛怒或大喜时随意地赏罚，因为这个时候，恐怕会有所偏重。交付到宫正司，就能判定得比较合理了。"

除了设法保护宫女，马皇后还勤俭持家、以身作则，平常穿的衣服，洗了又洗，早已破旧不堪，也不愿换新的。后来听了元世祖的察必皇后煮弓弦、织帛衣的故事，大受启发。就命人在后宫架起织布机，亲自织些绸衣料、缎被面什么的，然后以皇家献爱心的名义赐给那些年纪大的孤寡老人。而剩余的布料，马皇后则裁成衣裳，赐给王妃公主，并解释说："你们生长在富贵家庭，不知纺织的难处，要爱惜财物。"

这是马皇后以严为爱，对子女的一片慈悲，她对公主要求得非常严，而且对她们说要勤劳俭朴，绝不能无功受禄。

我们也是一样，无功坚决不能受禄，受不起。可能有人会觉得没什么吧，但是这辈子还不了，听说好像还有下辈子，但是下辈子还就是利滚利。

1382年农历八月，马皇后在睡觉时得病，群臣请求祈祷祭祀，求取太医院的良医诊治。马皇后对朱元璋说："死生，是命运的安排，祈祷祭祀有什么用处呢？况且医生治病不治命，如果吃药不能见效，恐怕会因为我的缘故而降罪各位医生吧？"病情加重时，马皇后说："希望陛下能够求取贤能的人，认真听取别人的意见，子孙就能够贤能，大臣百姓都能够有所依靠。"

马皇后在1382年农历八月丙戌日去世，享年五十一岁。马皇后和朱元璋同甘共苦、生死与共的事情非常多，所以她的去世，让朱元璋非常伤心，从此不再立后。

高高山顶立，深深海底行。假如马皇后没有高瞻远瞩，这些小事她做不下去，凡是能够把细细碎碎的小事做好的人，内心都有非常高远、高洁的志向。一定要明白，细节决定成败，真正的圣人没有一个细节不圆满。

历史评价她："后仁慈有智鉴，好书史。后勤于内治，暇则讲求古训。母仪天下，慈德昭彰。"

经典都是来要求自己的。比如说这个人仁义我爱他，这个人无仁又无义，我同样能爱到他，这叫心里不染着仁义。我们要懂圣贤之心，领受一点就真正地解悟一点，关键是在生活中去力行。

如何力行？无论见到什么人或者物都一视同仁。这是圣贤之心，我们要学习圣贤人的心行。

深入经藏才能智慧如海。我们都好好努力，争取都做中上等之人，认命才能改命，好的命运一定会有好的迹象，气象也会不同。有能力有德行的人，听人说三句，就知道这个事成不成，因缘走到哪里，都胸有成竹。我们要善于观察因缘，也要善于看清自己。

【纵观往古。国家废兴。未有不由于妇之贤否。事君者不可以不慎。诗曰。夙夜匪懈。以事一人。】

纵览历史，国家的兴盛与衰败。必定与后妃是否贤良有关，所以侍奉君主的后妃们不可以不谨慎。《诗经》说："日夜操劳，不敢怠惰，只为辅佐侍奉君主。"

遍观古史，国之将兴，一定有一个贤后妃做内助。国之将亡，必由宫闱淫僻祸乱所致，家庭也是这样，不能不慎。《诗经》嘱咐我们，为人臣者，夙夜惕厉而无怠惰以事其君。然则为后妃者，与君休戚相关，休戚是荣辱与共，岂不思匪懈之训，以事其君哉。自古都是这样，夙夜匪懈，要以事一人。

【苟不能胥匡以道。则必自荒厥德。若网之无纲。众目难举。上无所毗。下无所法。则胥沦之渐矣。夫木瘁者。内蠹攻之。政荒者。内嬖

（音必）蛊之。女宠之戒。甚于防敌。诗曰。赫赫宗周。褒姒灭之。可不鉴哉。】

"匡"是正的意思。"荒"，荒废弃置。"目"，孔眼。"举"是张开。"众目难举"，是没有什么可以当榜样的，没方向。"毗"是辅助和依赖。"沦"是陷；"胥沦"泛指沦陷、沦丧。"内蠹"是蛀虫。户枢不蠹，转着的门就不容易被虫子咬，"内嬖"指受君主宠爱的人。"嬖"，便嬖（音骈必），左右近习者也。便嬖，君主左右受宠幸的小臣；泛指在身边供使唤的人或帮闲者；又指邪佞之臣。"蛊"，腹中蛊，亦曰惑也，诱惑，迷乱。

如果后妃不能以正道辅佐君主，就荒废了自己的德行。如同鱼网没有总绳，众多网眼难以张开，在上位得不到辅助，在下位无法可依，就逐渐沦陷直至灭亡了。树木枯槁是因为里面有蛀虫；国政昏聩是因为后宫有惑乱的宠妾。对于宠幸女色的防范，应该比对防范敌人更加重视。《诗经》说："堂堂的周朝，因为幽王宠幸褒姒就亡国了。"能不引以为戒吗？

"苟不能胥匡以道"，《孝经》第十七章有："君子之事上也，进思尽忠，退思补过，将顺其美，匡救其恶，故上下能相亲也。"一个真正有品行的男（女）子，侍奉君上用什么样的精神？你重用我，"进思尽忠"。不重用了，让我去边疆了，跟范仲淹似的，"退思补过"，更加努力地把自己的本分做好。"将顺其美"，如果皇帝、君上做得很正、做得很好，就顺水推舟，跟着他一起做有德义的事，如果做的是没有德义的事，"匡救其恶"，扶正他的过失。

《弟子规》上"亲有过，谏使更；怡吾色，柔吾声；谏不入，悦复谏；号泣随，挞无怨"。《孝经·谏诤章》说："天子有诤臣七人，虽无道，不失其天下；诸侯有诤臣五人，虽无道，不失其国。"我们想想，作为枕边人，侍奉丈夫，更应该自励、自勤、自俭、自洁、自度。

对于宠幸女色要好好地防范，用原文说"甚于防敌"，比防敌人还要严重。《诗经》里有这样的话，堂堂的周朝，因为幽王宠幸褒姒而亡国，能不引以为戒吗？

简单地给大家分享一下褒姒的故事。褒姒是周幽王第二任王后，太子姬伯服的生母。

公元前779年，周幽王攻打褒国，褒国兵败，献出褒姒乞降，周幽王得到褒姒后，对她很是宠爱。前778年，褒姒为周幽王生下儿子姬伯服。从此周幽王对褒姒更加宠爱，最后竟然废黜申后和太子姬宜臼，而改立褒姒为王后，姬伯服为太子。

褒姒生性不爱笑，周幽王为取悦褒姒，博得美人一笑，举烽火召集诸侯，诸侯都以为周幽王有难，匆忙赶到，却发觉并非寇匪侵犯，只好狼狈退走。前771年，申后之父申侯联合鄫（音曾）国、犬戎攻打周幽王，周幽王又举烽火示警，诸侯以为又是骗局就都没去，致使周幽王遭犬戎所杀，褒姒亦遭劫掳，从此下落不明。

大家可想而知那是什么状态？让伯服做太子的心思只要一起来，就已经是褒姒在乱政了，如果说她是一个深明大义的人，就会说，我的儿子能生在你们家，已经很有福报了，我已经很知足了。人就怕欲望无渊，没有止境。最后史官说，周朝灭亡已经成为事实了，谁也没有办法。

现在看来褒姒可能是天生的一种忧郁症。她别的时候不笑，烽火戏诸侯她就笑，撕了扇子、布帛她就笑，这不是祸水是什么呢？最终犬戎攻破了镐京，他们两个全都没得好下场，包括她的孩子，所以有"赫赫宗周，褒姒灭之"这样的话。

我们不能说是褒姒灭的，因为国是周幽王灭的，这也是他们家的运，末运。

【夫上下之分。尊卑之等也。夫妇之道。阴阳之义也。诸侯大夫士庶人之妻。能推是道。以事其君子。则家道鲜有不盛矣。】

天地之分，天尊而地卑，夫妇之道，夫阳而妇阴。诸侯、大夫、官员及平民的妻子，如果能推行这个原则来侍奉夫君的话，家道一定会昌盛的。

不能光说皇宫内院的事，得说说咱们普通家庭。《中庸》说要"高明配天，德厚配地"。所以天尊地卑，这是自然之道。而夫妇之道，就是夫阳而妇阴。以此推演到诸侯大夫官员平民的妻子身上、家庭里，是同一个道理。人同此心，心同此理，这也是天地阴阳之道，不管是侍奉国君、卿相大夫、普通百姓，还是匹妇侍奉匹夫、渔妇侍奉渔夫，都按这个原则，天尊地卑、敬夫如天，那么每一个家庭不管富贵还是平凡，都一定会越来越昌隆、顺利。

这篇讲了盛世的王妃、皇后们，又讲褒姒之祸，最后引到普通的百姓，都是一个道理。做妻子能够敬夫如天，阴阳之道不要颠倒，守好自然的本分，一定会家道兴隆，国家兴旺，社会繁荣。

做一个敬公婆的女子
——事舅姑章 第十四

女子孝养侍奉公婆的原则是孝顺、尊重公婆要像对待父母、敬重天地一样。平日要勤于家务，奉养公婆衣食，不能有一丝不恭敬的心。敬爱公婆所敬爱的，顺从公婆的心愿，不可独断专行，交代的事不可迟缓延误，要极力做到让公婆称心。

女子嫁到先生家，首先就要孝养公婆、做好媳妇。有的妻子可以对丈夫和孩子尽心竭力，但一说给公婆点东西，或者过年过节去问候一下都不愿意，这不是真的爱先生，最起码是爱得不圆满。

有一对夫妻，家里很富裕，先生是大学教授，女士是国家公务员，两个儿子也都挺成器。但是妻子特别强势，给婆婆点东西就会不满意，先生因为父亲去世早，退休后，就搬到乡下跟母亲同住。他跟妻子说："等母亲百年之后我再搬回来，如果不办手续，你要是以我妻子的身份去乡下闹腾几回，我的老母亲可能都会早死几年。"后来离了婚，到现在还没有复婚。

女士做梦也没想到是这样的，女同志退休早五年，一直计划丈夫退休了一起出去旅游，家里条件很好，房子也很大。最后是赌气，"还敢跟我提离婚"，丈夫也料到她会很顺利地办手续，一走就再也没回来过。所以，她常常一把鼻涕一把泪的，总抑制不住难过。

很多女子结婚前甚至提要求：能不能不养你爸妈？恨不得男朋友是从石头缝里蹦出来的。结婚后嫌公婆给的房子小，买的车不够豪华，总而言之一句话，索取无止境。

如果不学，就会净长自私自利。还没进门，搞了这么多对立面，弄得丈夫心情也是很不好。古人讲："娶媳求淑女，勿计厚奁，嫁女择佳婿，勿索重聘。"不能只看这些外在的东西。

【妇人既嫁。致孝于舅姑。舅姑者。亲同于父母。尊拟于天地。善事者在致敬。致敬则严在致爱。致爱则顺。专心竭诚。毋敢有怠。此孝之大节也。衣服饮食其次矣。】

"致"是达到、送达。"致敬"，表示恭敬、敬意。"既"是已经。"严"，严厉、严格。"竭诚"，忠诚、尽心。"柔顺而竭诚，乃可以为孝"，不仅要竭诚，还要柔顺，所以吃饱穿暖，洗干净衣服，这都还是次要的。

女子嫁人之后，应当孝敬公婆。公婆是如同父母一样的人，要像尊敬天地一样尊重他们。善于侍奉公婆的人都心存恭敬，如果恭敬心非常地圆满，就会敬爱他们。敬爱公婆自然就有女性的柔顺，尽心竭力地照顾公婆，不敢怠慢，这是尽孝的大节和基本原则，恭敬在第一位，对他们的饮食、衣服的照顾是其次的孝行。

《女论语》事舅姑章中说："阿翁阿姑，夫家之主，既入他门，合称新妇，供承看养，如同父母。"是说公婆，丈夫的父母，他们为了这个家，付出了大半生，做媳妇的进了家门，要尽新妇之礼，就像对待自己的父母一样。"敬事阿翁，形容不睹，不敢随行，不敢对语，如有使令，听其嘱咐"。不敢跟他们并排走，要再稍微后面一点；不敢跟他们对视，要有晚辈对长辈的尊重和恭敬，假如有什么吩咐就赶紧去做了。"姑坐则立，使令便去，早起开门，莫令惊忤，洒扫庭堂，洗濯巾布，齿药肥皂，温凉得所，退步阶前，待其浣洗，万福一声，即时退步"。描述的是知礼仪、知进退、能够理家政的好媳妇形象。钟博士讲《女论语》时，选了很多历史上好媳妇的故事，但也有恶妇的故事，有很多听起来令人发指的事情，但也都是因为自己太恶感召的。

【故极甘旨之奉。而毫发有不尽焉。犹未尝养也。尽劳勋（音意）之力。而顷刻有不恭焉。犹未尝事也。舅姑所爱。妇亦爱之。舅姑所敬。妇亦敬之。乐其心。顺其志。有所行不敢专。有所命不敢缓。此孝事舅姑之要也。】

这段是说，要用美味的食物奉养公婆，只要有一点不尽心竭力，就同没有奉养是一样的；尽心劳作家务，只要有片刻不恭敬的念头，就同没有侍奉是一样的。公婆喜欢的，媳妇也要喜欢。公婆所敬爱的，媳妇也要敬爱。让公婆开心，顺从公婆的意愿。做事不敢独断专行，公婆交代的事不敢延误。这些是孝敬公婆的关键。

有一个媳妇，总觉得婆婆的两个姑娘和妯娌都不管老太太，"凭什么一直在我们家"，后来她和丈夫学了中国文化，丈夫说："这些年你照顾我妈辛苦了。"她在家哭得不行："我天天虚情假意，每天怨他们，他还谢我。"

后来夫妻两个共同忏悔，大伯哥已经去世了，大嫂这些年沉浸在失去丈夫的悲痛之中，没顾上别的。她这一忏悔一真干，想开了，没有怨言了，姊妹们都过来跟她抢老太太了。她说："奇怪，前些年希望他们都说我个好，我知道大哥走了大嫂难过，再难过我这么辛苦你得知道吧。"我们做点什么事常常就想让人都知道，天知道不行，地知道还不行，丈夫、孩子知道都不行。其实她的儿子总帮她："妈，我知道你挺辛苦有委屈，我奶奶这么大岁数了，爷爷也没了，咱们就坚持几年。"后来儿子说实话了："我要再不帮你，你得跟我爸得吵成啥，我实在受不了你俩吵吵，我奶奶听着多难过，这么大岁数了。"

后来2009年，这个孩子找工作，头一个月就给开八千块钱。她跟领导说："别给他开这么多，刚上班给个两三千就行，我们家不缺钱。"领导说："八千我都觉得开少了，你这儿子就这么值。"人做成这样才有味道。

她说："人用假心做事的时候，自己是最难过的，现在用真心了，天天给婆婆端饭，婆婆的笑容也多了。"以前一想起来没人帮就很生气，但现在不生气了，丈夫也比以前更体谅她了。

人在做，天在看，其实天就是自己的良心，把自己该做的做好，莫要说辛道苦，莫要没有和悦的容颜。怎么都是照顾一天，干嘛又伤自己的心，又伤老人和丈夫的心，也让孩子不痛快。当一个人一个脸色、一个念头不对时，三代人都会跟着受累。

有一个孝顺的媳妇买了件风衣，婆婆一直看得眼睛发亮，她觉着可能婆婆也喜欢，但一问多少钱老太太就开始咂嘴了，"好是好，就是太贵了。"她就花了几千块，给婆婆买了颜色适合她的大衣。婆婆一穿感觉很合适，她告诉婆婆不到三百，婆婆说，跟你那个差不多，咋不到三百？她说打折的，穿吧。

后来媳妇有一次下班回家早了点，听到了唱歌的声音，原来婆婆穿着媳妇给买的风衣正在家里绕圈。所以这些东西真得到位，心要到位。说白了就是你真心孝敬，就有办法，真心到了，天地都有感应，会给你智慧。

【昔太任思媚。周室以隆。长孙尽孝。唐祚（音作）以固。甚哉。孝事舅姑之大也。夫不得于舅姑。不可以事君子。而况于动天地。通神明。集嘉祯（音真）乎。故自后妃以下。至卿大夫及士庶人之妻。壹是皆以孝事舅姑为重。诗曰。夙兴夜寐。无忝尔所生。】

"媚"是爱、喜爱。"祚"是福运，还指君位。"得"是满足、得意。"祯"，《说文解字》里说是吉也。"嘉"是祥的意思。"嘉祯"就是吉祥的征兆。"壹"是一律、一概。"忝"是辱没、有愧于的意思。

"所生"是生身父母。

古时的太任爱戴婆婆太姜，所以周室兴隆；唐太宗的长孙皇后尽力孝敬于公婆，使夫君能够安于大事、安于国事，唐朝的统治更为稳固。孝敬奉养公婆多么重要啊！妇人如果不能让公婆称心，就没资格侍奉丈夫，更何况感动天地，通达神明，天降吉祥呢？所以从后妃到卿大夫以及官员平民的妻子，一律要以孝敬公婆为重。《诗经》说，起早贪黑奉公婆，不辱父母之英名。

太姜是太王的正妃，王季的母亲，以贞顺著称，包括迁都这样的大事，太王都征询太姜的意见，因为她贤德过人。王季的正妃太任，是文王的母亲，她突出的德行是诚庄，非常仰慕婆婆太姜。文王的有正妃太姒，以孝敬著称。周朝这三太，德行昭著，在中国历史上率范了天下。

历史上，唐太宗对长孙皇后的评价也非常高。长孙氏十三岁时便嫁给了当时太原留守李渊的次子、年方十七岁的李世民，她年龄虽小，但已能尽行妇道，悉心事奉公婆，相夫教子，是一个非常称职的媳妇，深得丈夫和公婆的欢心。我们要做这样的女子，把该担当的担当起来。所以假如不能取得夫君和公婆的支持，很难在婆家过得太平、安稳。

唐山一位企业家的弟弟离婚后，剩下个侄子，跟他的儿子差不了几岁。他的太太只要一出门，就会把俩孩子都带上。别人会说："你这样不累吗？""孩子娘都没了，咱们做大人的还想什么受累不受累。"

老人看见孙子哪能不掉眼泪，尤其有德行的老人家，家里条件好了，儿子跟媳妇离婚，老人会觉着是自己家不厚道，所以很难过，这位媳妇就说："我带出去一会儿，婆婆就少难过一会儿。"这样的媳妇，地位得多牢靠，婆婆都是提着儿媳的小名说："哎呦，我看你们一群人走路，就我们家谁谁谁走的，怎么这么好看。"

所以大家就体会，是走路好看吗？看到这些，我们就体会到这个家业，人家为什么做得那么稳，老人的事，平时都照顾得周周到到。有钱的男士多了，她的朋友，包括她的小叔子都已经离婚了，换了更年轻漂亮的，但就她还稳稳地坐在自己的位置上。丈夫一说起来她，也是赞叹不已，没得说，夸得她一声不敢吭，都这么大岁数了，一夸还脸红呢，要像我们，这一夸还得了。

每天给他们家打理家院的得有二十个人，但她天天擦天天抹，事必躬亲，有人问为什么，她说："我不知道，我干活就高兴，不干活就浑身难受。"别人就笑话她，说她有福不会享。她说："你们觉得不干活是享福吗？我觉得人能干动活是最大的福报了。"

我们要以这个自励，能干动活是最大的福报，干活干活，越干越活。能干的时候不干，总有一天会干不动的，要好好珍惜能干的时候。

《诗经》说："夙兴夜寐，无忝尔所生。"从朝至暮，都要想着父母生养我们，在婆婆家要旺公婆和丈夫，为家族培养好的后代，一定要把该做的做好，不让父母亲蒙羞。公婆就是子女的根，要想让花果繁茂，就要在根上加营养。所以真有德行，德光会显现在任何时候。归结到一点，孝敬、奉养公婆非常重要，要不然真的没资格陪伴丈夫，也对不起自己父母几十年的辛苦教养。

做一个懂祭祀的女子
——奉祭祀章 第十五

古人重视婚礼，因为这是事关祭祀祖先、繁衍后代的大事。祭祀一定要本着仁孝诚敬的心，子孙参与祭祀也会恭顺效法，这样祭祀之礼就可以代代相传，这是教育后代的根本。

"奉"是捧着玉给别人。在古代，玉石没有大量地被开发，所以很值钱。"拱手献玉"是表示敬献时非常恭敬。《说文解字》里说："奉，承也。"可见奉的意义很美好。

"祭"的甲骨文，就像手拿着新鲜的肉，造字本义是用生肉去祭祀。《说文解字》解释："祭，祭祀也。"

"祀"的造字本义是用幼儿做活祭媚神除灾。古代有时用活人戴上面具祭祀。比如祭先王，让一个人穿上先王曾经穿过的衣服，或者做一套先王曾经穿过的类似的服饰，以此表示对要祭的神灵、天地或者先祖的忠诚。所以《说文解字》解释："祀：祭，无已也。"就是祭祀不停止的意思。

祭祀时，我们要用仁孝诚敬的心来供奉物品，带着子孙们一起做，是为了让后代感受"慎终追远，民德归厚"。为什么说"慎终追远，民德归厚"？每次做这种礼仪时，我们都怀着恭敬的心，由这种形式，久而久就会把内心的恭顺、庄谨慢慢地涵养起来。最近的祖宗就是父母，看不见的祖宗，都这么恭敬，那看得见的祖宗？就更要对他们恭顺。

"承先祖，供祭祀"，对祖宗来说，结婚是延续后嗣以奉祭祀的大事，具有非常深远的意义，不是因为男子高富帅，或者女子外貌美丽才走进婚姻的。女子结婚后在夫君家，所做的全部都是对祖宗负责、对后代负责的事，所以叫"上以事宗庙，下以继后世"。

【人道重夫昏礼者。以其承先祖。共祭祀而已。故父醮（音叫）子。命之曰。往迎尔相。承我宗祀。母送女。命之曰。往之女家。必敬必戒。无违夫子。国君取夫人。辞曰。共有敝邑。事宗庙社稷。分虽不同。求助一也。】

"醮"是古代婚娶时用酒祭神的礼节，也是冠礼、婚礼中的一种简单的仪节。谓尊者对卑者酌酒，卑者接受敬酒后饮尽，不需回敬。醮冠，取之祭名。"相"是助的意思。"宗祀"是对祖宗的祭祀。"女"通汝。"取"通娶，"昏"通婚。"敝邑"是谦词，称自己的国家。

五伦大道中非常重视婚礼，因为这关系到繁衍后代继承先祖，以供奉祖宗祭祀的大事，所以，婚礼前父亲给儿子酌酒并对他说："迎娶你的贤内助来，以延续我家的祖宗祭祀。"母亲送女儿时会嘱咐说："去到夫家，一定要恭敬戒慎，不要违逆丈夫。"诸侯国君娶夫人时向女方家致辞说："我们共同拥有这个国邑，继承宗庙社稷。"身份高低虽有不同，但希求贤内助的意愿是相同的。

中国人非常重视婚礼，因为夫妻是五伦关系的起点，有夫妇乃有父子，有父子乃有兄弟，由家庭推演到社会就有了君臣和朋友关系。

《礼记》上说："昏礼者，将合两姓之好，上以事宗庙，下以继后世。"两姓结合不是夫妻间的私乐，它饱含真善美，富有恩义、情义、道义。婚姻的职责，上要祭祀宗庙，下要延续后代，可是我们生个后代干什么？像有些富二代，一个晚上就能输掉多少个亿，第二天，亲人一看，家里东西都被典当了，十五亿身价的这么一家人只能住桥洞了，就因为儿子在澳门豪赌。生这样的孩子，家族还算有后吗？这样的后代，不是在继承先祖的家风家道家业，实在是在断子绝嗣了。

人的身份高低虽不同，但希求贤内助的心愿是一样的。那什么是"贤内助"？可以这样理解：贤惠能干的，能帮丈夫处理家庭内部事务的女子。问问我们自己是贤内助吗？能不能够助夫成德？"德者，才之帅也"，才华是德行的资本，"女子无才便是德"，不是说什么都不用学了，而是指有了盖世的才华，依然能像普通的女子一样谦卑，并且能够保持住这种谦虚的德行，这才是真实含义。还有一句，"男子有德便是才"，是说男子有德行，就会努力地去学各种各样的才能和才艺，以满足父母、妻儿、社会的需要。

【盖夫妇视祭。所以备外内之官也。若夫后妃奉神灵之统。为邦家之基。蠲（音捐）洁烝尝。以佐其事。必本之以仁孝。将之以诚敬。躬蚕桑以为玄紞（音胆）。备仪物以共豆笾（音边）。夙夜在公。不以为劳。诗曰。君妇莫莫。为豆孔庶。】

"蠲"是清洁的意思。"烝尝"本指秋冬二祭，后泛指祭祀。"玄紞"，古代礼冠上用来系塞耳玉的丝带，"豆笾"，祭祀用的器具，木制的叫豆，竹制的叫笾。"莫莫"指肃敬的样子。"为豆孔庶"，豆是食器；庶，多也，此指豆类食品繁多。

这一段是说，夫妇一同参与祭祀，各自尽好内外的职责。至于后妃供奉的是神灵之统率，为的是国家的稳固。整理清洁祭品，辅佐天子祭祀，一定要本着仁孝之心，心存诚敬去供奉。亲自种桑养蚕制作礼冠上的丝带，备办礼仪所用的供品装满祭器。日日夜夜勤于公事，而不疲倦。《诗经》说："君王的妻子诚敬恭肃，祭祀的供品多么丰盛。"

古代祭祀祖宗的大事，在皇宫内一定由正宫王后主持。祭祀用品都由正宫王后来操办、安排，其他的妃嫔协助。所以正妻在夫君身边，最重要的事就是，过年过节对祖先的祭祀供奉，以及春秋的两次祭祀。

祭祀是华夏礼典的一部分，是儒教礼仪中的主要部分。"礼有五经，莫重于祭，是以事神致福"。"礼"指《礼记》。祭祀对象分为三类：天神、地祇和人鬼。天神称祀，地祇称祭，祖宗宗庙称享，古代中国"神不歆非类，民不祀非族"，祭祀有严格等级，天地要由天子来祭，诸侯大夫祭山川，士庶只能祭自己祖先和灶神。清明节、端午节、重阳节都是祭祖日。

《论语》说"祭神如神在"。无论祭天地还是祭祖宗，一定要拿出最恭敬的心。

我国台湾地区的马英九和宋楚瑜竞争最激烈的时候，他们都在家里拜祖宗、祭祖。后来马先生的父母专门从台湾赶到中国大陆的河北邯郸，追本溯源，找到了马姓的始祖，为的是祈祷祖宗的护佑。

"马"姓，是由战国时期赵国贵族赵奢的封号——马服君演变而来的。战国后期，秦、赵阏（音烟）与之战中，赵奢大败秦军，建立奇功，被赵王赐封号为"马服君"，随后，"马服"一词也开始向姓氏名词转化。史书记载秦灭六国时，赵奢后人即改以"马服"为氏，秦统一后，秦王西徙马服氏于咸阳，封赵奢之孙马服兴为右内史。后来，马服兴去"服"为马姓，举家迁往扶风。从此他这支分下来的子子孙孙就都姓马了，当时赵国的人以姓马为荣。

马英九不仅在家里祭奠祖宗，还在邯郸直接举行了非常盛大的祭祖仪式。听说回去之后，马英九就在竞选中大获全胜，据了解，他的母亲对祭祖也非常推崇。马先生当选之后，家里又再次祭祖，表示对祖宗的感激。

由此看来，祭祀有多种多样的心意，大部分都是有美好的祝福和祈愿。所以我们还是比较赞同祭祀的，因为它有利于社会良性发展，有利于子孙承继先志和遗风。让人们更加地孝敬恭谨，人与人之间更加和谐，也让人与自然相处得更加协调。

做一个懂祭祀的女子

【夫相礼罔（音网）愆（音千）。威仪孔时。宗庙享之。子孙顺之。故曰。祭者。教之本也。苟不尽道。而忘孝敬。神斯弗享矣。神弗享而能保躬裕后者。未之有也。凡内助于君子者。其尚勖（音序）之。】

"相礼"是指赞礼。"罔"是迷惑、昏乱。"学而不思则罔"，昏昧的意思。"罔民"是被欺骗陷害的百姓。"孔时"是适当、适时、及时的意思。"享"指神鬼享用祭品。

这一小节是说，祭祀要符合礼仪、不犯过失，仪容举止要隆重合时，宗庙的神灵就会享用祭品，子孙就会恭顺效法。所以说祭祀是教育的根本。如果祭祀礼数不尽，忘失孝敬之心，神灵就不会享用祭品。神灵不享用祭品而能保佑子孙、造福后代的，从来没有过。凡作为丈夫内助的妇人，一定要努力做好祭祀的事。

"近思盖父母之愆，远思扬祖宗之德"，"愆"是过失的意思，"远思扬祖宗之德"就是要把祖宗的德风承继下来、弘扬开去，"近思盖父母之愆"，父母如果有什么过失要替他们掩盖，不是文过饰非、嘴巴掩盖，是做出来给他们补漏。

做人厚道就在于，人家谁有什么不足，我们去补漏，厚道的人做了好事一般不表功。十五年冤枉你，受得了吗？忍辱，"一切法得成于忍"，忍功有多高，成就就有多大。

后妃与诸侯、卿大夫的妻子，都有辅助丈夫完成祭祀的职责，平民的妻子也是一样。平民要祭祀祖先，还有腊月二十三要祭拜家里的灶神。

礼仪之美到底美在哪里？在祖宗爱子子孙孙的那一片存心。我们把礼仪演绎出来，就是把祖宗的美德承接过来，承接的是那份仁爱之心。中国文化，就是仁爱的文化、和的文化、孝的文化。礼仪点点滴滴的细节都呈现着无量无边的仁爱、孝和，全部都是在教育我们。

江河如果断流了，怎么对得起我们的子孙？文化若断层了，怎么有脸面去见我们的祖先？所以今天要好好学习传统文化，做弘扬传统文化队伍中的一员,是我们尽孝、大孝祖宗的一个本分而已。

20世纪70年代,西方国家就说:"当中国的子子孙孙忘记了祖宗,忘记了中国文化,把中华传统美德都丢弃,崇尚色情暴力、萎靡不振时,就是他们不战而胜之时。"所以作为一个有良知的中国人,我们不能够不警醒。

有一篇文章,写到一位来中国游学的美国的女孩,在南京一个高中生家里住了一周,让南京的妈妈无比震惊。美国孩子在用餐尾声时,很真诚地赞叹:"这是我吃过的最好的早餐,非常谢谢您!"晚餐后,孩子们依旧在聊天,当这位妈妈要收拾碗筷时,美国女孩连忙站起来说:"Can I help you?"看着美国女孩真诚的样子,这位妈妈又一次吃了一惊,因为自己的孩子看着妈妈忙碌十几年都习惯了,基本熟视无睹,而美国女孩能为对方着想,瞬间做出本能的反应,说明是习以为常了。

以为人家走了三十多个国家,就是有钱去旅游,再一问,原来美国女孩所在的学校,在假期一般都会组织同学出去游学,这是第一次到中国,主要去上海、南京、北京和西安。这四个城市是家长和老师精心挑选的,基本代表了中国的过去和现在,中国妈妈暗自佩服的同时,不由得发问:"你们这样周游世界,作业怎么办?"要知道中国的孩子寒暑假几乎都奔波在各培训点,美国女孩说:"我们平时的学习任务是很重的,每天回家的作业量是5个小时。"这5个小时把中国孩子给震住了。

最后一天,中国南京的女孩和她的朋友,带美国的孩子去玩电子游戏,朋友们拿着父母给的钱,见了游戏机没命地玩。美国的女孩,拉着这位南京女孩到处看,她在观察哪一台机器能够赚游戏币,赚够了之后,她还很有礼貌地分给了中国女孩们每人一些。当她把赢来的游戏币花完之后就下来了,在中国的游戏机前她没花一块美金。

玩很有意思,但常常没有任何意义,人家觉得你带我玩,了解一下也好,却不会在没有意义的事情上乱花一块美元。美国民族的冒险主义者

做一个懂祭祀的女子

会把一些十几岁的少年，几个家庭相约扔到原始森林，不给一块饼干不给一口水，一周之后再去接他们，全部都活着回来了，咱们在座的家长哪个敢？

这个故事，到现在讲了有超过五十遍了，我也不敢把我女儿扔到原始森林去。没给过她这种教育，也没给过她这种抗挫力和冒险精神。后来南京女孩跟她妈妈说："太可怕了，如果这样下去，我们只配给她们打工，她们这么小就懂得利益最大化。"一二百年来中国人到了国外，不都是给人家打工吗？再富裕，人家也看不起我们。

比如在马来西亚，大专学历以上的华人要继续上学，只能去国外。在马来西亚，一千多所华小，全部都是华人自己掏钱建的，他们把赚来的钱，抽出来一部分建华语学校，还要给当地缴税。我有幸与一个在马来西亚驻华大使馆工作的女孩子，一起工作了一年。她跟我讲："你们能够自由自在地说着祖国美丽的语言，生活在祖国的土地上，多踏实啊，我们都很羡慕你们。你们不知道我们经济富裕的外表下，内心是多么地空虚，我从马来西亚到北京，一落地心都是满满的，只要从北京一回去，我马上就感觉心不知道从哪一刻起就空了。"所以我们能学中国的文字，一定要感恩祖宗，这是我们人生的幸福。

其实老祖宗留下来各种各样的礼仪，都是在教育我们要孝，要先后相承、先后相续、绳绳相继。所以教育好孩子，才是真正大孝祖宗。作为一个家庭主妇，先生的穿着不够整洁得体、皮鞋上的灰尘太厚，都反映出我们没有做好自己的本分。

在这儿分享一个德育故事叫《礼圭尊祭》。"礼圭尊祭，率教严恭，乱中宗表，见必侍从"，这是讲的礼圭的事迹。汉朝时，陈省的妻子姓杨，名叫礼圭，她的两个儿子，大儿子娶了张度辽的女儿惠英做妻子，小儿子娶了荀家的女儿。礼圭两个儿媳妇的娘家都非常地显贵。从嫁的丫鬟有七八个，陪嫁的财物也很多。

可是杨礼圭不管她们的娘家如何有钱，进了陈家的门，就要守陈家的家风，她用自己婆婆传下来的家教教导两个媳妇，自己亲自做家务。两个媳妇看到婆婆这样的品行，也跟着一起遵守家训门规。

后来时局混乱，杨礼圭一家也没有免于逃难的命运，迁徙不定，有宗族或者表亲想去见她，她一定是先认真地整饬一番，把自己梳理得清清爽爽的，身后由儿子、孙子和丫鬟们跟随着，然后才能够走到客人面前去。每次她这么做时，都告诉身边的人说："这是我已去世婆婆的家法啊。"每逢四时八节祭祀祖先，她一定非常虔诚地用家里最好的供品，她又说："我们要晓得祭祀在礼法里面是最尊重的，所以要把最好的拿出来。"人生七十古来稀，杨礼圭活到了八十九岁才去世。

"威"字里面是个女，形象地表现出当婆婆就要有婆婆的威仪。

有的婆婆就一个独生子，终于儿子带女朋友来了，亲得不得了，捧上了天，愿意做牛做马。刚结婚时也愿意做牛做马，做了三五年，儿媳妇真把她当牛做马了。婆婆会觉得怎么这么倒霉，找了这么个媳妇，这是谁教出来的？"教妇初来，教儿婴孩"。我们一定要把自己立正了，立身，"立"是竖起来的意思，把自己从精神到外貌都立起来，内质自然呈现在外形上。

我们每一个人都是祖宗生命的延续，要感恩赋予我们生命的人，感恩给我们德行庇荫的人。你说看不见庇荫，奶奶吃饭的样子，爸爸很像，爸爸吃饭的样子，你学得很像，怎么能说没有庇荫你呢，我们的祖上做的事情，都在德荫着我们。

我爸爸说，我爷爷奶奶的人生原则就是吃亏是福。我们这一代都觉得他们傻，那时我们村里的小户，有姓冯的、姓霍的，我们姓马的一共三十几户，很少。每次我妈从我姥姥家拿回来好吃的，每家都要送一些，然后我们才能吃。以前物质生活贫乏，记得有一次我爸爸驮回来一百多斤的韭菜，也是一家一捆，还有黄瓜，甚至一些更美味的东西，都是这样分配的。

我们村里还有一个小五保户，她生了几个女儿，家里冬天没有煤取暖，所以一到冬天她就在我们家炕头一直坐着，然后吃饭。那时候家里吃炸油饼、炸糖糕，一年也就能吃两次，每次炸出来，金黄灿烂的，我们就很盼着快吃。但是每次都是先给五保户、奶奶们送完了，才能回来吃。

可是到了自己上班，离开了父母，就有些目无尊长。比如母亲生日，因为没在老人身边，我就带上孩子、保姆，点上一桌好菜，还美滋滋地给母亲打个电话，美其名曰庆祝生日。我们孝敬父母拿什么去孝敬？给老人家买我们喜欢的东西：金戒指，老太太又刷碗又干活，戴上戒指刮刮扎扎的，不得劲就给摘了；名牌皮鞋，引得老人家一穿上那个鞋就说："造孽啊！这是动物的皮啊！这得多少钱？"有什么好吃的，全部都得自己先尝尝。甚至家里请客，好几百块钱一瓶的酒，我都得事先品品再给他们喝，否则心里不平衡。后来才知道，背着干的这些事，天地祖宗看得见。完全没有真诚心，哪还有朋友之义？

现在明白了，就知道我们的父母、祖辈、曾祖辈，到底给了我们什么。每次我跟大家分享到这儿的时候，就感觉到哪好像都不是我们自己一个人。因为我们每一个人的行住坐卧、言谈举止都是父母的教养、老师的教诲、家族的德风在我们身上的映现。有时候我开玩笑："谁说我一个人在？我觉得我们家祖宗都跟着我。"用这种心境过好每一个当下，哪还敢有那么多的恶念和不好的行为，自己都不忍心。

"十目所视，十手所指，其严乎"，不用别人看着我们，想想祖宗就在身边。祖宗看着我们这样，在天上绝对掉眼泪。现在人都暴殄天物到什么程度？

以前我姥姥总给我讲她挨饿的时候，前心贴后背，肠子都饿细了。有时候野菜吃了就拉肚子，拉得脸都绿了。而且确实看着眼前有人饿死，所以她就特别珍惜粮食，一个米粒都捡起来放到嘴里。我寒暑假常常去姥姥身边住，耳濡目染。所以在饭桌上剩下食物，我都打包。后来有的好朋友就说："哎呀小马，别这么干了，挺不好意思的。"现在人的观念是吃饭得剩下一堆，觉得很有面子，因为"我们有钱"。我说："不行，我是农民的女儿，不能浪费这个。"但是工人们做出来的布，我都觉得跟我没关系，一看不喜欢，卷吧卷吧就扔到垃圾桶去了。后来学了经典，"一粥一饭当思来处不易，半丝半缕恒念物力维艰"。要从一点一滴做起，崇尚祖德。时时用祭祀祖宗的心生活，祖宗就时时庇荫在我们的左右。

整个家族一起去做一件事，和一个人做一件事肯定不一样，一个人多么身单力薄，我们的祖宗跟我们同在，再扩大点心量，中华先祖跟我们同在，那就会活得很充实。做一个富足、富贵的中华民族的好儿孙，一定要把祖风在我们的身上演绎出来。

祖宗在看着我们，他们的心念和我们的心每时每刻都是通的，我们要感通祖宗，感通天地，感通到我们的真心，与善与福同应，这是奉祭祀章的真实含义。

做一个有母仪的女子
——母仪章 第十六

作为母亲言传身教很重要，古时候，女子在家中训导子女，教孩子道德仁义、廉洁谦逊、勤劳俭朴，本着慈爱的心，遇事严格要求，女子的德行最重要的是正直孝敬，母亲自己做到了，就可以给子女做好榜样，所以做母亲的言行要慎之又慎。

"母"的造字本义是女子生育、哺育孩子。"仪"是可以让人效法的容貌和举止，严肃而又让人敬畏。

假如我们的容貌和举止不能够端庄端正，而孩子又效法了我们，那么家庭和孩子的未来就令人堪忧。"仪"也作法则、准则讲，母仪可解释成做母亲的法则、准则，或者说做母亲能让孩子如法效仿的仪表。

【孔子曰。女子者。顺男子之教。而长（音掌）其理者也。是故无专制之义。所以为教。不出闺门。以训其子者也。】

"长"指教诲不倦。"理"指义理。"专制"是独断专行，"义"引申为用意。"闺门"是女子所居之处。"训"指训诲、教导。

孔子说："女人是顺从男子的教导，而经常按此道理去做的人，因此没有独断专行的道理。"所以妇人的教令不出闺门，只训导自己的子女而已。

"而长其理者也",就是不断地学圣贤教诲,学一点就长一点智慧。"所以为教,不出闺门",女子本来没有传授知识的职责,是由男子树立教化在先,女子于家中再对孩子进行教导。而且女子顺从夫君的"德义",会让孩子感觉到夫妻两个是同心同德。所以女子出嫁顺从夫君,没有独断专行的道理。妇人不出闺门,只训导自己的子女,这也是做母亲的职责。

说到母仪,为什么先把顺男子之教提出来。孩子生下来骨气像父亲,性情像母亲。一个孩子阴阳和合,缺一不可。父道如天,母道如地,天施雨露,地生万物。骨气主一个人的志向,而性气主一个人的性情。

女子阴柔、是主性情的,所以柔和是母亲的天性。说到这儿我们想到了武则天和她的女儿太平,可是太平公主一生并不太平,到死她都觊觎着皇帝的位置,因为她看到母亲是这个样子的,威风八面,但她没有母亲那样超人的智慧,智慧也是一种德行,最终太平公主被她的侄儿唐玄宗赐死了。

当年唐玄宗是非常地仰慕这位姑母的,可她最后落得那样悲惨的结局,也是咎由自取。孩子是望着父母的背影长大的,尤其受母教的影响太深太深了。

一个母亲要明白自己的责任之所在,上古贤明之女有娠,胎教之方必慎。有身孕开始,无论做什么都要谨慎,因为教育已经开始了。"母仪先于父训,慈教严于义方",母亲对孩子的教育,应该严格于父亲对他的教诲,母亲先把孩子培养到一定的年龄,再交给父亲来教。做母亲的是为父亲继续教育儿子打好基础,从胎教、哺乳、和少年的陪伴,都是在为孩子的人生做奠基。

王相说只要一个女子,言语、行为都不失威仪,如理如法,就能够让孩子效法。等到孩子长大一些,父亲再教他男子汉大丈夫如何治国安邦定格局,他就能够服从父亲。如果母亲在孩子面前,把丈夫说得一无是处,孩子对父亲就没有真实的恭敬，将来也很难有孝心。没有孝的根，孩子走向社会也是一个缺少根基的人。

有一位师姐说："喂奶都不敢随便喂，不能孩子一哭一哼哼，就给她奶吃。"一定是"三翻六坐"，六个月就得坐好了，坐不好还哼哼，没得吃，坐稳了坐好了，每隔两个小时喂一次。所以这个独生女被教得很好，也感应了一个非常好的夫君。现在两人的孩子已经四五岁了，这也是第三代"弟子规宝宝"。所以我们要信祖宗。

【教之者。导之以德义。养之以廉逊。率之以勤俭。本之以慈爱。临之以严恪。以立其身。以成其德。】

"导"是教导。"德义"是道德仁义。"养"指熏陶、培养、教育。"廉"是节俭。"逊"是让，"廉逊"是指逊让。"率"指率领、带领。"勤俭"是勤劳节俭。"本"是起源、发端。"慈爱"指仁慈爱人。"临"监临，就是指监督。"严"是毅、坚毅的意思，就是一定要坚持。"恪"在此指敬。"立"指成就。"立身"指处世为人、立足安身。"成其德"是指成就品德，成年人应有的品德。

教育子女，应当教导他们道德仁义，培养他们廉洁谦逊，带领他们勤劳俭朴，本着慈爱之心，遇事严格要求。让子女学会为人处世，成就良好的品德。

"立身之法"，成就自己德义的方法。"凡为女子，先学立身，立身之法，惟务清贞"。女子成就之道在清贞，男子成就之道在孝廉、清贞。

这一段是说母亲的容貌、举止以及处世的态度很重要，是重中之重，因为是孩子效法的对象，故斯为至切矣。"母仪"这两个字很简单，但要做到真的不容易。

【慈爱不至于姑息，严恪（音课）不至于伤恩，伤恩则离，姑息则纵，而教不行矣，诗曰，载色载笑，匪怒伊教。】

"姑息"是指苟安、无原则地宽容。"色"指的是容颜和蔼，也是"母仪之要，斯为至切矣"。"亲有过，谏使更，怡吾色，柔吾声"，脸色要和悦，孝敬父母色难，其实教育孩子也一样。

对子女慈爱但不能姑息迁就，严格但不要伤了亲人的恩情，伤害了恩情关系就会疏离；姑息迁就子女就会放纵，教育就起不到作用。《诗经》说，长辈和颜悦色，不用怒气教训人，子女就会乐意听从。

"慈爱"是讲的存心，上一段也说以慈爱存心，但绝不能无原则地宽容，严格是庄严肃穆却不伤恩慈，严苛到伤害了感情，就会疏远不亲，溺爱姑息就会骄纵失礼，孩子不会成器，所以《诗经·鲁颂·泮水》中说，善于教孩子的人，虽然和颜悦色，但孩子都愿意听从。

今年4月底孩子过生日，好不容易见着我了，很亲，就很黏。一会儿妈妈这个，一会儿妈妈那个。然后我说"作业呢？""没事。""作业呢？""没事！"真没事吗？有事。晚上快睡觉的时候说："哎呀，怎么办呢？妈妈，作业没写完。"我说："怎么办？写呗。"我一看快十一点了，什么也没写完。其实超过九点睡觉，已经很晚了，九点天都睡了，孩子还醒着都在逆天了，就说："这样吧，不能超过十一点。你明天三点能不能起来？"她想想这一堆作业，算了算说："我必须三点起来！"很有劲，然后她说："妈妈那你就喊我呗。"她觉着我在身边，有所依靠、依赖，可我一想我天天全国各地跑，那我不在了怎么办。就说："我也很累，想让你喊我呢。"她一看我这个样子，就说："算了，我把表上好，咱俩互相喊吧。"我说："行！我还是靠你了！"

后来三点我的闹表响了，我就马上一摁，她的手机也跟着响了。因为在一个床上睡，我能感觉到她在那儿挣扎得不行，怎么也起不来，足足挣扎了十几分钟，听着她在那儿使劲地伸伸懒腰，然后一骨碌就起来了。她一起来，我也不用装了，她说："哎，妈妈，怎么咱们俩一起醒？"我说："你一醒，就把我也惊醒了，来，你干你的，我干我的吧。"这是头一天。

第二天又是故态复萌，我想不能再这么下去了，就让她赶紧去写作业，写到晚上快十一点了，我说："今天的作业完成了多少？"她说："妈妈，按计划少写了两张卷子。"可想而知有多少卷子要写，我说："那这两张卷子怎么办呢？""明天上午吧。"你看，明日复明日，明日何其多。

第二天上午又是一看见我，就总有话说。我就使劲摁着，摁住了终于开始写作业。十一点午饭就做好了，她吃完了，两个拳头就伸得很高，"啊，我困。"我说："你的作业呢？""我今天上午的计划完成了。"我说："昨天的那两张呢？"她说："咋办，顺延吧。"我说："不行。"她说："妈妈，那你的意思……"我说："你自己昨天晚上说今天上午要补完，在十二点以前都算今天上午，现在才十一点一刻。"她说："难道妈妈你的意思是说让我再写？"我说："对，我是这个意思。"我当时想肯定要罚她，但我好久不见她一次，不好意思说罚她，怎么办？她不是站起来了吗，伸着懒腰，"啊啊我困"要睡觉，她就又想坐下。我说："哎？你还想坐下？"她说："妈咪，你是想让我站着写吗？"我赶紧给她讲："妈妈以前为了追进度，判卷子常常都是站着判，包括判学生的日记什么的，妈妈站着效率可高了，顶坐着的两三倍。"她就拿着根笔转，说："真的吗？妈妈。"我说："真的，你可以试一下。"她就真的撅着屁股，在那儿使劲写。

我也在反复想，好久不见一回，这到底算不算太狠了？但如果我今天不狠，她明天养成拖沓懒散的习气，谁给她改？所以"爱之不以道，适足以害之"。她为什么那么胖？每次吃东西，吃饱了，大人还一直让她吃。后来她自己就总结，说："一吃东西吧，谁都嫌我吃得少，吃完了就说，'哎呦，你该减肥了。'妈妈，我就一直在这种矛盾中长这么大，从我记事就这样。"所以她跟我在一起的时候，一吃多我就提醒"你差不多了吧",每次都这么说,小时候她不理解,看着我说:"再吃一口行吗?"我说:"不行。"我给她讲:"妈妈爱你吗?""爱!""咱们家吃得起这个东西吗?""吃得起!""为什么还不让你吃呢?一定是再吃就不好了。"

后来她很努力写完了,自己特别开心,她说:"妈妈,我太开心了!这是我写得最快、最多的一次。本来计划移出来半天跟你说说话,现在我已经超额完成了。"我说:"妈妈刚才还在想,是不是对你太狠了?"她说:"妈妈不狠。我还有好多油没挤出来,只不过总是给自己留点空间。"这回她又伸个懒腰说:"妈妈,这次再说去睡觉就很踏实了。"

所以我们不要以为对孩子严格是错的,不过我们要懂得用什么样的方式,她领受起来最自然、最自在。不是天天棒喝,要他能够接受的程度,你心里对他要很严的,也要知道自己在做什么,不用给他讲那么多。慢慢他的习性,就收过来了。

下午我一看她手机,里头的图片都是韩国明星,明星就明星吧,也不能跟社会太脱节。但全是红毛绿眼的,一个男生描红嘴唇,把脸搞得粉白粉白的,头发还是金黄的。后来我就跟她说:"我能看看你的手机吗?"其实我早看了。她说:"老妈你要查我?"我说:"你有什么不能查的吗?"她说:"没有,随便看吧。"然后我看了:"老天哪!你要是存个明星照片,也留个有男人味道的,一看就是顶天立地男子汉那种的,怎么这个都软绵绵的跟阴阳人似的。"后来她就笑了,说:"妈妈你什么意思啊?"我说:"一个人老看什么东西,慢慢自己就朝那个方向转。"她说:"没有吧?我就没有啊,这好几年了。"

我一听才知道她攒了好几年,越奇形怪状的越攒下来。我说:"哎呀,老妈要施行一下家法了。"她就瞪着眼,不明白。我说:"我的家法就是要把这些照片都删了。"她说:"没开玩笑吧?全删掉?人家三年攒的……"

我就给她讲婚恋观，说将来要找一个什么样的男子汉才能够把家担当起来，给她讲了大概有十来分钟，后来她给同学群发，说："哎，告诉你们，我老妈昨天跟我大谈婚恋观。"她那些同学们就怪模怪样发了很多的表情。她说："不是你们想的那个样子，我老妈是做国学的，她给我留了几张照片，就是很男人的那种。"

我给她删照片的时候很有意思，她不舍得，就拱在我身边，然后我删一个她就拱一下。我说："你什么意思？不让我删我就不删了，我尊重你。"她说："删吧，既然你看着这些东西这么不放心……"就咬咬牙似的说："删吧！""那你坐在这儿是什么意思？"我知道她不舍得，她说："我想看看我三年的足迹……"

我心想，你看这种足迹，肯定都得删了！我相信她奶奶、姑姑都是想给她删掉。有些事情要讲究方式方法，要循序渐进，所以在中考之前，把这些照片还给她剩了三张，留下了一些她拍的励志名言。跟大家分享的意思是，慈爱坚决不能姑息。

她过生日想要个拍立得。我根本不知道拍立得是什么样，觉得要个相机很好啊，记录生活。我跟家里一说，我妹妹说："我包了，别管多少钱。"我再跟一些年轻人问这个东西从哪儿买，居然商场里没有。这些年轻人就跟我说，那个东西其实不实用。我一想，不实用肯定不给她买。

但是怎么跟她说不买呢？人家过生日，好不容易哆嗦了半天，跟我提了个要求，她很少要东西。比方说她的姨妈、舅妈说："给孩子买双名牌鞋子吧，一两千内都行。"她就坚决不同意，她说一个学生几百就很多了。带她去那种比较昂贵的商场，她准保选最便宜的。但是为什么她喜欢拍立得，她说很快照片就出来，不用期待很久。她不知道柴米油盐贵，后来我说："你的自制力我很了解，你想不想中考前再影响考试？任何一件事情你一分心，在学习上就用得少了。"她说："对，妈妈，我感觉我好像还是需要克制。"我说："这就好了，那相机就等中考之后再说吧……"我也不说买也不说不买，她说："那好吧，反正现在买了我也用不上。"我就跟她哥哥说："最近你跟她多联络，让她把注意力转移到学画画、学英语这边来。"最后我们再跟她去谈这个东西，买不买没什么。大家要明白一定要迂回，有些事情得知道要怎么样处理。

不仅仅是跟孩子，跟其他人也是一个道理。要学会用艺术、智慧跟亲戚朋友相处，这样每个人都感觉很舒服、很自在。周围的人舒服自在，咱们也就很开心，别在盛怒时去教训别人，除非不得已。但凡能够过得去的，一定要把余地和空间留足，否则就很麻烦。

前几天为了件事，我母亲很着急，哥哥、弟弟也着急，后来母亲跟哥哥和弟弟都发火了，之后母亲又更加担心地说了一句："你们千万不要让小玲知道。"千万别让我知道。因为我以前爱干的事，就是："妈，你这个不行，慈道还不够，妈你这是情执。"我学了这么几个词，全用在我妈身上了。最后我妈说："别给她添烦恼，别跟她说。"不过我哥最近检验过我数次，感觉我处理问题还行，就悄悄给我发了个信息，说需要我打电话，最好是假装什么都不知道，突然间打个电话。

后来我就很自然地打了一个电话。我说："这声音不对，态度不对，谁惹您老人家了？"这一问，她就忍不住说了几句，我就跟她简单地聊了聊，把一些东西给她说通了。她说："真没想到，这次你没说我'传统文化白学了'，也没埋怨我。"这一天给她气得，她说："他们都拿这个说我。"就这个话让她听来最刺耳。因为母亲很想在圣贤老祖宗面前做得好点，所以对自己的要求也是挺严，每天早晨要礼拜，晚上要反省。当然还是我哥哥他有孝心，他怕老母亲一直放不下。其实不光是对晚辈的教育，姑息或者伤恩，不容易做到中庸，对自己的老爸老妈、兄弟姐妹也都是一个道理。

因为我们当老师当得太久了，以为自己真的是老师，从个人修学方面，其实台上的是学生，旁边、台下的都是监学，监督我们学到什么程度了。

慈是予乐，悲是拔苦。如果慈既姑息，严也伤了恩了，你既不是真慈也不是真严，因为你不懂什么叫慈、什么叫严。所以要学习，赶紧提升自己。

【夫教之有道矣。而在己者。亦不可不慎。是故。女德有常。不踰贞信。妇德有常。不踰孝敬。贞信孝敬。而人则之。诗曰。其仪不忒（音特）。正是四国。此之谓也。】

"踰"是越过、超过。"常"在此指常德，即始终不变的品德，"贞信"是正直诚实。"孝敬"是孝顺并且恭敬，做到了贞信孝敬，人人都来效法你。"诗"是《诗经·国风·曹风·鸤（音师）鸠篇》。

教育好子女的根本是自己以身作则，所以做母亲的言行不可不慎重。因此，女德的纲领是正直诚实，妇德的纲领是孝敬。母亲做到正直孝敬，子女就可以效法。《诗经》说："仪容端庄无差错，各国以此为榜样。"这是说母亲身教。

教育孩子也是母亲自己在修身行道。假如母亲德行没有亏失，就可以给孩子做好的榜样。纲是网的总绳，正直孝敬都做到了，自己没有过失，子孙后代才能够效法我们，这就无愧于母亲的职责。

有的孩子一管教，他就完完全全地顺着你的思路来。如果有的孩子他出格一点点，我们也要对自己、对圣贤老祖宗有信心，我们总能够用长久的爱心和耐心，把他拉到正的轨道上来。

所以这一篇是让女子掌握好自己在家里的举止容貌，还提醒我们千万不要忘了做人做事的仪态，这个才是真正的母仪。所有的言行举止，都是我们做人做事态度的外化。

给大家分享一个《贾母倚闾》的故事。周朝时候，齐国有个王孙贾（音古），和齐王是同族的，当淖（音闹）齿造反时，齐湣（音敏）王逃了出去，他们君臣两个就被冲散了。王孙贾寻不到齐湣王所在的地方，很失望地回到了家，母亲看到儿子回来，就问："儿子你怎么回来了，我听说外面在战乱。"大家想想，外面在战乱，儿子在外面，做母亲的会是什么样的心境？很担心，"我的儿子怎么样？他有没有出事？"那王孙贾的母亲是否也是这个样子呢？他的母亲对他说："你早上出去不回来，我倚了大门盼着你。你晚上出去不回来，我倚了里门望着你，可是服侍君王的你，不知道君王逃在什么地方，那你还回来做什么呢？这算有忠义吗？"

王孙贾也确实有这种根器和骨气，听了母亲这番导引，马上很惭愧地拜别了母亲，召集了一批人马组成一支新的队伍，平定叛乱，又去访求了王子法章，立他做了齐国新的君王。

古人把道义看得比生命还贵重，这些母亲们的心都放在道义该放的地方，不放在小私小我上。哪有母亲不惦记儿子生命的？她很惦记，可是为了大义，也是为了给天下的人做个模范。如果一遇到大乱临大劫，每个人都想自己，那还有谁会想着君王，想着国家、想着民族？

所以，我们作为一个母亲，要把孩子们生活的细节注意周到，实际上养这些小细节，是为了成将来的大德。

再跟大家分享一下程颐、程颢兄弟的故事。二程兄弟出生在官宦家庭，自幼性情敦厚、聪慧勤奋、好学上进，他们之所以取得为世人瞩目的成就，主要得益于他们的母亲侯氏的教诲。

侯氏是太原人，从小天资聪颖，妇女做的家务事"不学而能"。嫁到程家后，对公婆孝敬，性情温存，家里人敬佩她，亲戚朋友也称赞她。丈夫的弟弟死后，留下几个孤儿，她全都收养过来，像对待亲生子女一样，关心爱护，抚养教育。她善良的品格，影响了程颢、程颐二人。丈夫一生为官，有时因公事、烦躁动怒，侯氏总是想方设法宽慰劝解，使先生在孩子面前不失家长的尊严。

侯氏主持家务，治家有方，对家庭所有成员都一视同仁，对待仆人也很尊重，从不因为一些过错而鞭打虐待仆人，甚至把仆人看成和儿女一样,假如发现儿女责骂仆人,她必定要严厉地批评孩子:"虽有贵贱高下之分,但都是人,你们这样对待他们,将来长大如何做人!"

侯氏一共生过六个孩子,但是只养活了程颢、程颐兄弟二人,因此她非常疼爱这两个孩子,把一切希望都寄托在哥俩身上,但是,她深深懂得"慈母败子"的道理,所以从不娇惯溺爱。

兄弟二人只差一岁,在他们蹒跚学步时,常常摔倒在地,仆人要上前扶抱,侯氏劝阻说:"不要管他们,让他们自己站起来。"然后又对孩子说:"你们走路时,慢一点就不会摔跟头了,不信你们试试看。"在侯氏的严格要求、训练下,小哥俩一点也不娇气。吃饭时,孩子挑食,仆人就想由着他们的性子来,专门做他们爱吃的饭菜。但是遭到了侯氏的制止:"对小孩子不能惯,小时候养成挑吃挑喝的毛病,长大以后怎么办?"在她的精心培养教育下,兄弟二人从小就养成了很好的习惯,吃饭穿衣从不挑剔,兄弟俩有了过失,她决不袒护遮掩,总是既耐心又严格地批评教育。

有一次,兄弟二人在外和别人家的孩子为了一件小事发生了争执,甚至打了起来。程母知道了,连忙赶到现场,先将自己的儿子训斥了一顿,然后再用劝解的方式,平息了这场争执。

她经常教导孩子为人处世:"一个人怕的是不能受委屈,不能宽容人。遇事不能太锋芒,对人不能太苛刻。"在她的严格管教下,兄弟从小就很有礼貌,能与小朋友友好相处,敬重长辈,懂得谦让。

兄弟到了读书的年龄,她就送他们跟随有学问的老师读书学习,她家的生活虽不太富裕,但当有学问的朋友来家里玩时,她总是好吃好喝热情款待,为了使孩子多和这些人接触,从中得到教义。

为了促使兄弟俩用功读书,程母在他们读的书封面上贴了一个纸条,上面写着:"吾惜勤读书儿。"意思是说,我只喜欢勤苦读书的孩子,于是程氏兄弟自幼就养成了良好的读书习惯,一心一意在学业上下功夫,不妄想其他。大儿子程颢十岁时，曾赋诗《酌贪泉》，其中有这样两句："中心如自固，外物岂能迁。"他坚定远大的志向由此可见一斑。

她不仅重视子女的读书学习，还很注意品德教育，常常用古人的传统美德教诲兄弟二人："他人身上的长处，要虚心学习；对待别人的东西，要像对待自己的东西那样爱护；对左邻右舍的老年人，要怀着深厚的感情去关心、帮助他们。这样长大以后，才能成为有作为的人。"

正是由于程母的良好教育，兄弟俩在学业上取得了很大成就，不仅成了当时文坛上的佼佼者，也成为了我国历史上著名的学者，宋代"理学"派代表人物，在教育活动方面也有显著成就，在个人修养方面也成为一代楷模。

侯氏在家孝敬父母，出嫁后孝敬公婆，生子以后注意教育，在古人提倡的"女德""妇德""母德"诸方面都有很高的修养。在治理家务方面，上下左右的关系都处理得很好，是古代很典型的贤淑女子。特别在教育子女过程中，她对子女爱而不娇，注重品德教育，处处严格要求，都是值得后人借鉴的典范。

下面再跟大家分享一下，发生在田忌和他母亲之间的故事。战国时，齐国的宰相田忌，有智慧又得蒙君王委以重任，他有一位非常贤德的母亲。为官时，田忌的一个下属送了他黄金四百两，田忌很开心，拿回去给他的母亲。母亲坚决拒绝并责备儿子："为官应当清正廉洁，注重品德修养。在做官的过程中，要不断地提升品行，让自己越来越高洁，这才对得起君王的信任。你怎么能这么贪婪，为娘是怎么教你的？我们家风、家道不是这样。"

田忌听了很羞愧，急忙把黄金退了回去。为了表达惭愧之心、回报母亲的教诲，他又主动请求齐宣王来治他的罪："臣下无德，一时昏聩，私受贿赂，居然献给母亲。母亲痛斥，臣下不廉，为子不孝，自感罪孽深重，辜负大王的信任。请您重责，以正国法。"

齐宣王特别感动，这位母亲的女德风范影响到了他的重臣，齐宣王不仅赦免了田忌的罪，日后还一直在重用他。因为不忍亏了母亲对他的这一番教诲，此举成就了田忌成为一位真正的重臣、贤臣，齐宣王为了表示对田母女德风范的嘉赏、钦佩，特地从国库取出黄金，重重地赏赐了田忌的母亲。百姓听说此事后都对田母仰慕不已，也称颂田忌孝顺的德行、知错改错以及对大王的一番忠心。

所以大家体会一下，忠孝是一体。贪来的金子也是金子，皇帝赏赐的金子也是金子，我们长点志气提升道德修养，让国家、社会来赏赐我们。当然我们不是为了求这个，但不求不代表就没有。

德位相配，是你的金子，总会来的。欲求取金子，就要有金子一般的心灵、金子一般的德行和内质。

做一个和亲族的女子
——睦亲章 第十七

女子嫁到夫家，对夫家亲属要仁恕宽厚，广施恩惠，常常感恩念谢，不记小怨，无论亲族关系远近都和善友爱。每个妻子都能辅助丈夫和睦全家，国家天下也就和睦了。

《礼运·大同》是《礼记》里很重要的一篇，为什么没有直接说"大同篇"，而叫"礼运大同"？有礼有节，中庸之道才有可能大同，礼行于夫妻之间，则夫义妇德；礼行于父子之间，就父慈子孝；礼行在兄弟之间，长惠幼顺、兄友弟恭。礼之本在恭敬，君臣之间如果恭敬、有礼，就是君仁臣忠。朋友之间，都非常地礼敬，有信义、诚意，情义就会越来越深远。所以前面讲了这么多章，最后还是归结到要睦亲。

"亲者不能联属，未有能格疏者"。连最亲近的人都联合不起来，怎么能感动到远处的人？"格"是感格、感化，近处不能感动，未有能及远者。要把最近、最亲的人真正地联合起来，让他们认同我们、心服口服，再由内到外一层一层地晕散。

睦亲的"睦"是和睦、和好、亲近的意思，《说文解字》解释"睦：目顺也，曰敬和也。"眼神怎么样顺呢？得心里和，让人家感觉不光是目顺，面容也顺，因为我们的心是顺的，心行一如。

"亲"指父母，也指亲生儿女、亲人，即血统最近的人伦关系，两家订婚叫两家结亲，还有成亲、接亲。另外"亲"还指新妇，传统婚礼里有迎亲，是指去迎新媳妇。"亲"还表示关系亲近。

【仁者。无不爱也。亲疏内外。有本末焉。一家之亲。近之为兄弟。远之为宗族。则同乎一源矣。】

"仁者"指有德行的人。"亲疏"指关系或感情上距离的远近，"内外"是内部和外部、里边和外边，此处指内亲和外亲。即指同姓和外姓的亲戚。"兄弟"是古代对同姓宗亲的称呼，此指亲之至近者。"宗族"谓同宗同族的人，此指亲之至远者。

仁者没有不爱的人，但有亲疏内外的差异，有主次先后的区分。一家亲属中，虽然有亲疏的不同，但来源于同一个祖先。

整个家族里，一家兄弟算比较亲的，宗族关系算比较疏远的。那么兄弟和宗族虽然有亲疏，"上本于祖考"，但心里明白是同出于一个老祖宗、一个源头。但是从妇人的角度来看，已经出嫁，则兄弟宗族虽亲，相对丈夫来讲，还是疏远一些。不过心里明白是同出于一个老祖宗、一个源头。真要睦亲，就要以仁爱存心。假如以利益为重，所有的亲爱都是假的、虚的。

"仁者，无不爱也"。《说文解字》说："仁，亲也。"就是对人有宽厚的心。古人说"仁者无敌"，是说仁者没有对立，他看谁都好，看到世间的所有人，都会生起爱的心意、情意。

【若夫娣（音弟）姒（音寺）姑姊妹。亲之至近者矣。宜无所不用其情。夫木不荣于干。不能以达支。火不灼于中。不能以照外。是以施仁。必先睦亲。睦亲之务。必有内助。】

"娣姒"是妯娌相呼之名。"姑"父亲的姐妹，丈夫的姐妹亦曰姑，女兄曰姊，女弟曰妹。"情"是实的意思。"荣"，繁茂、繁盛、茂盛。"干"是木正出者，就是树木从根出来最正的那个主干。"支"是木旁生者。"灼"指光明。"务"是事的意思。

至于弟妹、嫂子、大姑姐、小姑子，是亲人中关系最近的，应当尽力以真情相待。树干如果不健壮，枝条就不会繁盛；火如果不烧起来，就不能照亮外面，所以君子想要广施仁爱，一定要先和睦亲族；和睦亲族的关键，是一定要有一个贤内助。

"是以施仁"，因此要施行仁爱，一定是先对自己的宗族和睦，才能对亲友真正好。睦亲一定要有贤内助，如果妻子不贤，丈夫对自己的兄弟姐妹好一点，就会引起妻子心里不平衡。

说到这些关系，就想起我的哥哥，以前我也不懂得"身有伤，贻亲忧"。从我生活的城市，回到父母兄弟住的靠北方的农村，要一千里地，气温差一个节气。而那时为了追求所谓的美，穿得比较薄，我哥接我时，就看到我冻得脸色发青，还穿着单皮鞋。

现在不管好看不好看，冬天我一定穿得暖暖的。当时哥哥一看，就把他的外套脱下来，然后让我穿上，把我的鞋子给拔下来，穿上他人造毛的棉鞋。他自己就光着脚，穿着毛衣，开车回家。到家门口，他一推车门，没鞋穿，就大喊我嫂子的名字，说："给我拿鞋、拿件棉袄。"我嫂子很贤惠，抱着个棉袄，拎着个棉拖鞋出来，说："穿着棉袄、棉鞋走的，喊什么？"

我哥已经很冷了，记得那次赶得很巧，哥哥的车暖气坏了，所以他就很惨，可我哥还惭愧地跟我说："你看我这暖气没修好呢，正好你来了，又这么怕冷。"我从工作的地方回到老家，因为温度会有一个落差，常常冻得先输液，有一年脚后跟都冻肿了。

我哥哥穿了棉衣，我也开车门要下车，我哥说别管我了，快进屋。后来我嫂子看见我在里面，穿着我哥的大棉袄、大棉鞋。就明白了："嗨，还是这么回事。"

那时候妈妈还住炕，一进屋就很暖和。我哥哥就把两个手插到撅着的一叠棉被底下，撅着屁股在那儿哆嗦。然后我嫂子说："你看结婚二十几年了吧，从没有过这种待遇。这我要说冷，就该说'你怎么不多穿，你活该'，肯定是这样，去买东西吧，限你多长时间，你快点。"因为男同志很不愿意等女同志买东西，挑来拣去的。我妈看着我们，笑着一言不发，很幸福。我也已经到了炕头上，围上被子坐好了。我哥就努努嘴指指我妈，扭过来说："我不是为了她，我是为了那，这要是生病了，那受不了。"真的是这样，兄弟睦就是因为孝在中。

后来嫂子就又开玩笑打趣："从进了这个家门我就知道有一个人惹不起。"因为从小我身体不太好，那时哥哥去岳父岳母家，他们给个什么新鲜的吃的东西，说："你咋不吃？"我哥就一直笑，"不好吃吗？""好吃。""那怎么不吃？""我妹妹啥也不愿意吃，很瘦。"那这么一说，人家都奇怪，他就光笑。后来他悄悄地就跟嫂子说："这个东西我准备拿回家给我妹妹吃。"别看我现在胖，我以前很瘦，上初一时才一米二五，四十多斤。

后来嫂子一进家门，也都很呵护我，一听说我回家都到家属院外面去接。哪件衣服需要缝、需要洗，转眼嫂子给干完了。因为一个贤德的媳妇她很明白，做小姑子和丈夫喜欢的事，就会增加在丈夫心中的分量。

说这个话，都得十几年了，嫂子时不时地会半开玩笑，也确实有点心理不平衡。我哥哥虽是个农民，但是有些理很清楚，他和我嫂子说："唉，别说了，再说有个'房子'你也没住过。"我们都愣了，他就说："我们都从一个妈的肚子里出来的，再怎么着，这个'房'这辈子你是住不着了。"做媳妇的就得明白这个理，夫妻再怎么恩义、情义深，这个"房子"你没住过，我们要明白自己的位置在哪。

有一次家里商量事，我说："让嫂子过来呗。"因为我妈有什么事也都会找我嫂子商量，我哥说："她们娘俩说是她们的事，咱们商量她还是别参与。"我说："为什么？"我哥说："这个原则你们女的都不懂，我们先商量完了,她们娘俩爱咋叨咕咋叨咕。"所以一个媳妇,要欢欢喜喜地明白当下的本分在哪。嫂子也很高兴:"你们商量吧。"因为知道最后我老妈也不会瞒着她,我妈妈跟她的感情,我都感觉超过我们。

　　所以不难体会,闺女早晚要出嫁,跟妈妈待的时间毕竟有限,妈妈还是跟媳妇在一起的时间长。话说回来,媳妇跟娘家妈再亲,还是跟婆婆在一起的时间,要比跟妈妈在一起的时间长。所以要明白丈夫、公公婆婆喜欢的,媳妇要做到前面。这样,婚姻的"房子"就会越修缮越完美,虽然我们不是一个爸妈生的,也要尽力地以真情相待。

　　学了睦亲章,可能我们回家看婆婆还不能够像娘家妈那样亲,对婆婆的心可能还没有对自己母亲那种亲爱的感觉,这也是人之常情。但我们可以朝着与母亲相处那种感觉的方向,不断地努力。随着婆婆年岁越来越大,越来越需要儿媳妇的照顾,接触越来越多,真的很多婆媳之间的关系,就胜过了母女关系。因为这种东西它是自然地越走越近、越走越亲。

　　【一源之出。本无异情。间以异姓。乃生乖别。书云。惇(音吨)睦九族。诗云。宜其家人。主乎内者。体君子之心。重源本之义。敦(音吨)頍(音跬)弁(音遍)之德。广行苇之风。仁恕宽厚。敷洽惠施。】

　　"乖别"指不和、反常。"惇"是厚的意思。"惇睦"是笃爱和睦。"九族"是以自己为本位,包括上推至四世之高祖,下推至四世之玄孙的亲族。"宜"指和顺、亲善。"頍弁"指《诗经·小雅·頍弁》,小雅诗之篇,此宴兄弟亲戚之诗,其辞曰"岂伊异人,兄弟匪他",又曰"兄弟甥舅"。"頍",弁貌,或曰举首貌,"弁",皮弁也,"行"是道的意思,"苇"是芦苇。"行苇"是《诗经·大雅》中的一篇,此宴父兄耆(音其)老之诗,其辞曰"戚戚兄弟,莫远具尔"。广行苇之风者,言广是诗蔼然笃厚之意也。有如是之恩,则其仁厚宽恕之实,见于惠施者,敷布而周洽矣。"敷洽"是广布。"惠施"指布施,施恩。"宴乐兄弟"指宴乐亲戚。

宗族亲属是相同血脉，本来很亲密。有异姓的离间才会生不和。兄弟宗族、姊妹大小姑，都是一源之出，君子就想着怎么样跟他们关系更加地亲爱。而不贤之妇，常常视为异姓，树对立面。慢慢地，关系越来越疏。《尚书》称赞尧帝和睦九族的宗亲。《诗经》说，好女子出嫁可以和顺亲善夫家亲属。做妻子的，要能体恤夫君的心情，重视血脉的情义，笃行《诗经·小雅·颊弁》和《诗经·大雅·行苇》中所描述的家族和睦。对亲人仁恕宽厚，广施恩惠。"夫为妻纲"，一个真正有刚气的男子，把握大方向不能变。

有一个女士，结婚前她丈夫就说："你对我怎么样都行，但是不许说我妈不好，我妈含辛茹苦把我们拉扯大。"后来结了婚，只要一说"你妈怎么怎么样"，丈夫就说："得得得，停！结婚前就说过的，这壶你不能提，你说什么都行，不能说我妈不好。"假如是婆婆真做得不合适，儿子在背后就会想很多补救的方法，就是为了不让妻子怨恨到母亲。实在不能平复妻子内心的怨尤，他就说："再怎么样，她是我妈，是孩子的奶奶，你怨她也得当妈看，倒不如不怨，这样你自己还好受。"确实，怨别人首先自己不舒服，你又不想离婚，干嘛要怨恨着过一天？所以我们要平和地过每一天，还要感恩他人的成就。圣哲人说，生病也要感恩，病痛是提醒我们该休息了。

有一家人，排行老大的丈夫一直觉得，我有的我兄弟都得有，如果妻子在这搂着藏着，不分享给兄弟们，那就不行。所以妻子就是"丈夫喜欢什么我就做什么，婆婆喜欢什么我就做什么"，这样家庭就会越来越和睦，父母也越来越开心。

"敦"也是厚，"厚"还是厚，要以仁爱为本，宽以待人，淳朴敦厚，广施恩惠，要普及到全家，但不能因为"恩惠"到了全家，就成了"全家都得听我的，我出钱最多了"，如此不如不恩惠，那不就成了管全家要权力？德厚到一定的程度，不用要，该尊重你的时候，大家自然就会把目光聚集到你这儿。

我的老师说他的母亲，嫁到他的爷爷奶奶家之后，二十五年都不发表自己的意见。爸爸挣来的所有的钱，先是父母的，然后是小姑子小叔子的，再是孩子的，第四位才是她。做妻子的说这些话时，充满了无限的幸福，这样的家是多么稳固！小叔子小姑子上学都是嫂子拿钱，长兄如父，长嫂如母。二十五年之后，只要一有什么事情，除了问哥哥，大家全部都看看嫂子什么态度、什么观点。这个时候偶尔发一言行一事，谁不以你马首是瞻？所以说的话直爽点，或者把事做得廉正一点，大家也能理解，因为这种公心被认同了。廉就是有棱有角了。一定是以仁爱、宽惠协助夫君，把家里的这些姐姐妹妹们都调整妥当，把家里大小事都摆得平平展展。丈夫在商场都已经东挡西杀，回到了这个家，要给他一点温馨，给他一个真正休憩的港湾。

如果把丈夫逼得郁闷纠结，纠结一次少活三天，积攒久了少活仨月，再哪一件事闷着过不来，少活好几年，最后就剩自己干干巴巴地过岁月。所以应当好好呵护另一方，让自己未来有一个相依相携的伴，孩子虽然一进门只喊妈，但是如果爸没有了，在他心中就失去了那座山，一个母亲爱孩子的父亲，不仅仅是为自己，更重要的是做孩子的榜样，让孩子能有精神上真正的依靠。

丈夫毕竟也是人，他有了苦闷，跟谁去说呢？家里过日子，在婆婆家无非就是妯娌、大姑子小姑子，这些亲眷的关系。跟所有的亲人，都要以仁恕宽厚的心去相处，广施恩惠。

【不忘小善。不记小过。录小善则大义明。略小过则逸慝（音特）息。逸慝息则亲爱全。亲爱全则恩义备矣。疏戚之际。蔼然和乐。由是推之。内和而外和。一家和而一国和。一国和而天下和矣。可不重哉。】

"逸慝"是逸言恶语。"蔼然"是指温和、和善的样子。

亲人的恩典牢记不忘；亲人的过失不记心中。感恩念谢，就能明白亲情的大义，不生怨恨就没有谗言恶语。没有谗言，家庭更亲爱，全家亲爱，那么恩情和道义就完备了。无论亲族关系远近，都能和善友爱，由此推而广之，家族和也能与外族和，每家都和睦，一国就和睦。每国都和睦，天下就和睦，怎么能不重视呢！

假如把亲戚关系，都打理得特别平静、和顺，丈夫会非常地感恩我们，而且丈夫走到亲戚朋友的面前，感觉是不一样的。人家都夸，"看你这媳妇……"会做人的丈夫，一般都把好事让给妻子去做。实际上丈夫是希望妻子在亲族中得到肯定，这样也能体现出他作为一个男人，把妻子领导、教导得很好。

可我们常常会不给丈夫面子，实际上不给丈夫面子就是不给自己面子。如果我们对婆婆和丈夫的兄弟姐妹不好，丈夫还平平静静，爱你如初，我觉得这个男人没纲，总绳有问题，网的方向就不容易正，所以把方向掌握正了，就能直接辅助我们的丈夫。

一个女子在先生身边，相伴四十年、五十年、六十年，几乎就是彼此的呼吸。如果我们不出和顺的气、善道的气，天天出恶气，就不会有好日子过。最重要的是孩子，生活在不知礼仪的母亲的教导下，几乎没有未来！周围不乏这样的朋友：我跟别人都挺好，就跟我们家那个不行，觉得对方爱你，于是恃宠而骄。其实这年头谁也不怕谁，他是比较心疼你、在乎你，你却一直予取予求，颐指气使。

没有长远的心，就掌握不好未来，我们要为自己长远的幸福、家族长远的幸福，而珍惜眼前的每一个人。全世界七十多亿人口，跟我们生活在一个屋檐下的这个人，更应该珍惜，他是陪我们最长最久的。夫妻要相濡以沫，尤其是后半生能够过稳妥，要比前半生浓情蜜意更可贵。

别人的恩典要牢记不忘，为什么不把最清净美好的东西装在自己的心里？记人家的恶就是往自己的心里装垃圾，不要把自己清净的心地变成一个垃圾场。我们要用圣贤的教诲把"垃圾"回收利用，让心地永远保持清洁。

我们的德行要不断地提升，跟家族里每个人不断地磨合，把自己的棱角慢慢地都磨掉，越磨越圆，就会自己舒服，周围的人也舒服。

无论亲族关系远近，都尽力地和善友爱，推而广之，家族和，渐渐地，一个国家就和睦起来。每个国家都和睦了，天下就完全地和谐大同了。所以怎么能够不重视和睦亲族呢？

我们再分享一则《义姑退兵》的德育故事。春秋时期，齐国攻打鲁国（孔子和孟子的家乡），众所周知，打仗就会有流离失所，齐国的士兵在鲁国的郊外遇到了一个妇人，她一只手抱着一个孩子，另一只手拉着一个孩子。后来，为了逃难，妇人就把手里抱着的那个孩子给丢掉了，带着另外一个孩子继续跑。但终究也没跑过追兵。士兵就奇怪地问她："你丢了手里抱着的孩子，却带着携着的孩子，这是什么缘故呢？"那个妇女就说："刚才我带着走的，是我哥哥的儿子，抛弃的是我的亲生儿子。我看着这个情势，是不能两存的，所以我宁可把自己的儿子丢了。"齐国的一个将官，听了就说："你哥哥的儿子和自己的儿子，哪一个更亲呢？"妇人说："自己的儿子当然是比哥哥的儿子更亲一些，但这是一种私爱。对哥哥的儿子，虽然不如对自己的孩子更亲爱，但是我选择侄子，这是一种公义。抛弃我的儿子，我的心很痛，可是从公义上来讲，我只能这么做。"

齐国的将官非常地感动，他便约束自己的军队，不再攻打鲁国，并且说："鲁国的一个女子，都如此深明大义，这般仁义的国家，哪里可以去攻打他们呢？"于是就带着兵退回去了。

这位妇人本来是把心头肉给割掉了，因为感通了天地，结果儿子和侄子都得以保全，使国家也免了一场劫难。这是历史上有记载的故事。鲁公知道了这件事，送给妇人许多礼物，并且给了她一个名号叫"义姑姊"。这是位有道义的姑姊，是大姑小姑们学习的榜样。

我每次讲这个故事眼泪都会掉下来，将心比心。假如我一手抱着侄子，一手抱着我的女儿，追兵在后让我选谁呢？我估计我哪个都选不了，我们娘仨可能就跟这个世界一起再见了，真扔不下去。很佩服这个义姑，境界太高了。有事当前，古人一定是把大义端出来。再痛，也能够难行能行、难忍能忍，最终反倒超越了困难挫折。

南齐有一位王氏，有一儿一女，儿子是她所生，女儿是丈夫的前妻所生，后来丈夫也去世了。一次王氏拿着大珠子给女儿做手串，那个时候珠子严禁私自流通，除非登记，否则发现了会有非常严格的处罚，最严重的要治死罪。女儿知道了，就把珠子偷偷地扔掉了，弟弟不懂得国家的法令，看着很好玩，就又捡回来，而且还放在母亲的化妆盒里，就是装嫁妆的器皿。

母女两个都不知道这件事，但出境检查时，就被发现了，逃不了死罪。办案的就问是谁干的？母亲赶紧说："是我太喜欢这个珠子了，法办我吧。"女儿说："我母亲已经把珠子丢掉了，是我偷偷取回来的，还是法办我吧。"这要是没有境界的话，可能就会想，明明我扔掉了，谁捡回来的？到底是娘爱惜这个珠子，还是弟弟觉得好玩呢？办案的官员经过详细询问，终于了解到实实在在是小儿无知无畏，私藏了珠子，但官员被母女俩这种互相珍惜、争死的真情打动，最终还是赦免了他们的罪行，所以是继母的贤德和女儿的孝顺，把全家给救了。一个人，只有大义超越了私情，才可以表率、示范于天下。

为什么选的都是这样的案例？因为太难得、太不易了，家长里短就那点小事。"财物轻，怨何生，言语忍，忿自泯"，记牢这几个字一做到底，哪能不睦亲呢？我们总以为不是说钱的事，是说这个事的事，其实说的就是钱的事，把钱看轻点，把义看重点。人命关天人家都能把大义演绎出来，我们至于吗？

要把咱们家明媚的日子，过得更加阳光灿烂，不要把和顺的日子过得像麻花糖，哪都拧着劲。睦亲章的"睦"是敬和的意思。要上敬下和，中间才能真正助夫成德、教子成才！

做一个爱晚辈的女子
——慈幼章 第十八

长辈慈爱晚辈，晚辈就会孝顺并日益亲近长辈；长辈如果不能慈爱晚辈，却要求晚辈孝顺，就会引发孩子的叛逆和忌恨。慈爱却不能过分溺爱，母亲还要尽到教导训诫的职责。

【慈者。上之所以抚下也。上慈而不懈。则下顺而益亲。故乔木竦（音耸）而枝不附焉。渊水清而鱼不藏焉。甘瓟（音护）藟（音磊）于樛木。庶草繁于深泽。则子妇顺于慈仁。理也。】

"下"指的是幼。"乔木"指高大的树木。"竦"是高耸的意思。"瓟"是瓟瓜。"樛木"是枝向下弯曲的树。"庶草"，普通的草在深泽之中。

长辈关爱晚辈就叫慈爱。如果做长辈的能保持慈爱的心不停止，晚辈就会特别地顺从长辈，并且越来越孝敬、恭顺，而且还会跟你越来越亲近。因此，乔木高高地耸立就不长旁枝，深潭里的水太清澈见底，鱼就无处躲藏（水至清则无鱼）。樛木下垂就会有甘甜的瓟瓜攀附在上面，因为樛木的枝条都是往下垂的，借着它的枝，瓟瓜的瓜秧就容易爬到它上面去。深潭厚泽，众多的水草就会繁殖生长其中（鱼也都藏在里面）。长辈仁慈宽厚，子孙媳妇就会敬顺，说的就是这个道理。

什么叫慈幼？长辈慈爱，晚辈孝顺，重点在于长辈慈爱晚辈，晚辈自然就会孝顺。假如长辈不慈，就会引发孩子的叛逆和记恨。慈爱但不能溺爱，母亲要尽到教导训诫的职责。钟博士的母亲说过一句话："母爱的内涵在于母亲对孩子的教育。"

　　"慈"这个字，上半部分是丝，柔软的细丝，其造字本义是心肠软如丝，疼惜生命，不杀生不作恶。《说文解字》解释慈为爱的意思，真正的"慈"是"予乐"，能够给他快乐。"悲"是"拔苦"，把他的烦恼、痛苦拔除。怎么能拔除？得先讲清道理，再做出来，让人看了有解悟有证悟。所以得有超越常人的智慧，才能够让对方从烦恼中解脱出来，进而生起惭愧或感恩的心。

　　"慈"常指对晚辈心肠软，也指不杀生，对众生做一点恶事就是不慈悲，所以一个"慈"可不是谁都能够当得起的。庄子说过，假如尧帝没有慈爱，大舜也就没有孝道演绎出来。"夫慈者不忍，而惠者好与也"。慈爱的人心很软，常常不忍心伤害身边的人，毫无彼此远近地赐予周围人以恩惠，所以爱是给人恩惠不停息。

　　《说文解字》里说："慈，爱也。"这不是简单的一句话，管子说："慈者，父母之高行也。"慈爱可不是溺爱孩子，而是父母的高尚行仪。"幼"的造字本义是单根的细丝、手臂，是说手臂弱得像单根的细丝似的。回想抱着小幼儿的时候，摸摸他们小小的胳膊和腿，好像稍微一用劲就捏得怎么样了似的。《说文解字》里说："幼，少也。"是年纪太小的意思，本义形容手脚细嫩而无力，都是需要保护和照顾。

　　这些造字本义让人看后不禁笑出来，年少的手脚都细嫩无力，让人怎能不疼惜呢？心肠软得跟丝似的，珍惜生命不杀生又不作恶，这样的长辈一定会疼爱小孩。

　　【若夫待之以不慈。而欲责之以孝，则下必不安，下不安则心离。心离则忮（音质）。忮则不祥，莫大焉，为人父母者，其慈乎，其慈乎。】

做一个爱晚辈的女子

"忮"是忌妒、忌恨，"不安"指的是不服，"忮则不祥，莫大焉"，这个事太不祥了。

如果长辈不慈爱晚辈，却要求晚辈孝顺，晚辈的心就不安。不安是心不服，晚辈不服做长辈的，就会跟你离心悖德。离心悖德之后，就很容易破坏家庭和谐，没有比这个更不吉祥的了。做父母的一定要切记仁慈。

有的父母不是故意想不慈，而是因为不明理。比如郑庄公的母亲就特别爱小儿子，溺爱到小儿子最后无法无天，导致长子后来发兵把亲弟弟给灭了，灭了之后还说这一辈子，不到黄泉就不和母亲相见，后来他知道自己错了，就把大臣请过来，酒过三巡菜过五味，他说："你都有母亲可以孝敬，我却不能。"古人非常讲信，言出必践，而因为他说过与母亲不到黄泉死不相见。

大臣很有智慧，就给郑庄公想了个办法。找了个土很厚的地方，勘测到在地洞里会挖出来水，于是挖了一个地洞，果然有泉水涌出来，就让郑庄公跟他的母亲在那儿相见，然后才把母亲名正言顺地接到宫里去了。引用这个故事是说，母亲的慈爱也需要智慧。

前一段时间孩子刚中考完，我想让孩子来参与学习，还可以感受一下祖国的大好河山。当天中午，孩子的奶奶给我打电话，叮咛嘱咐我照顾好孩子，当得知没买到软卧票，也没买到高铁票，就十分心疼孙女，我说："我的老天，这隔辈都亲到这种程度。"有次奶奶说孩子跟她表哥（我的侄子）在外头吃饭，说："我做的多干净多好吃，怎么在外头吃？"其实人家兄妹俩吃得很开心，聊得也非常有兴致。

奶奶担忧成这样，我就和孩子通电话说："你赶紧跟奶奶说，你们很乐意接受接受生活的教育。"她说："我都说了。妈妈，你相信吗？人家很低调，背个小包就出来了。"我们的家慈，我们的父母，好像对自己的儿女也没有这么亲。在几十年间没听见孩子哭孩子闹的，好不容易有了孙子孙女，就会特别娇宠。全天下有多少孩子，在爷爷奶奶的眼里，哪怕只有一个，也是整个世界。

所以做儿媳妇、做女儿的要领会这些，领会到了还得用智慧去解，不能硬碰硬，孩子小的时候，老人家嘱咐我这个嘱咐我那个，事无巨细。以前听着都很厌烦，现在我就很欢喜，全盘地用耳朵都接收过来。再告诉孩子："你要经受生活的磨砺。"

刚才讲的郑庄公，这是涉及到谁做国家君主的事，这个事不容易让出去。像周文王的大伯和二伯，就把王位让给了文王的父亲。因为文王的母亲也特别端正严谨，在三个媳妇里，做得最好，最讨公公婆婆欢心。

周文王初生就有异象，大伯跟二伯发现父亲对三弟的这个儿子最喜爱，就考虑，只有他俩不继承王位，才有可能传王位给这个侄子。所以周文王登上历史舞台，离不开这么多人的"托举"，也才有了今天我们学习文武周公这些行仪的机缘。文王的大伯和二伯也是母亲教出来的，说白了还是母亲的厚德和贞顺、贞信、贞静、柔顺造就的。

假如不懂得如何教导孩子养正，那就是母亲不慈，没有智慧。孩子会怨恨，"凭什么把王位给老三和老三的孩子？"也会想尽一切办法不让老三登位。历史上这种故事太多了，其实很多朝代的更迭都是因为这个，甚至小皇帝刚上去，另外一个又来了。朝代更迭太频繁，一定不是太平盛世。也常常是因为后院没有"太太"，让子嗣们的心不平，都有怨、要争。"忮则不祥，莫大焉"，是大大的不祥，所以为人父母者，一定要慈！

【然有姑息以为慈。溺爱以为德。是自蔽其下也。故慈者非违理之谓也。必也尽教训之道乎。】

但是有的父母却把姑息纵容当作仁慈，把过分溺爱当作善行，这是害了自己的子孙。所以仁慈不是要违背常理，而是必须尽到教导训诫的责任。

"然有姑息以为慈，溺爱以为德，是自蔽其下也"，是说长辈像乌云一样把晚辈给罩住了。"故慈者非违理之谓也",不是让我们慈悲出祸患,方便出下流,是尽教训之道。

其实有时候父母特别溺爱的孩子就容易不成器,而父母不太亲爱的儿子或者女儿,他自己要在道义之中生活,不仅自己成就起来,还会让父母生惭愧心,让被宠爱溺爱的弟弟或妹妹也由一棵枝枝杈杈不太成材的树,慢慢地长成成材的大树。大舜帝的弟弟,动不动就想把哥哥给谋财害命的象,最后都被感化到当地百姓还要给他立祠堂,所以这个还是在于我们自己。

原来以为让孩子多吃点、多喝点是慈爱他们,因为不懂,现在知道了就应当让他多吃点苦。

【亦有不慈者。则下不可以不孝。必也勇于顺。令如伯奇者乎。】

如果长辈不懂慈爱晚辈,那晚辈也不可以不孝顺,要勇于挑战当时的环境。即使父母厌弃,我们仍然要有勇气继续孝顺他们。

这句话虽然是警告父母一定要慈幼,但是又说如果父母不慈,没有尽到教化好自己儿女的责任,甚至还残害、伤害自己的孩子,作为孩子,也还要有勇气继续顺承老人家。徐皇后还举了个例子,"令如伯奇者乎",就像伯奇一样。

先把伯奇的故事,简单分享一下:他是古代有名的孝子,是周宣王的重臣尹吉甫的长子。尹吉甫的发妻不在之后,他娶了一个后妻,非常地宠爱,后妻也生了孩子。尹吉甫受后妻的挑拨,就对长子伯奇动了杀心,因为他是周宣王的重臣,他们家有国君赐予的世袭爵位,伯奇不仅多才多艺而且武艺高强。尹吉甫本人也是一个忠臣,所以他的家世很重,家业也积累得很丰厚。其实没有家业在就不会有这么多的杀戮和反目成仇,大家都是放不下物质的欲望。

尹吉甫后来对后妻的挑拨误以为真,把大儿子伯奇给流放于野,伯奇把水草、河草编成衣服穿,采苹花而食之。在被流放的日子里,清早他走在有霜的植物之间，就很感伤，也没什么过错就被亲生的父亲给放逐出来。在那种境况下，他作了一首琴曲，叫《履霜操》，以表达自己的情怀。后来曲子传到他父亲那儿了，闻弦歌都知雅意，父亲一下子就知道错了。当把长子再找回来时，他完全明白了真相。最后他没容大家反应，就射杀了后妻，这在历史上都有记录。

大家体会一下，伯奇的后母因为不慈，想把世袭的位置给亲生的儿子抢过来，可是瞒得了一时瞒不了一世。最终的结局是她被射杀了，而她的小儿子不仅不能继承家业，也因一个母亲的无德而受连累。更因为这么一个无德的母亲，父亲的慈爱也可能会打折。

我们真的是要慎重，假如做失德的事情，街坊邻居都会对我们指指点点。他的父亲是当时《诗经》的主要采集者、军事家、诗人、哲学家，被尊称为中华诗祖。这么有智慧，还是被美色所蒙蔽，把自己的孩子放逐了。不过也确实是祖德深厚，儿子不仅不辩解，放逐了之后，也没埋怨他。

伯奇写《履霜操》，完全是想把怀念故乡、思念父亲的心境给表达出来。父亲也是一个非常懂诗、懂音律的人，一下子就明白了儿子是无辜的。所以做长辈的一定要做到真慈、真明理，否则就会常常有很多遗憾的事情发生。

父子关系推广至社会就是君臣关系。假如我们的上级不是那么看中我们，我们仍然忠诚，"进思尽忠，退思补过，将顺其美，匡救其恶"。领导看中，我们就干得很带劲；领导不看中，我们就干得没劲了，这个不是真的忠诚。"亲有过，谏使更"，我们改变不了，就默默把自己该做的做好，领导就和父母一样。假如亲爱我们，我们孝何难？亲憎我们，要孝方贤。领导重视我们，我们忠诚领导，这个好像很顺理成章；假如领导不重视，我们还能忠诚他，那叫真正的忠诚，因为真则不变，变则不真。

古代的圣贤文化是父可以不父，子不可以不子；君可以不君，臣不可以不臣。有人就说凭什么？就凭我们要对得起自己的良心，一个错了，不能双方都错。丈夫可以有他的不足，我们知道丈夫错了，我们还继续错，那就是错上加错，这个家、孩子、社会又将何以堪？家里的事情没有一件是小事。

分享一个《菊花无怨》的故事。宋朝时候，有个叫张菊花的姑娘。小菊花七岁时，后母把小菊花骗出门，偷偷将她卖掉了，卖到了范尚书家里。后母回家后，又骗菊花的父亲说："哎呀，菊花走丢了。"菊花的父亲听后，悲伤得几乎哭瞎了眼睛。几年后，没想到，一个偶然的机会，张菊花竟然和父亲在一个人家里相遇了。父女俩悲喜交集地抱头痛哭，然后父亲就把菊花带回了家里。菊花的父亲自然饶不了妻子，要把她逐出家门，这时菊花却劝父亲说："要不是后母这一举动，我还进不了富贵人家待这些年呢！这样说来，母亲对我反而是有恩德的，我怎敢有怨恨之心？而且，若我一回来，母亲就被赶出家门，女儿心里又怎能安生？！"父亲听了菊花一番话，这才罢了。

菊花的父亲年纪一天天大了，又无儿子，家境也穷，不多时就很不放心地离开菊花撒手人寰了。而张菊花却处处谨慎小心，服侍后母仍与从前一样，非常地孝顺。甚至在后母不能行走时，张菊花还背着她行走。为后母养老送终之后，菊花又到了范尚书家里去做工，像她这么忠诚的役仆也很少见，而且她又勤劳，受到人人的尊敬，可以说她这一生德行完备。

所以一个人假如无怨的话，坏事也会变好事。

假如婆婆对我们不好，我们能一直对她好，最后就会云开见日出，但我们常常是心理不平衡，怨来怨去，倘能把婆婆公公、父母给我们的逆增上缘承载住了，我们的德行就增厚了。加厚了德行，福报跟着就来了。黎明前是肯定黑暗的，别管黎明前的黑暗有多黑，一定要坚持，天一定会亮的。如果能有这样的信念，哪会起恶念？

我们总是坚信，事情自有时节和因缘，我尽了心、尽了力，就一切圆满了。不要求咱们的德行很快就赶上老师、赶上祖师大德,但我们要不断地努力,不断地加功用行,说白了就是在现有的境界上每天进步一点点,不管哪件事情,扪心自问,要对得起自己的良心。

"苟日新,日日新,又日新"这是商汤在洗脸盆上写的话。我们要明白,什么样的人生境界,都应当感恩。而且云开日出的时候,也不要"你看云开日出了啊,我当初是怎么说的、怎么做的……",最忌讳这样了,最好还是不要说了。"过去种种譬如昨日死,从后种种譬如当下重生",对每个人都这样,对自己也这个样。

孔老夫子说:"朝闻道,夕死可矣。"不是早晨明白了正道,晚上就真的去死了。是说早晨听见了正道,以前那个偏颇的自己没有了,当下就是重生了,精神的重生。看起来还是这个人,但是活得质量不一样了。

如果先生喜新厌旧、变心了,别有什么怨言,用你的真情把他的真情给呼唤出来。学中国文化,一定要记得是以我之真心面对眼前所有的境界,如如不动地把眼前的境界还原到真、善、美。不管多久我自岿然不动,直到把境界转过来,此生转不过来,身后还是照样用我们的浩然正气继续转。就像寇准的母亲,预见到自己过世之后寇准有可能出现的问题,身后还能继续教育孩子。那些忠臣活着的时候劝谏皇帝行不通,死了以后,用自己的遗体继续劝谏,让古圣先贤的精神风范根植于我们的灵魂中。我们不仅做出来、演绎出来,还要"仁以为己任,不亦重乎;死而后已,不亦远乎"。

做一个有恩慈的女子
——逮下章 第十九

"逮"在《说文解字》里，指及得上、追得上，造字本义是抓捕野兽，现在一般表示持礼前往，表达敬意，"下"在古代专门指地，所以"逮下"就引申为自己恩慈、恩惠普及到下人、仆从。也极言主上、领导特别地有德行。

男子，尤其是君王，担负着延续血脉、宗庙祭祀的重任。古代贤德的后妃都与众妾分享君王的恩泽，不独享私欲，这样才能子孙繁盛，福庆长久。因此，从后妃到平民的妻妾都要和谐融洽，以慈孝作为立身的根本，推广仁德的胸怀。

我有一个学生，在发改委，他说："老师，以前总是觉得这些领导都是尸餐素位。但现在看到我的领导，很感动。"他说他们的一把手，每天都在加班、忙碌，别人周六周日都去休息了，他的周末全部都用来学习、深造。这位领导还很年轻，我们都预见他一定还会升职，因为这是堪当大任的迹象。所以，假如妻子不够贤德，一会儿打个电话查一查，一会儿再到单位看一看，这个一定很麻烦。

所以能放下私欲的女子，她的子孙就能够繁盛，而且福庆长久，现在有很多人都发愿要致力于古文的学习，我们都要发愿把中国的文化承接过来，但假如连文言文都看不懂，可怎么办？最起码让孩子们明白这些常见汉字的造字本义和演变之后的含义。慢慢地他就会和祖宗的气非常紧密地联合起来。再读老祖宗留下来的文字、典籍，感通的程度绝对不一样。

【君子为宗庙之主。奉神灵之统。宜蕃衍嗣续。传序无穷。故夫妇之道。世祀为大。古之哲后贤妃。皆推德逮下。荐达贞淑。不独任己。是以茂衍来裔。长流庆泽。】

"君子"是对统治者和贵族男子的通称，亦泛指才德出众的人。"宗庙"指古代帝王、诸侯祭祀祖宗的庙宇；也代指朝廷和国家政权。"蕃衍"是滋生繁殖，古代说藩镇割据，藩镇就是在国家的某个地方独立做主的一块区域。"嗣续"是子孙的意思，一个有德行的男子，奉天之命来做主自己的家族、天下，那就应该人丁兴旺，以受天命，世代相传，好好地繁衍子孙，传序无穷。"传序"是父死子继，世代相传。"荐达"是推荐引进。"贞淑"指贞洁贤淑。"独任"专任，独自承担。"茂衍"繁盛绵延。"庆泽"是指皇帝的恩泽。

男人是宗庙的主宰，延续供奉宗庙神灵的血统，应当繁衍；古代贤德的皇后王妃，都把恩德推广施及下人，推荐贞洁贤淑的姬妾给君王，而不独享君王的恩宠，所以子孙众多，恩泽福庆长流百世。

"故夫妇之道，世祀为大"，婚姻的道义在于继承祭祀、传继祖业，古代有智慧、贤德的王后、王妃都把德行推及到比自己地位低下的妾妃身上，还推荐那些德行、才能包括外貌都很淑丽的女子，进宫或者是到家族里面来侍奉夫君。"不独任己，是以茂衍来裔，长流庆泽"，不独享君王的恩宠，家族因此更加地繁盛绵延，皇帝的恩泽也就更加源远流长。

【周之太姒。有逮下之德。故樛木形福履之咏。螽（音中）**斯扬振振**（音真）**之美。终能昌大本枝。绵固宗社。三王之隆。莫此为盛。】**

"樛木"是指枝叶、叶条往下长。夏禹的妃子是涂山氏，商汤的妻子是有莘氏。"福履"是福禄的意思。"螽斯"是一种昆虫，产卵极多，

《诗经·周南·螽斯》说:"螽斯振翅,数量众多,孕育子孙,繁盛美好。"借此比喻后妃不忌妒,子孙众多,繁盛美好,就像螽斯子孙繁多,和悦相聚的情景。太姒有恩逮姬妾的美德,因此诗人咏叹她,就像樛木和螽斯,美德善行不胜枚举。"昌大"指昌盛、强大。"本枝"是指家族子孙的意思。"三王"是指夏商周三朝。后妃贤德、子孙众多、本固枝繁,社稷安宁,夏商两朝,虽然也有贤妃,但不如周朝繁盛。

周朝的太姒,有将恩德施及于下人的美德。所以《诗经·周南·樛木》中咏叹太姒恩逮众妾,大家祝愿她安享福禄。《诗经·周南·螽斯》中颂扬后妃不忌妒,所以子孙众多。凭借后妃的贤德,周朝终能家族子孙昌盛强大,绵延巩固宗庙社稷。夏商周三朝之中,以周朝最为繁盛。

分享太姒的美德很多次了,太姒是武王的母亲。天生殊丽,聪明贤淑,分忧国事,严教子女,尊上续下,深得文王厚爱和臣下敬重,在《诗经》和《列女传》里都有对她的赞美,武则天学到太姒的美德后,特别追封了谥号"文定皇后",把埋葬太姒的地方称为"德陵",就是有德行的人被安葬的陵墓。太姒为丈夫遍访、举荐端丽娴雅、德才兼备的女子,来绵延巩固宗庙社稷,对婆婆和太婆婆都很恭顺、孝敬,做得非常好。她不妒不忌,把婆婆的德音传续,并且发扬光大。最可贵的是,她能够把其他姬妾生的孩子,同自己生的王子公主们都一起养育,吃的用的全部都一样。

周朝那么隆盛,就是因为这些圣贤母亲非常地周慎、娴雅、静正、简婉,此四德皆备,所以说"绵固宗社,昌大本枝",这样的女子确实是周朝乃至中华民族的福报。太姒的儿子是周武王,儿媳是邑姜,邑姜贤良淑德,生了两个儿子,长子是周成王。邑姜的父亲姜子牙功高寰宇,同父亲一样,邑姜也是一个能文能武、有治国安邦才能的女子。姜子牙七十多岁用直钩钓鱼,八十岁才正式出山。成王继位的时候还比较年幼,除了姜子牙,还有四叔父周公旦一起辅佐朝政。

历代帝王，辞世之前总会嘱咐辅臣要好好辅佐新继位的君主。以周公的才能，完全可以自立为王，但他一直守着自己的位置，念念不忘武王之托，辅佐侄子成王立稳脚跟，这都得益于太姒的教化，使得兄弟相处亲密无间、没有分别心。

那时传言周公想要篡位已经到了一定程度。周公写了一封告白自己的书信，叫"无逸书"，放到了祖庙里。而他的侄子随着年龄的增长，也有点担心他会篡位，加之听信谗言，就把叔叔给流放到边远的地方了。

后来天降暴风骤雨，成王说："难道我做错了什么吗？"他就去太庙里祷告，也许是祖宗安排，也许是上天怜悯他的真诚，在一个匣子里，他发现了周公写的"无逸书"，才知道错怪了叔叔，于是这才有了历史上非常有名的"成康之治"，四十年没有刑狱，刑枷上的铁都生锈了。

有一位母亲，她的女儿跟儿子背着她去游泳，结果妹妹溺水了，被救上来时已经昏死，后来倒提着脚把水给控出来，孩子就缓过来了。经历了这一劫，孩子吓坏了，哥哥就跟妹妹说："你假如回家跟妈妈说今天的事，以后你就再也不能跟我出来了。妈妈会不相信哥哥能够安全地带着你，另外妈妈一定会狠打我们，把我们打死的。"这两个孩子回家很晚，都忍着没有说。

而孩子受了这么大的惊吓，晚上就惊梦，吓醒后抓着妈妈大哭，妈妈猜测白天肯定是有事发生了，就询问，孩子一五一十地跟妈妈说了。因为这个妈妈脾气很大，平常抬手就打，开口就骂，孩子等着的就是暴风骤雨，母亲就想，这么大的事孩子都瞒着，以后再出了大事，那就更不知道了。

这次她很有智慧，马上转念转行，一下子紧紧地搂住了女儿，眼泪掉了下来。忏悔自己把孩子们教成这样了，对孩子身心健康的担心也是非常地由衷。这个妈妈就说："孩子啊，如果你和哥哥任何一个有点闪失，让妈妈可怎么活啊。以后不管去干什么，可要告诉妈妈一声。"

做一个有恩慈的女子

教育的重点在教化，化是感动到孩子的内心，如果感动不到孩子的内心，就很难教育到她。所以教不好，是因为我们不了解孩子的心，感化不了孩子。

本来妾妃们就得看着皇上、正宫王后的脸色行事，所以作为基本上是专宠的正宫王妃，如果能够对她们深加体恤，就会让她们安分、安身又安心。

"德不广不能使人来，量不宏不能使人安"，有的人德行好像很广大，招揽了很多贤才，但他嫉贤妒能，比如杨修之死，曹操一看杨修比他还聪明，而且经常在他面前露聪明，曹操受不了，就把他给杀了，所以不能完成一统天下的大业，都是人格上有缺陷。

如果一个人的人格完美，事业一定完美。历代圣君们都是人格非常完美，感召来的王后们大部分也都非常完美。

楚庄王的夫人樊姬，在一次劝谏楚庄王广纳贤才时说："妾执巾栉十一年（我伺候大王十一年了），派人到郑国、卫国寻求贤女献给大王，现在比我贤良的有两人，跟我并列的有七人。十一年间进奉了九位贤德的女子进宫，我难道不想独占大王的爱宠吗？可是我为什么还要进奉这样的淑女呢？妾身听说在一个大家族的堂上，女子要能够兼容。我坚决不能用私心要专宠于您，更不能固守私情蒙蔽国事，我希望大王能多见到一些人，了解别人的才能。"

樊姬进宫以后就凭着自己夺人的智慧、绝异的才明，坐到了正宫王后的位置，这是厚德载物。

【故妇人之行。贵于宽惠。恶于妒忌。月星并丽。岂掩于末光。松兰同亩。不嫌于并秀。】

所以妇人的德行贵在宽厚慈惠，恶在忌妒忌恨。月亮与星星同放光芒，月亮却从不掩盖星星的光辉。松树与兰花同在一方土地中，不妨碍各自的秀美。

妇人的德行贵在宽厚慈惠，"慈"是心软得跟丝似的。恶在忌妒、嫉恨。月亮大，星星小，是说月亮和星星同在一个天空中绽放，月亮有月亮的美，星星有星星的美，月亮不遮掩星星的光辉。"松树高而兰花低"，松长得高，兰花在底下生长，松树不妨碍兰花的秀美，兰花也不妨碍松树直入云天，这是花草自不相同，各有各的美。以此比喻正室的皇后有容纳众妃的心量，不生忌妒之心。

【自后妃以至士庶人之妻。诚能贞静宽和。明大孝之端。广至仁之意。不专一己之欲。不蔽众下之美。务广君子之泽。斯上安下顺。和气烝融。善庆源源。肇于此矣。】

"贞静"是端庄娴静。"宽和"是宽厚谦和。"善庆"是善行多福。"源源"是连续不断的样子、不独享。

这一段是说从后妃到官员平民的妻子，如果都能做到端庄娴静、宽厚谦和，明白大孝的道理，推广仁德的胸怀，不独享个人的私欲，尤其不遮掩众妾的美好，把丈夫的恩泽推广到更多姬妾的身上，就能在上安心，在下恭顺，和谐融洽，大家都好，才是真的好了。积善之庆就会从这里开始，并且连绵不断。

有人会有疑问，现在都一夫一妻制，我们学这个到底有什么用？那如果丈夫真的有了外遇怎么办？

一个女子真有坤德母仪，当这个男人不爱你，爱别的女人了，如果你还爱他，才是真爱。他爱你，你才爱他，就不是真爱。"亲爱我，孝何难，亲憎我，孝方贤"，唯其有胜出他人的行为和心境，最后才会得到他人所到达不了的境界。

提起汉成帝，确确实实让人扼腕叹息。有班婕妤的时候，他被世人称道，走路的威仪，包括坐的姿态，一出口讲的全部都是治国安邦的话。遇到赵合德和赵飞燕之后，他直接不上朝了，把所有的国事都交给他信任的舅舅们。

后来赵飞燕成了皇后，她还有个亲妹妹赵合德在。姐俩争宠，总算妹妹还知道是姐姐把她带进宫来的，没有图谋姐姐皇后的位置，但是姐姐很忌妒妹妹，也很生她的气，就想了很多的办法来挽回汉成帝对她的专宠。但如果有比她们地位低的妾妃或者是宫女怀孕，她们就给对方喝堕胎药。

不得不说一下汉成帝的许皇后，从赵氏姐妹进宫后便开始受冷落。许皇后把自己的亲侄女也嫁过来，只是个美人。许美人在给汉成帝生了一个儿子后，得到了汉成帝赐的三颗名贵的养生丹，赵合德知道后大闹，想尽一切办法让汉成帝亲手掐死了许美人生的皇子。

还有班婕妤的儿子，也是不明原因地暴死了。汉成帝一共生了五个儿子，全部夭折，专宠的这两个最后也没能生育。后来，成帝在四十多岁的时候中风，死在了赵合德的怀抱中，赵合德当即畏罪自杀。

古时皇帝登基后的第一件事，就是要立太子，可是她们的存在，致使汉成帝断子绝孙。有人说赵飞燕和赵合德没有干政，其实没有比这个干政得更厉害的了。实际上，汉成帝的才能不如另外一个皇子刘康，而且为了让他当上皇帝，成帝的母亲，费尽了心机。然而成帝终有不配的地方，五个孩子都夭折，自己也死得很难看，最后是刘康的儿子接替了帝位。外戚王莽也是这个时候养起来的。

所以人，就别争。没德的人造作得差不多了，到时候该是谁的就是谁的了，我们忍得了吗？被人诬陷，骂上几年又如何？种种案例中，我们看到包括乳主的李善，他们好像没有读过诗书，他们就是凭天良做事，还有那位义姑，把一群武士给感化了，最后还使国家消弭了一场劫运。

这就是人本善的良心在发光。再来看赵飞燕姐妹，她们以色侍君，想尽一切办法保持美色、容颜，就是想保住专宠的位置，但是美丽是要付出代价的，在肚脐上放一种可以保持青春的药，其副作用就是会绝嗣，她们也是后来才知道这些。对现在研制的新药，人们也容易把眼光只放在那一点疗效上，而不注意副作用。跟西药相比，中药的副作用就弱一些，一般属于食补。不过，是药三分毒，没事咱就少吃药。话说回来，该是你的终究是你的，何必去争。

人不老实就会有很多妄想，也是贪欲无厌，没有智慧、不明白，其实有多少"贪来的"名闻利养和自己的德行是相配的？如果知道去争去抢只能得八十分，不争会给一百二十分，早就老老实实的了。所以今天学了这个，明的是人生真相。

借古是来喻今的。我们现在不仅不能逮下了，对尊长都不懂得恭敬。凡德高、年高、位高、识高者都是我们的尊长。有的人年龄比我们小，但德行比我们高；有的人德行一般，但是年龄长，这都属于长者，都要尊敬。尊师敬长还好做，那么逮下有什么依凭？就凭你本来位高，还能够逮下，这是难行、难能，正因为如此才更加可贵。

当今社会要借鉴的是，不要跟周围的人结怨，没有多少岁月可以让我们结怨去挥霍。一结怨，会造多少的罪业？善待身边的每一个人就是爱自己，最大的无私就是吾爱人人，那么也必会得到人人爱我。"爱人者人恒爱之，敬人者人恒敬之"，这是古律。

我们由逮下章要反思到自己的幸福人生中来，我们不光要逮下，对待每一个人都要以善心、善言、善行，以善道与众相处，处众得善道，有道必然。德不孤一定会有邻，愿在弘扬中国文化的这条路上我们都用善心相依相携相感，让家庭、事业更加兴旺。

做一个懂保全的女子
——待外戚章 第二十

外戚又叫外人，指帝王的母族和妻族，历史上外戚专权的事情有很多，比如杨贵妃的父兄，东汉的王莽，都给当时的社会稳定造成了很大的影响。所以后妃教导管束外戚要防微杜渐，比如娘家人不要私事请托，越分奢靡，并邀请有德行有学问的老师，教导他们依道义而行，警戒骄傲放纵，长养谦和恭逊。

【知几者。见于未萌。禁微者。谨于抑末。自昔之待外戚。鲜不由始纵而终难制也。虽曰外戚之过。亦系乎后德之贤否耳。】

"几者"是动之微也，"知几"指有预见，看出事物发生变化的隐微征兆，"萌"是芽的意思，"未萌"是指事情发生以前，"微"是细微之处，"禁微"指防微杜渐，"抑末"指小事。

有先见之明的人能够预见到将要发生的事，防微杜渐的人对待小事都非常严谨，自古后妃对待娘家人，多数是起初放纵，最终难以控制，虽说是外戚的罪过，但也跟后妃是否贤明有直接的关系。

知几者是知微见著，见于未萌是说至微之事，要在未发生之前加以防范，假如疏忽，就会像蚂蚁的洞穴在大河的堤坝里，由小洞慢慢地变成大洞，然后变成大窟窿，最后整个堤坝就会被冲毁，德行就像大堤，防范自己犯错误，要像防范蚂蚁洞一样小心翼翼，所以养德行就要从不忽视"蚂蚁洞"开始，因为"细行不矜，终累大德"，不仅仅是对外戚如此，对自己也要这样。

"自昔之待外戚，鲜不由始纵而终难制也"，起初没想到最终会难以控制，对后妃的外戚有点拔苗助长，其实没那么大的功德，就是因为今为贵妃、为皇后了，要封她的父母，给官、给财帛，甚至给他们广大的土地，逐渐他们就形成了自己的小王国。

这一段是讲后妃想获得荣耀，觉得外戚的权力越大越好，不怕封赏高，但是假如没德行，待到皇封至于疯狂的地步，使得后妃的娘家人独揽大权、权倾朝野，最终难以控制，灾国殃民，就会升多高摔多痛，所以那些面对一封赏父兄就战战兢兢的后妃，是多么地有智慧，而能够抑制住这些，最终后妃的家庭、家族也能够得以自保。

【汉明德皇后。修饰内政。患外家以骄肆取败。未尝加以封爵。唐长孙皇后。虑外家以富贵招祸。请无属（音主）以枢柄。故能使之保全。】

"枢柄"是指军政大权。

汉朝的明德马皇后，善于修治整顿后宫事务，担心外戚骄纵放肆而自取灭亡，所以马家亲属，不加封爵位，唐太宗的长孙皇后经常对皇帝说，请不要委任家人以军政要职，两位皇后都深明大义，所以两家人都得到保全。

这些皇后为什么拒绝封赏自己的父兄？第一是为了皇帝考虑：对钟爱的皇后的家人都没有大肆封赏，其他人来要封赏，皇帝就有话可说，第二是自己的家族已经很富贵了，人在勤俭或地位低时，容易安分守己；而富贵当前，地位不同，不光自己的念头会增加，周围人对你的念头也多起来，都瞄着你，什么事都想找找你，所以富贵不与骄期，而骄自至，就是说不跟恶劣的习气约定，它们也会随着富贵不知不觉就来了，而且还不容易被觉察。

做一个懂保全的女子

就像一个小孩，没故意教他什么，他居然知道"爸爸你吃"，"妈妈你吃"，这样疼惜父母，而父母常常"你吃吧你吃吧"，再过几年就成了"我就是应该吃"，要是给晚了，"凭什么给我这么晚"，他已经习以为常了，所以一定要有敏感度，任何事在萌芽的最细微处，就要懂得取舍。

很多女子不懂这些道理，未能洞察其中的精微之意，进宫之后，把自己妹妹、侄女能扯进去的都扯进去，以至于覆巢之下毫无完卵。汉明德马皇后和唐长孙皇后，以她们的德行，尚且不敢保证身故之后家眷会怎么样，何况一般人。

明德马皇后，十三岁做了太子妃，夫君继位后，很快就被封为贵人，三年后被册封为皇后，她一生自奉俭朴，只信修养己德，个性谦恭和顺，以约束外家而著称，防微杜渐做得很好。对婆婆服侍得尤其体贴，对其他的妃嫔也是诚挚热情，宫中的人无不对她赞叹有嘉。众人是天，她虽贵为皇后，可是如果言语、举止、姿态很骄慢，位置还能坐稳吗？另外哪一个妃子的家眷不受封赏？朝堂上不乏外戚在做大官，一个人看不上你，就等于一个家族看不上你。

公元75年（永平十八年），汉明帝去世，汉章帝刘炟即位，尊明德马皇后为皇太后，马太后亲自撰写《显宗起居注》，删去其哥哥马防参管医药事务的内容。汉章帝请求："黄门舅马防朝夕侍奉将近一年，既没有褒扬显异之举，又不记录他的勤劳，不是太过分了吗？"太后回答说："我不愿意让后世之人听到先帝多次亲近后宫家属的事情，所以不著录。"

公元79年马皇后去世，享年四十，得到了朝野上下一致的赞誉，她的家族没有被额外地封赏过，也就不会招那么多人的忌妒。不招忌妒就没人恨你，没人盯着你，所以她的家族才能够自保。

明德皇后的一生谦逊朴实、知书识礼、明理达义。由于她的行为举措，对明帝、章帝两朝的政治起了非常重要的作用。后人因此敬仰不已，是历代皇后、娘娘学习的表率。

长孙皇后是骁卫将军长孙晟之女,哥哥长孙无忌跟唐太宗是布衣之交,两人是从一个战壕里出来的,唐太宗的卧房他都可以随便出入,所以关系非常地不一般。

唐太宗登基后,想让长孙无忌做他的辅政。辅政大臣对外可以传皇帝命令,参政议政、辅政,但是皇后坚决不允许,因为已经功高盖主了,又是皇后的哥哥,再让他当辅政大臣,会对日后基业的稳定有影响。睦亲章也告诉我们,一个女子出嫁后要以夫君为亲。兄弟姐妹虽然一起长大,但人得知本分,不然整个人伦之亲就乱了。

长孙皇后的娘家也是一个大家庭,她还有位同父异母的哥哥。这位兄长当年参与谋反,她跪下来给哥哥求情,请求免他一死,按说应该杀无赦,为什么免他一死?因为她比较了解,哥哥当时是受了别人的蛊惑,如果放过这一次,他就不会再有第二次了,后来她哥哥果然就非常安分了。

所以人一定要智慧到,了解眼前因缘内所有人的心境,要不然怎么母仪天下,怎么让天下人心服口服,行为又顺服整个朝堂?所以这不是简单的贤内助的定位,而是怀整个天下于心中。

长孙皇后总是拿前朝的事劝谏唐太宗引以为戒,比如吕氏专权,还有外戚霍氏专权。但因为皇帝实在太感恩大舅哥为他出生入死,所以虽然没有给封那么大的官,但是也没有完全听皇后的,后来秘密下诏,又想封赏。皇后说"妾家以恩泽进,无德而禄",皇恩浩荡,我们家一直在提升,但是没有德行,您还总给我们福禄。"易以取祸,无属枢柄",不要给他们灾祸的权柄,您再封就会使我们家跟前朝的某家外戚一样不得善终。最后在长孙皇后的坚持下,皇帝才欢喜地接受了建议,因为他听到皇后的心声,完全是为了国家和她家族的长远利益考虑。

长孙皇后即文德皇后,是唐太宗李世民的皇后,出生于洛阳,八岁丧父,由舅父高士廉抚养,13岁嫁给李世民。武德元年册封为秦王妃。武德末年竭力争取李渊后宫对李世民的支持,她把李渊的正宫以及所有的妃嫔,上上下下打点得周周到到。

玄武门之变当天,她亲自勉慰诸将士,之后拜太子妃。李世民即位13天即册封为皇后。在后位时,善于借古喻今,匡正李世民为政的失误。

全国献上来的美女这么多,能够在夫君心目中一直保持这样的位置,是因为她厚德载物、太有智慧了。美貌能维持多久?所以史书称她为"矜尚礼法,母仪何炜",形容她母仪的风范光耀天下,走了之后还让人这么怀念。

根据史书的记载,长孙皇后年少时好读书,即便梳妆打扮时也手不释卷,甚至经常与丈夫一起和乐融融地共执书卷,秉烛夜谈。有一次唐太宗心爱的一匹骏马突然无病死掉了,唐太宗迁怒于养马的宫人,想要杀掉他,长孙皇后并没有直接为宫人求情,而是对丈夫谈起了两人曾经共同读过的一个故事:"过去齐景公因为马死了要杀人,晏子就请求列举养马人的罪过,说:'你养的马死了,这是你的第一条罪;让国君因马死而杀人,老百姓知道了,必定埋怨我们的国君,这是你的第二条罪;诸侯听到这个消息,必定轻视我们的国家,这是你的第三条罪。'齐景公听后便赦免了养马人的罪。陛下曾经在读书时看到过这件事,难道忘了吗?"唐太宗听了妻子的这番话自然会意,后来他又对房玄龄说:"皇后在很多事情上都能启发影响我,对我极有好处。"

不仅如此,长孙皇后还时常在唐太宗盛怒之时保护朝中的功臣不受责罚,一次唐太宗下朝回宫后,勃然大怒道:"我以后一定要找机会杀了这个乡巴佬!"长孙皇后问是谁惹怒了陛下,唐太宗回答说:"魏徵经常在朝堂上羞辱我。"于是长孙皇后换上朝服站在庭院内向皇上表示祝贺,唐太宗惊奇地问为什么,长孙皇后则笑着答道:"我听说君主开明则臣下正直,如今魏徵正直敢言,是因为陛下的开明,我怎能不祝贺呢!"唐太宗便转怒为喜,而以谏臣著称的魏徵也免于一次祸患。

甚至长孙皇后病危后与丈夫诀别时,仍不忘为因犯过错被遣回家的房玄龄求情："玄龄侍奉陛下时间最久，为人小心谨慎，颇有奇谋秘计，他知道的事情从无泄露，如果不是有大的过错，希望陛下不要放弃这么一位大臣。"

长孙皇后也深知，外戚与后宫干政于国于家无益，所以对于这点一直引以为鉴。当唐太宗每每向她询问朝中的赏罚之事时，长孙皇后则回答说："我一介妇人，怎么敢置喙国家大事呢？"唐太宗坚持要听皇后的意见，但长孙皇后最终还是什么都没说。

长孙皇后临终前仍一再嘱托太宗："我的家人有幸结为皇室姻亲已经是很大的荣幸了，他们非因才德出众才坐上了如此高位，所以很容易陷入危险，想要长久无忧，请不要让他们担任任何要职，只以外戚的身份觐见，这才是长孙家族最大的幸事。"

得妻如此，夫复何求？所以在痛失如此良佐、嘉偶之后，唐太宗悲痛万分道："我不是不知道生死有命，如此悲伤无济于事，但只要一想到从今以后回到宫中再也看不到皇后，再也听不到劝谏之言，我就无法忘怀！"

在政治上有作为的长孙皇后，是皇帝的良佐，是忠直大臣的保护伞，也是后世皇后的标杆，史册上有她厚重的一笔。

长孙皇后谥号为"文德皇后"，后来又被加封、追封为"文德圣皇后"，她享年三十六岁，确确实实很遗憾。后来唐太宗在宫中建起了层观，终日眺望昭陵。有一次他和魏徵说："皇后已经下葬了，但是我还是思念不已，作层观就是为了看昭陵（长孙皇后的陵寝）的，你也看看。"魏徵说："臣看不清楚。"太宗指给魏徵看，魏徵说："这就是昭陵吗？"太宗说："是啊。"魏徵又说："我以为皇上您天天看的是献陵（唐高祖李渊的陵寝），如果是昭陵的话，我的确应该好好看看。"太宗听后，也明白了魏徵的劝勉，便把层观毁掉了。

后来，他把对长孙皇后的思念逐渐转移到了勤于治理国政、国事上来，慢慢地也就把这个放下了。虽然放下了，但他对皇后的盛赞、加冕，只要提及就从来不吝啬赞美之词。

【其余若吕·霍·杨氏之流。僭（音见）踰奢靡。气焰熏灼。无所顾忌。遂致倾覆。良由内政偏陂（音必）。养成祸根。非一日矣。易曰。驯致其道。至坚冰也。】

"僭踰"是超越本分行事。"气焰"比喻人或其他事物的威势、声势。"熏灼"是声威气势逼人的意思。"偏陂"指邪僻不正。

汉高祖皇后吕氏，汉宣帝的皇后霍氏，晋武帝的皇后杨氏，三家的行为都超越本分，奢侈靡费，气焰嚣张，肆无忌惮，自取灭亡。这都是由于后妃管理娘家袒护私情，养成祸根。冰冻三尺非一日之寒。《易经》说："冬天阴寒开始凝结成霜，顺势发展下去，则会结成坚冰。"

"良由内政偏陂，养成祸根，非一日矣"，笺注解释，冰冻三尺，非一日之寒。《易经》里说得更形象，冬天阴寒一开始，凝结成霜。霜一来，顺势发展下去就会有坚冰形成，这是说要见微而知著。

吕雉也不是个普通人，那时她的父亲是当地的富豪，谁给他的女儿介绍对象他都看不上。而当时的刘邦在自己父亲眼里就像个游手好闲的二流子，父亲总骂他，后来就不给他吃不给他喝，他一进家就把他往外赶。

刘邦是这么一个人，四十岁了也娶不上媳妇，别人说："娶不上天鹅，娶个癞蛤蟆也行啊。"他说："我这辈子非天鹅不娶，癞蛤蟆肯定不能娶。"每个人都不理解，后来别人就教他怎么做官，一教他就会，还当上了相当于现在派出所所长的职务——里长。

吕雉嫁给刘邦时，刘邦只是沛县的一个泗水亭长。吕雉本来随其父吕公住在单父县（今山东单县终兴镇潘庄），后吕家因躲避仇家迁居沛县。吕公和沛县县令关系极好，沛县的官员纷纷前去祝贺吕家乔迁之喜。主吏萧何负责排定宾客的座次，他叫仆役把贺礼不到一千铜钱的都安排坐在堂下。亭长刘邦认为沛县诸官吏也没什么了不起，就填上献礼为"贺钱一万"，其实根本就没带钱来。吕父知道后，本是带些怒气想把他赶走的，结果见到刘邦，觉得他将来定是个不凡人物，因此引入堂内就座。萧何告诉吕公，刘邦只会说大话，没什么成就，但吕公不以为然。刘邦坐在上宾座位后，就大声调侃其他沛县官吏。

宴会进行到一定时间后，吕公说："我很会看面相，但是没看过像你这么相貌不凡的，我有个女儿，如果愿意，希望你接受她当你的妻子。"吕公的妻子很生气地说："你以前说这个女儿很难得，一定要嫁个非常好的丈夫。沛县县令对你这么好，你还不肯嫁女儿，居然要把她嫁给刘邦？"吕公说："这不是你妇人家懂的事。"最后还是把吕雉嫁给了刘邦。

吕雉早年称得上是贤惠的女人，初嫁给刘邦时，生活并不富裕，刘邦时常为了公务以及与朋友们周旋，三天两头不见人影。吕雉孝顺父母及养育儿女，且亲率子女从事农桑针织，过着自食其力的生活。早年的刘邦常戴一顶自制的竹帽到处闲逛，骗吃骗喝，一次押解囚犯，因酒醉而使囚犯逃跑，自己也只好亡命芒荡山下的沼泽地区。吕雉除独立支撑家庭外，还不时长途跋涉，为丈夫送去衣物及食品。

吕雉是个决胜千里之外的女子，评价她的为人，第一个词是"性刚毅"，一个女子刚毅就不得了。第二个词说她"聪慧"，有政治才能，吕雉也是中国历史上有记载的第一位皇后和皇太后，是秦始皇统一中国实现皇帝制度之后，第一个临朝称制的女性，被司马迁列入了记录皇帝政事的本纪。

公元前206年（汉元年），刘邦被项羽封为汉王，但家属仍然在沛县。公元前205年（汉二年）四月，汉军乘项羽陷入齐地不能自拔，一举攻下楚都彭城。而项羽率骑兵迅速回防，与汉军战于睢水，汉军大败，吕雉等众为楚军所俘。

直到公元前203年（汉四年）九月，楚汉议和方被放回归汉。回到刘邦身边的吕雉，却发现刘邦身边早已有了戚夫人，此时的吕雉因年长于戚夫人，常常留守。

一个男人倘若不能够平衡妻室就会埋下祸端，与刘邦同甘共苦、荣辱与共的吕雉，因为刘邦一直宠幸戚夫人，而对他们是恨之刻骨。戚夫人也因为自恃得宠，常在刘邦面前哭闹，想让自己的儿子如意当太子，公元前205年（汉二年）六月刘邦立吕雉之子刘盈为太子，但后来以刘盈羸弱"不类我"为理由，想要改立如意为太子，因为"如意类我"。大臣跪了黑压压一片，都坚决反对废长立幼。

有位叫周昌的臣子，有点口吃，憋得脸红脖子粗说："臣期期……"半天也没说出来，刘邦问"你想说什么"，周昌就先起来又跪下说："臣口不能言，然臣期期知其不可。陛下虽欲废太子，臣期不奉诏。"这在《史记·张丞相列传》中都有记载，"我死都不奉昭"，刘邦听他这么一说，忍不住自己先笑了，他一笑满朝都笑了，所以议太子的事就这么一哄而笑过去了。

之后吕后得报，说周昌是忠臣。吕后是个人物，就马上请周昌进她的后宫，周昌一见吕后就跪下去，说："我不是因为跟您的私情，而是您的儿子可以做太子，另外您是正宫的皇后，您的孩子又是长子。"

后来有人为吕后出谋划策，让他找张良。吕后就让他的哥哥吕泽劫持张良，逼着张良献计。张良对吕泽说："陛下在战争困难的时候确实能够听我的意见，但是，如今要废长立幼，这已经不是靠说能了结的事。但是，陛下非常看重的商山四皓（隐居在商山的四位年长的高士），却始终请不来，因为他们认为陛下对臣下态度一贯傲慢。如果你们想办法把商山四皓请出来辅佐太子，特别是上朝之时陪伴太子，陛下一定会看见，也许会有一用。"吕后立即付诸实施，让人带了太子的亲笔信和一份厚礼，请"商山四皓"出山，这四位高士竟然全来了。

公元前195年（汉十二年），刘邦平定英布叛乱结束，但是，刘邦也在这次平叛中第二次受到致命箭伤，身体每况愈下。此时的刘邦已经预感到人的生命是有尽头的，废立太子的愿望也更加强烈了。张良劝阻无效，便托病不再上朝。太子的太傅叔孙通以死相谏，刘邦假装听从，实际上废立太子的想法毫无改变。

一次朝宴，刘邦发现太子身边有四位八十多岁的老人，胡须、眉毛都白了，服装、帽子非常讲究。刘邦很奇怪，就问他们：你们是谁？四位老人上前回答，并各自报了姓名：东园公、甪里先生、绮里季、夏黄公。刘邦听说后大为吃惊："我请你们多年，你们逃避我。为什么要随从我的儿子呢？"四位老人回答："陛下轻视读书，又爱骂人，我们坚决不愿受辱，所以才因为恐惧而逃亡。如今听说太子仁孝恭敬，爱护天下读书人，天下人都愿意为太子效死力，所以我们就来了。"刘邦说："烦请诸位好好替我照顾好太子。"

四位老人敬完酒，离去。刘邦看着离去的四位老人，指着他们对戚夫人说："我想更换太子，但是，他们四位高士都来辅佐太子，太子的羽翼已经丰满，难以撼动了啊！吕后是真正的主人！"戚夫人听说后，失声痛哭，刘邦说："为我跳一曲楚舞，我为人唱一首楚歌。"歌词说："鸿鹄高飞啊，一飞千里。羽翼已成啊，横渡四海。横渡四海啊，还能做什么。即使有弓箭，对于高飞的鸿鹄还有什么用呢。"从此之后，刘邦再也不提废立太子之事。

公元前195年，刘邦病故。太子刘盈继位，为汉惠帝，吕雉升为皇太后。吕雉掌权，下令把戚夫人囚禁起来，并且把年近三十岁的戚夫人头发剃光，穿上囚服，让她在后宫舂米干活。戚夫人一边舂米一边唱着自己创作的《舂歌》："子为王，母为虏，终日舂薄暮。常与死为伍，相离三千里，当谁使告汝。"

这一下子又提醒了吕后，你还惦记着你儿子，你儿子差点抢了我儿子的皇位，自不量力，她就急召赵王如意到京城来。

做一个懂保全的女子

因为看出来周昌是个忠臣，后来刘邦就把周昌安排在如意身边保护他。周昌一看诏书就知道，这一去没有好结局，就不接召，将在外君命有所不受。周昌说："此召明知不怀好意，我坚决不随赵王应召，因为我有先王遗命，要保护他。"吕雉多聪慧，后来又出了一招，"我有一件机密的事，要请你来商量一下"，周昌一看，这是国家大事，我快去快回。他没想到离开后，吕后又下了一份诏书，让赵王马上进宫。赵王不稳重，跟着就去了。

此时已经接了帝位的惠帝，知道母亲不怀好意。所以如意一进京城，惠帝就把他放到自己身边，一起睡觉一起吃饭。赵王要吃的饭，惠帝就先替弟弟吃一口。他说："我不吃，你不能吃。"弟弟再幼小也知道是什么意思。但是有一天，惠帝早晨去打猎，看着年幼的弟弟睡得很香，没忍心喊他一起去。只去了半天，回来就看到赵王已经七孔流血死了，他也知道是自己母亲干的这个事。

吕雉一看不用再顾忌什么了，就把戚夫人的四肢和舌头都给砍了，把她的耳朵熏聋了，后来就称这又聋又哑的戚夫人叫人彘。

吕雉是想让儿子知道，不用再替他们娘俩有啥想法了。赵王已经没了，他娘也成了这样。所以就带着惠帝去看戚夫人，结果他到那儿一看，吓坏了。因为戚夫人吃喝拉撒全在粪便中了，他熏得不行，看不清血肉模糊的这么一个蠕动的东西，他"啊"的一声，对着母亲说了一句话，说："非人哉！"意思是这不是人干的事，实际上汉惠帝从那时候就生病了。

汉惠帝在位七年，后来抑郁而死。他跟吕雉是这么说的："有你这样的母亲，我没有办法职掌国政，又怎么有脸做天下人的君王？"吕后专权后，吕姓家人封的全部都是王侯，这个国家还能好吗？后人评价，吕后在那一段时期实际上得了一种病症，抑郁狂躁症，正常人不会那么毒。

说到霍吕专权，霍指的是霍光，霍光本是昭帝上官皇后的外祖父，宣帝当了皇帝后，他是宣帝的辅政大臣，基本上他说了算。霍光的夫人霍显逼迫淳御医把皇后毒死，然后把自己的女儿嫁过去做皇后。因为有利益和霍家后台的保障，淳御医便偷偷地在安胎药中放了点附子，许皇后不久便身亡。

后来有人上书，控告那些医生无用，要揭发他们大逆不道的罪行。霍显害怕事情败露，就把这件事原原本本地告诉了霍光，并且说："既然已经错办了这事，你就想法子别让官吏逼问淳于衍了。"霍光听后惊呆了，一句话也说不出来，于是奏请皇上，不要再追究淳于衍的责任了。史上记载淳御医得到了霍光的庇护，然而，纵观历史，我们看到的是他的夫人在骗他。

所以后人说霍光，这么一个辅政大臣，皇帝都托孤给他，他不会干这种事。后来他的女儿进宫，确实是做了正宫皇后，但最后的结局是整个家族全被诛灭。

霍家还显赫时，他的家奴都很飞扬跋扈。立霍成君为后的次年，宣帝册立许皇后的儿子为太子，封昌成君（霍成君之子）为平恩侯。霍显非常恼怒，吃不下饭，甚至吐了血，说："这是在民间时生的孩子，怎么能立为太子呢？皇后生的儿子，反而只能做王吗！"她又指使霍皇后去毒害太子。皇后屡次召见太子，赐给他食物，但保姆总是先去品尝，暗藏的毒药也无法使用。

要想人不知除非己莫为。公元前66年七月，杀许后的事情败露，诸婿昆弟无一幸免，全部诛灭，一个也没剩。他们家几世英明，陪伴了几个皇帝，同年八月，汉宣帝以阴谋毒害太子刘氏为由，废黜霍成君皇后之位，将其迁往上林苑的昭台宫居住。

"杨氏"就是指唐朝的杨玉环。她姿质丰艳，善歌舞，通音律，被后世誉为中国古代四大美女之一。她先被封为唐玄宗儿子寿王李瑁的王妃，受令出家后，又被公爹唐玄宗册封为贵妃。

天宝十五载（756年），安禄山发动叛乱，随李隆基流亡蜀中，途经马嵬驿，杨玉环于六月十四日，在马嵬驿死于乱军之中，香消玉殒。

杨玉环的生父也是一个很有能力的人，杨玉环一直高升，跟她的父亲和哥哥也有关系。他们都算朝中非常能干的大臣，其实他们也没有想篡位，但因为念头不正，又没有那么高的德行，一旦权倾朝野，就容易影响政局。

而武则天虽然专权，但客观上讲，她还是很明智的，她的侄子一直盯着皇帝的位置，为了能让姑姑登上帝位，也费尽了心机，付出了鞍马之劳。武则天知道她们家族里，没有人有能力撑起帝号、帝位，最后还是还政给李家王朝。如果她刻意地要让武家如何，国事应该要乱得多。

了解了这些故事，咱们听后该笑的笑，该难过的难过，该震撼的震撼，但要认真思考不是好来的能守得住吗？"货悖而入者，亦悖而出"，钱不是好来的，一定不得好花。这个事办得没有道义，看着事是成了，但之后结局却利滚利地惨不忍睹。不做好人、好事，必然自己承担造作的结果。将来会有什么果报，真修学就能预料到未来。

【夫欲保全之者。择师傅以教之。隆之以恩。而不使挠法。优之以禄。而不使预政。杜私谒（音页）之门。绝请求之路。谨奢侈之戒。长谦逊之风。则其患自弭矣。】

"私谒"是指因私事而干谒请托。

这一段是说想要保全娘家亲属，就应该选择好老师教导他们。对他们施加恩典，使他们不扰乱国法；给他们优厚的俸禄，使他们不干预政事。杜绝私事请托，断绝走后门、通关节的途径，严守奢侈靡费的警戒，长养谦和恭逊的风气，这样灾患自然就消除了。

在南方有一个市委书记的女儿，她的父亲做了十年的市委书记，她说："我父亲在位的时候，快把我和妈妈累死了，说话小小声，走路都要小小声，哪个同学朋友一有事求我，吓得我就再也不敢跟他联络了，因为爸爸肯定会生气、会斥责我们。"有时候亲戚实在忍不住了，为了一件事来家里住上几天，对方一旦说出来，妈妈就会给人家打点好礼物，说："太不好意思了，我不能开这个口，你也别开这个口。他祖祖辈辈这么地努力，出了一个市委书记，我们一定要小心翼翼的。因为从政不易，身边有很多很多眼睛在看着，做生意不能在这儿做。"

现在爸爸从位置上下来了，没事下个棋很开心，因为一般人当政的时候门前都特别地热闹，一从位置上下来就门前冷落鞍马稀，有的人受不了，还早早地就走了。她说："我爸一下来，他的真朋友就都冒出来了。"她特别跟我讲到她的奶奶守寡了，依然照顾小叔子的事，所以这个家庭有家道，道德家庭感召的儿媳妇，市委书记的太太。这个女孩子就说："我觉得我爸爸能这么安静地做十年市委书记，就是因为我妈妈，从我记事我爸爸就是做官的，一步一步走到今天，没见过我妈妈收过一样东西。"现在带着孩子，全家都过得特别踏实放松。

讲这个故事的意思是说，想要保全娘家的亲戚，一定是"杜私谒之门，绝请求之路"，实际上是两保。

【若夫恃恩姑息。非保全之道。恃恩则侈心生焉。姑息则祸机蓄焉。蓄祸召乱。其患无断。盈满招辱。守正获福。慎之哉。】

"无断"是处事不果决，不能够当机立断。

如果外戚依仗恩宠，后妃姑息迁就，这不是保全身家的方法。外戚依仗恩宠会恣肆放纵，后妃姑息迁就会积下隐患，积下隐患就会招致祸乱，祸患源于后妃的不果决，骄傲自满就会招来侮辱，恪守正道才能获得福庆。一定要谨慎啊！

笺注说："盖恃恩则骄侈生，姑息则祸害。"外戚是依仗着恩宠，如果后妃再姑息，都不是保全身家的方法。依仗恩宠会骄慢放纵，再一姑息，看起来是没有制裁他，实际上会让他以后犯更大的罪，激起更大的民愤。

《了凡四训》里有一个故事：一位乡里的员外很有德行，一次有一个无赖，喝多了酒在门口骂詈，员外觉得自己不能跟他一般见识，就没管他。后来这个无赖触犯了刑律，员外遗憾地说："假如当初他骂詈我时，我就给他一定的制裁，他也不至于发展到今天这种地步。"

所以要教育，他不懂我们也没教，"不教而杀为之虐"。这个人不懂礼，不懂做事的方法，不跟他打交道是一个做法，可以自清。但圣贤人是要教对方做人做事的正确方法，不然怎么样化育群萌？有时即使我们教育了，也还是允许他出现过错，但也一定要让他承担该承担的后果，要不然世人就没有法度可循。当然如果你把他保下来，确认他可以不再为非作歹，那也另当别论。

所以很多祸患在于我们处事不决，像后妃如果有明智的决断，就会在未乱时杜绝隐患。不是事情发生了去治乱，而是"禁于未发之未豫"，不至于走到危及灭亡的地步，殃及整个宗族，所以骄傲自满会导致败亡耻辱，恪守正道是得到福护的原因，一定要谨慎！

外戚的"外"跟"内"相对，它的造字本义是在星夜的郊野占星问卜。《说文解字》里解释："外，远也。"就是远、疏远。"戚"是双刃带利齿的战斧，原来是指兵器，《说文解字》解释为"戉也"，兵器的意思。现在"戚"说的就是有各种各样亲缘关系的那部分人，所以待外戚章就是告诉我们如何正确地处理和亲戚家的关系。

到现在为止，徐皇后女《内训》的二十章，就学习圆满了。通过学习我们了解到这不仅是皇帝后妃的事情，这也是治理自己家政的事。通过史册上的这些贤德后妃们的行仪，来照耀自己人生幸福的路。有色无德的女子，都是因为没有女德母教，带累了父兄家族，也带累了夫君昏庸无道、治国无方。

所以要警戒自己，身为一个女子，要从修身做起，要明白身为一个女子怎么样涵养自己的女德。从这些圣后贤妃的行仪中，学到一个女子在家孝敬父母，在夫家把父母之德、父母之训演绎出来，做个好媳妇。再把丈夫眼前的诸事，尽力地打理好，假如跟不上丈夫事业的步伐，也要有给他创造一个温馨的休憩港湾的存心，这才是尽到了为人妻的本分。

有感恩，有爱的地方才是家。再把孩子按照圣贤之训教育好，就是一个旺三代的小女子。

假如我们的心量再拓展点，发愿自己做圣母，为整个社会培养一个好苗，培养一个栋梁之才的话，我们就会像孟老夫子的母亲、孔老夫子的母亲一样，随着子女成圣成贤，而千古、万古流芳。

学习了就要落实到生活中，落实到修身点点滴滴的行仪中，成圣成贤就在琐碎的家务事中，就在如何对待父母、公婆、丈夫、孩子，以及所有跟我们有缘的朋友当中。让我们都以圣贤的女子为范，在生活中再现她们的行仪。自己幸福，家庭幸福，国家民族必定大幸！